象徴機能と物象化

人間と社会の時代診断に向けて

見附陽介❖著

北海道大学出版会

北海道大学は、学術的価値が高く、かつ、独創的な著作物の刊行を促進し、学術研究成果の社会への還元及び学術の国際交流の推進に資するため、ここに「北海道大学刊行助成」による著作物を刊行することとした。

二〇〇九年九月

象徴機能と物象化——目　次

目　次

序章

第一節　主題設定

今日派遣労働の問題が、人間の使い捨てとして批判されている。例えば派遣労働に関わる費用が人件費ではなく「物件費」に組み込まれているという点が、象徴的に語られる。(1) 二〇〇八年一二月四日、東京日比谷野外音楽堂で行われた労働者派遣法の抜本改正を求める集会においては、「派遣社員はモノじゃない」というメッセージが訴えられ、多くの新聞社がそれを報じた。

資本主義経済の下での労働においてはそもそも労働力の商品化を避けることはできないという意味では、いかなる形態であろうとそこにおいて多かれ少なかれ人々はモノとして扱われている。派遣労働においては、ただそのような物象化を防いできた労働法が、派遣労働の暫時的な拡大容認の結果としてその拘束力を弱め、労働力の商品化という事態の本質が露骨に現れたにすぎない。

出典)「47 NEWS(http://www.47news.jp/CN/200812/CN2008120401000871.html)」アクセス日 2009 年 11 月 26 日

人間の商品化ということに関して言えば、近年、欧米においてはフェミニズムの観点から、性(とりわけ女性)の商品化、つまり売春はもとよりポルノグラフィーの問題など、あるいはまた代理母出産の問題などが論じられている。このような問題は、より深刻なものとしては、人身売買や臓器売買、あるいは、それほどに深刻ではないかもしれないが、しかし一つの問題として論じられているエンハンスメントの問題などと原理的な連関を持つ問題であろう[2]。

日本共産党は、二〇〇八年に派遣労働の社会的な問題化を受けて「私たちモノじゃない」というフレーズを用いてポスターを作製したが、しかし、この問題は単に資本主義社会における商品化の原理にだけ固有の問題ではない。二〇世紀の共産主義社会には物象化現象が存在しなかったとは誰も考えないだろう。ソビエト・ロシアにおける人間のあり様を描いたM・ゲッレルは、以下のように記す。「スターリンは最終的な理想を宣言した――ネジである。ソビエト人は自分を国家の巨大な機械のネジとして理解しなければならない。[…]目的は、新しい世界の建築のための道具を作り上げることである」[3]。

人間をモノとして道具として扱うという問題は、人間が、人間そのものを目的としない組織あるいはシステムに組み込まれているとき、つまりその組織・システムの目的に従属しているときに、あらゆる領域で様々な形態をとって現れ得る。そのような性格がもっとも極端な形で現れるのは軍隊であろう。そこにおいては組織の目的が絶対であり、規律と暴力の下で人間は現実にその命を使い捨てられる。ある青年はその有名な遺書のなかで次のように述べている。「空の特攻隊のパイロットは一器械に過ぎぬと一友人が言った事は確かです。操縦桿を採る器械、人格も感情もなく、もちろん理性もなく、ただ敵の航空母艦に向かって吸いつく磁石の中の鉄の一分子に過ぎぬのです(4)」。

　これらの物象化の問題は多くの場合、もちろんこの論文における議論も含めて、つねに批判の対象、解決を目指されるべき問題として論じられる。そのような批判の根底にある規範的な思想を、これらすべての問題に共通する形で、したがってもっとも抽象的な形で定式化するならば、我々はカントの定言命法におけるいわゆる「目的自体の方式」を採用することができるだろう。「君自身の人格ならびに他のすべてのものの人格における人間性を、つねに同時に目的として使用し、決して単に手段としてだけ使用してはならない(5)」。この定言命法の妥当性は、おそらく多くのものが直感的に認めるところであろうが、しかし周知のとおり、今日の我々の社会においては、この倫理的な直感(もちろんカントにおいては直感ではない)は軽視され、事実上無視されている。

　このように我々の生活、あるいは人生は様々な物象化に彩られている。およそ百年前にロシアのある哲学者が語った言葉を借りれば、物象化現象は、いわば――今なお、と言うべきか――我々の時代の「巨大な印形(6)」である。知られているように、『法哲学』においてヘーゲルは哲学を、時代を思想のうちに捉えたものと規定した。しかしヘーゲルにとって、現にあるものを概念的に捉えることが哲学の課題となるのは、その現にあるものがまさに理性的であるからであった。しかし我々の時代においては、ヘーゲルとは異なり、哲学の課題はむしろネガティブな意味を持っているかもしれない。現にあるものを概念的に捉えることが哲学の課題になるのは、むしろ、現実のうちに病理が孕まれているからである。近年市民権を得たと思われるドイツ語を用いれば、時代診断

(Zeitdiagnose)こそが哲学に課せられた一つの仕事であり、そしてその限りで今日、まさに物象化は哲学的考察の一つの重要なテーマになり得ると私は考える。

第二節　本論の構成

本論は一般的な哲学研究のスタイル、つまりある特定の哲学者の思想をテーマとした議論の構成をとっていない。これについては一定の説明が必要だろう。本論の構成は、対象と他者の言葉に関するM・M・バフチンの議論によってよく説明できるように思われる。

バフチンは対象の概念的な理解を対話的行為として規定する。この点は次のような言葉で説明される。「あらゆる具体的な言葉(言表)は、それが向けられている対象を、つねに、あらかじめ条件付けられ、論難され、評価されたものとして、またその対象を覆い隠すような霧につつまれた、あるいは逆に、それについて語られた他者の言葉の光に照らし出されたものとして見出す。その対象は、一般的な思考や視点、他者の評価やアクセントに取り巻かれ、貫かれている。自己の対象に向かう言葉は、他者の言葉、評価、アクセントが対話的にうずまいている緊張した環境に入ってゆき、その複雑な相互作用のなかに織り込まれ、ある言葉とは合流し、ある言葉には反発し、またある言葉とは交差する」[7]。あらゆる対象はすでに様々な社会的見解や、その対象についての他者の言葉によって彩られており、そういったものとして我々に与えられるのである。それゆえ、「言葉による対象の概念的把握は、この対象が社会的な言葉によってすでに認識され語られていることの様々な要素と、この対象内部で対話的に相互作用することによって複雑なものとなる」(CP, C. 90, 41頁)。「対象へのどのような途上においても、あらゆる方向で言葉は他者の言葉と出会い、その他者の言葉と生き生きとした緊張した対話的相互作用に入らないわけにはいかない。最初の言葉とともに、まだ語られていない無垢な世界に近づいた神話のアダム、孤独なアダムだけが、対象におけるこの他者の言葉との対話的な相互定位を実際に最後まで免れることができた。具体的な歴史的人間の言葉には、そのようなことはあり得ない」(CP, C. 92, 44 頁)。

バフチンはこのような観点から、さらに聞き手の統覚的背景への応答という要素を加えて、芸術の言葉の構造やスタイルについて考察を展開してゆくのだが、その点についてはここでは割愛しよう。我々にとって重要なのは、この対象をめぐる他者の言葉との対話的相互作用という理念は、ここに展開する学術的な議論にとっても重要な意味を持つということである。本論は、考察の対象として、ある哲学者が語った一つの思想ではなく、物象化という一つの事象を選んだ。この事象は様々な論者によって様々な関心に即して論じられてきた。私が物象化をテーマにするということは、まさにそのテーマを通じて、そのような様々な論者との対話的相互作用のなかに参加することを意味するのである。それゆえに物象化をテーマとする本論は、ある特定の哲学者の思想について考察と解釈を深めるというスタイルではなく、様々な論者の議論を集め、その間に一つの対話的相互作用を作り出すという構成をとることになる。

専門性が重視される、つまりどちらかというと古典的な意味でのインテリゲンツィヤであることよりもエキスパートあるいはスペシャリストであることが要請されている今日の知的世界にあって、このような研究のスタイルがその学術的意義について少なからず疑念を呼び起こす可能性を持っていることは自覚しているつもりである。というのも、哲学研究の領域における専門性はしばしば特定の哲学者への強い関心によって決められているからである。特定の哲学者の著作はそのほとんどすべてに目を通し、また書簡や日記あるいは伝記的なエピソードなど、様々な資料を用いて、その哲学者の思想を理解し、解釈するという作業が重要な意味を持つ。このような作業によって、誰それ研究という哲学研究のスタイルが形作られる。そしてこのような作業によって他の哲学者を研究している人間が持ち得ない、ある特定の哲学者についての貴重な情報を持つことができ、そこに専門性が生じるのである。しかし、このような哲学研究における専門性という観点から見るとき、本論における各哲学者についての考察が、その各哲学者を専門的に研究している人間にとっては、不十分な議論という印象を与えるのである。

例えば象徴機能という概念を検討する際に、私はE・カッシーラーを参照するのだが、カッシーラー研究者にとってはその議論は不十分なものに映るかもしれない。というのも、そこでは私はカッシーラーの『象徴形式の哲学』しか考察の対象としていないからである。たしかに象徴機能に関するカッシーラーの議論は『象徴形式の哲学』において中心的に展開されたのであるが、しかし、そこにおけるカッシーラーの議論を十全に理解しようとするならば、それ以前になされた科学や数学に関するカッシーラーの認識論的研究も参照されなければならない、という意見が提出されることも十分に予想されるのである。理想を言えばそのような作業がなされて然るべきである。しかし、本論の関心は特定の哲学者についての研究ではなく、「物象化」という一つの事象についての研究にある。カッシーラー研究の文脈においてはカッシーラーがその議論をいかに展開していったかというテーマは重要な意味を持つが、物象化現象に関する限りで象徴機能について一定の理解を得るという我々の関心に即したとき、カッシーラーが自身の議論をいかにして展開したかを跡付ける思想史的作業は、残念ながら二次的な意義しか持たないのである。我々がなすべきは必要かつ十分な理論的に妥当な根拠付けの遂行であって、思想史的な資料の発掘とその解釈に多くの労力を割くことはできないし、割くべきではない。それは横道となって事象研究という我々のテーマにおける集中力を散逸させてしまうからである。

私がこのような研究のスタイルをとったのは、端的に言えば、右に述べたような狭義の「哲学研究」ではなく、哲学をやりたかったからである。狭義の「哲学研究」に意味がないなどと言うつもりはまったくないし、それどころか、参照した文献の翻訳一つ取ってみても、本論はこれまでに蓄積された「哲学研究」に多くを負っている。しかし他方で、このことは哲学することを否定したり制限したりするものでもないだろう。私自身、修士課程以来Th・W・アドルノに強い関心を持ち、「アドルノ研究」を行ってきた。また博士後期課程に進んで以来、本格的に「バフチン研究」も並行して行ってきた。しかし私は本論においては、自身の研究スタイルとして、哲学のディスクールを分析すること以上に、哲学のディスクールに――まさしく対話的に――参加することにいっそう価値を置いたのである。その意味で私は本論において一人称として「筆者」という客観化された言葉ではなく「私」という直接的な言葉を用いようと思う。

このような研究スタイルを採用したその主観的な意図を述べれば、「業績」――それは研究者の能力の評価の際に一つの重要な客観的指標となる――に追われる研究生活のなかで見失いかけていた哲学することの意味を、大学院における研究の一つの集大成であるこの学位論文を通じて、もう一度自身の手で確認したかったのである。したがって、私が本論において目指すべきは、右に述べた自身の研究スタイルを保持しながら同時に、誰それ研究という研究スタイルの専門性に負けないほどに有益で独自の意義を持った知を提示することである。

そのような難題に答えるために、本論では物象化の三つの問いに答えることを目指した。三つの問いとはWhat, How, Whyである。またこの三つの問いに関する議論はそれぞれ大まかに、分析、総合、解釈という性格を持っている。

物象化とは「何か(What)」。まずはこの点を第一部でいくつかの物象化の類型に即して検討した。物象化と従来呼ばれてきたものをまずは大きく「人間の物象化」と「社会的関係の物象化」に分け、それぞれを第一章、第二章で論じた。第一章ではさらにこの「人間の物象化」を「商品化／道具化」の問題と「症候的物象化」の問題に分け、前者についてはとくに今日のフェミニズムの議論に即して売春や代理母など女性の商品化の問題を検討した。症候的物象化については、離人症などに典型的に見られる自己、他者、あるいは環境の現実感の喪失のうちに現れる物象化現象を検討した。さらに、第二章では「社会的関係の物象化」を「社会の物象化」と「記号の物象化」に分け、それぞれ検討した。前者についてはマルクスの商品フェティシズム論に加えてP・L・バーガー／T・ルックマンの社会学的な物象化論も参照し、人間の社会がモノであるかのように立ち現れる問題を検討した。「記号の物象化」についてはM・ホルクハイマー／アドルノの「信号化」に関する議論を参照しつつ、加えてバフチンの記号論的な物象化論も参照することで言語の物象化としての全体主義言語の問題について検討した。これら第一部の議論は、物象化とは何であるかをまず確認する作業であると同時に、物象化に関する先行研究を紹介する意味も担っている。

第二部においては、物象化の「いかに(How)」を、つまり物象化はいかにして生じるかを検討した。第二部の課題は、物象化の理念型を構築し、その一般的な作動モデルを得ることにある。そのためにまず第一章では、そもそも物象化されていないとはどのような状態のことを言うのか、という問題を、近年提出されたA・ホネットの物象化論をもとにして考察した。この第一章の議論を通じて、物象化に対置されるべき状態を「非物象化の人間学的モデル」として明らかにすることが可能となり、それによってそこに対置されるところの物象化概念の規定がより明確なものとなる。これに続いて第二章および第三章では、そのような非物象化の人間学的モデルに対置される物象化の二つのモデル、つまり社会的モデルと記号的モデルを検討した。前者についてはG・ルカーチあるいはM・ウェーバーが論じた合理化‐機械化の問題を扱いつつ、そこから検討すべき課題を抽出し、さらに加えて廣松渉の役割行為論を参照することで社会的モデルの構築を図った。物象化の記号的モデルに関しては、バフチンの物象化論をもとに人間の物象化をもたらす象徴秩序のモノローグ性の問題を提示し、さらにパラディグマティックな思考様式とナラティヴを対置する議論を参考にして、人間の物象化の記号的モデルの構築を目指した。第二部第四章においては、アドルノの議論を参照することで、これら二つの物象化のモデルを「同一化」という原理の下に総合し、加えてさらにカッシーラーの象徴機能に関する議論を参照することで、同一化の根本的な機制と物象化との関わりを考察した。以上の議論によって第二部第四章第三節において、物象化の理念型の構築を目指した。

最後に結論部において、物象化の「なぜ(Why)」、つまりなぜ我々は物象化し、物象化されるのか、という問いに答えることを試みた。ここではとくに『啓蒙の弁証法』においてホルクハイマー／アドルノによって展開された支配のモチーフによる象徴機能の自然‐歴史哲学的解釈が重要な意味を持つことになる。

（1）　中野麻美、『労働ダンピング——雇用の多様化のはてに』、岩波書店（岩波新書）、二〇〇六年、六八頁。

（2）　エンハンスメントについては例えば以下を参照のこと。生命環境倫理ドイツ情報センター編、松田純・小椋宗一郎訳、『エンハンスメント　バイオテクノロジーによる人間改造と倫理』、知泉書館、二〇〇七年。

（3）　*Гелер М.* Машина и винтики: история формирования советского человека, Overseas Publications Interchange LTD., 1985. C. 10. ミシェル・エレル、辻由美訳、『ホモ・ソビエティクス——機械と歯車』、白水社、一九八八年、三四頁（ただしこの辻の邦訳はフランス語訳から行われている）。

（4）　上原良司の遺書、日本戦没学生記念会編、『新版きけわだつみのこえ　日本戦没学生の手記』、岩波書店（岩波文庫）、一九九五年、一九頁。

（5）　I. Kant, *Schriften von 1783–1788: Immanuel Kants Werke*, Bd. IV, hrsg. von A. Buchenau und E. Cassirer, Verlag DR. H. A. Gerstenberg, 1973, S. 287. I・カント、篠田英雄訳、『道徳形而上学原論』、岩波書店（岩波文庫）、一九七六年、一〇三頁。

（6） *Франк С. Л.* Личность и вещь (философское обоснование витализма) // Русская мысль. Книга XI, М., 1908. С. 58.

（7） *Бахтин М. М.* Слово в романе // Вопросы Литературы и Эстетики. М., 1975. С. 89-90. M・M・バフチン、伊東一郎訳、『小説の言葉』、平凡社（平凡社ライブラリー）、一九九六年、三九―四〇頁。以下CPと略記し文中に頁数を示す。

第一部　物象化のいくつかの類型

第一章　人間の物象化

第一節　人間の商品化／道具化

人間の物象化が問題とされるとき、まず第一に議論の主題となるのは人間の道具化であり、その資本主義的な形態としての商品化であろう。この問題は従来マルクス主義の文脈で論じられてきた問題である。資本主義的な生産形態の下では、人間が単なる生産の道具として、労働力という商品として扱われること、その限りで労働はもはや人間の生命の発現とはみなされず、人は労働以外の余暇にはじめて自分の生活を得るということ、つまり労働において疎外されているということ、こういったことが人間の商品化を批判する議論において繰り返し論じられてきた。

さて、しかし今日の人間の商品化／道具化をめぐる議論、とりわけここで扱うフェミニズムの議論などにおいては、マルクスの批判基準を受け継ぎながらも、しかし人間の商品化の問題を単純に資本主義経済の下での労働力の商品化という事態のみに帰すような議論の形態はとられていない。フェミニズムの議論は、人間の商品化とりわけ女性の商品化に関して、女性に対するスティグマ化の問題あるいは生殖医療技術の進歩など、様々な背景的事情がそこで複雑に絡み合っている点を明らかにしてくれる。ここではとりわけＭ・Ｊ・レイディンおよびＭ・Ｃ・ヌスバウムの議論を見ておきたい。

一　レイディンの議論

ここではレイディンの議論の全体を形作る概念構成を確認しておこう。売春や代理母の問題に考察を加える際に、レイディンはまず分析のためのフレームワークとして、「普遍的な商品化(universal commodification)」と「市場‐譲渡不可能性(market-inalienability)」という二つの極を設定し、自身の主張を後者の理念に基づかせる。前者、つまり普遍的な商品化のパースペクティヴから見ると、「望まれるあるいは価値付けられるあらゆるもの――人格的な属性から良い政治まで――は、商品である。ある人々が売ってもよいと思っており、他の人々が買ってもよいと思っているものは、どのようなものであろうと、原則的に、自由な市場交換の主題であり得るし、あるべきである。あらゆる社会的相互行為は自由な市場交換とみなされる。[…]普遍的商品化のフレームワークにおいては、政治の機能、知識、健康的な環境、子供を生む権利などはすべて商品である。[…]これらのものはすべて、原則的に、譲渡可能な(alienable)ものと考えられている。それらは金銭のために交換され得る。[…]ドルに基づいた評価は、あらゆる商品が代替可能であり、通約可能(commensurable)であること、つまりあらゆる商品が、その価値を損なうことなく金銭に還元され得て、そして交換価値に基づいて他のあらゆるものと完全に交換可能であることを意味している」(1)。また次の点も重要である。「普遍的商品化は極端な客体化(objectification)を意味する。商品は、自己および社会的諸関係から切り離された客体として社会的に構成される。普遍的商品化は、あらゆる人間的属性は、金銭で表すことのできる価値を持った所有物であると考えることで、そしてこれらの所有物はすべて、自由な市場を通じて交換されるために諸人格から切り離され得るものであることを暗示することによって、人格的な属性、諸関係、出来事の望まれた状態を客体の領域へと同化してしまうのである」(CC, p. 6)。レイディンが用いるobjectificationという語は、この意味においては「物象化」と訳しても差し支えない。

「市場‐譲渡不可能性」はこれに対置されるもう一方の極である。それはつまり「普遍的非商品化(universal noncommodification)」であり、レイディンはマルクスの議論がこの考え方を代表すると考えている(CC, p. xiii)。市場‐譲渡不可能性と言うときの譲渡(alienation)が意味するのは、「あるもの――資格、権利、あるいは属性――の、その保持者からの分離(separation)」(CC, p. 16)である。もちろんここでは同時に、いわゆる疎外というalienationの意味もダブル・ミーニングとして含意されている。これに対して「譲渡不可能性は、捨て去られ得ない、あるいは無効化され得ない資格、権利、あるいは属性に帰せられる」(CC, p. 17)。このようなものの例としてレイディンは、例えば基本的人権を挙げている。このとき、『譲渡不可能な(inalienable)』は、引き渡され得ない(nongivable)、売ることのできない(nonsalable)、あるいは完全に移転することのできない(completely nontransferable)、を意味する」(CC, p. 17)。

レイディンが論じる「市場‐譲渡不可能性」は、このような一般的な意味での譲渡不可能性におけるサブカテゴリーである。譲渡不可能性の概念においては、売却(sale)と贈与(gift)の区別が立てられるが、レイディンが市場‐譲渡不可能性の概念において論じるのは、贈与としては移転され得るが、金銭のための売却によっては移転され得ないものについてである。(2) その意味では市場‐譲渡不可能性は、必ずしも完全な移転不可能性を意味するわけではない。「例えば、人間の臓器の市場‐譲渡不可能性は、ある個人から他の人間への贈与による移転を排除しないし、実際はそれを促進しようと努めるだろう」(CC, p. 20)。ではこのような譲渡可能性と不可能性の区別はどのような基準によって立てられるのであろうか。端的に言えば、それは「人格性(personhood)」である。

一般的な議論に則り、レイディンは人格性を自由と同一性という点から考察する。自由に関して言えば、普遍的商品化の図式においては、「自由とは、あらゆるものを自由市場においてトレードする能力であり、最大限の貨幣化され得る価値を生み出すために客体を操作すべく意志を用いる能力である」(CC, p. 56)。しかしレイディンによれば、このような意味での自由の概念ですら、人格の商品化という発想に対立している。というのも、「人格が、貨幣化され得る価値を持った操作可能な客体でありながら、同時に人格が自由意志を行使する存在であることはあり得ない」(CC, p. 56)からである。

同一性に関して言えば、普遍的商品化において、人格的属性、関係性などが「貨幣化され、自己から譲渡され得る」(CC, p. 56)ものとして理解されているとしたら、これに対してレイディンが求めるところの「より良い人格性の説明は、多くの種類の要素――ある人間の政治観、仕事、宗教、家族、愛、セクシュアリティー、友情、利他主義、経験、知識、道徳的コミットメント、性格、そして人格的属性――を、自己を構成する不可欠の部分として理解しなければならない。これらの要素のいずれかを、貨幣化可能なもの、人格から完全に切り離し可能なものと理解すること、つまり、例えば、ある人間の道徳的コミットメントの価値は通約可能かあるいは他の人間のそれと代替可能であると考えること、あるいはその人間の道徳的コミットメントが取り去られても、『同じ』人格が存続し続けると考えることは、人間であるとはどういうことかということについての我々のもっとも深い理解を損なう(do violence to)ものである」(CC, p. 56)。

加えてレイディンは、文脈性(contextuality)を重視する。「文脈性が意味するのは、物理的そして社会的コンテクストは人格的な個性化の、自己発展の不可欠の構成要素だということである。［…］ある人間の自身の意志に即した自己発展は、その人間に、物理的そして社会的コンテクストとの一定の相互作用を意志することを要求するのである」(CC, pp. 56-57)。この点から、レイディンは「自己構成(self-constitution)」にとって不可欠な人間的な事物(例えば家など)について検討し、「人格的所有物(personal property)」と「代替可能な所有物(fungible property)」を区別する。レイディンは、この「人格的な(personal)」と「代替可能な(fungible)」という言葉を連続体の両極に位置するものと考えている。「我々は、所有物の一定のカテゴリーを、人格に対してなんら価値を損なうことなく同種の他のものと完全に交換可能なものと理解し：代替可能な(fungible)、そしてあるカテゴリーを、人格と結び付いており、それゆえ人格にとってユニークな貨幣化され得ない価値を有するものと理解する：人格的な(personal)」(CC, p. 58)。

以上の記述から、市場－譲渡不可能なものとレイディンが考えているもののおよその枠組みが見て取れる。それは、いわば唯一性と代替不可能性を備えた人格における「自己の不可分性と連続性(integrity and continuity)」(CC, p. 55)を構成する要素である(そこには人格的属性だけでなく自己の構成の一部となっている所有物(「人格的所有物」)も含まれる)。その意味で、「人格的属性を体系的に代替可能なものとみなすことは、人格性への脅威である。なぜなら、それは人格から、その人格の不可分の構成要素であるものを引き離すからである」(CC, p. 88)。

このようにまずは抽象的にフレームワークを設定したうえで、レイディンは現実の人間の商品化の問題、とりわけ売春と子売り－代理母の問題を、二つの極の間の連続体のなかで分析する。レイディンは、人格性を省みない普遍的商品化のパースペクティヴを退けるが、他方で、市場が自由をもたらすという点を否定することもまた馬鹿げていると考える。したがってレイディンは、「プラグマティスト」として、つねに中間に、複雑な連続体のなかに視点を設定する。

二　売春、子売り、代理母に関するレイディンの分析

売春に関して言えば、レイディンはダブル・バインドという概念によって議論を展開している。ダブル・バインドとはつまりジレンマであって、それが意味するのは、「もし我々が市場‐譲渡不可能性を選択するならば、我々は貧しく抑圧された人々の階級から、市場において十分な食料、家、ヘルス・ケアなどを購入するためのより多くの金銭を得る機会を奪ってしまい、したがって彼らから人間らしい生活を送るより良いチャンスを奪ってしまう」(CC, p. 125)ということである。しかし、他方でそういった貧しい人々の、例えば金を得るために腎臓の片方を売るような「絶望的な交換(desperate exchanges)」(CC, p. 154)は、貧困から由来する人間の商品化であって、容認されるべきではない。したがって、プラグマティックな観点から見れば、結局「商品化も非商品化も、どちらも害をもたらす」(CC, p. 127)という問題が生じるのである。これはもちろん売春にも関わるダブル・バインドである。

売春に関するレイディンの基本的な立場は、「性的活動は市場‐譲渡不可能であるべき」(CC, p. 132)というものである。しかし、「犯罪化」によって売春を禁止することは、同時に、まさにダブル・バインドによって、「人格性の諸理念を維持し促進する代わりに、それに害を与えてしまう」(CC, p. 132)。というのも、そのような犯罪化によって、生き残るために性的サーヴィスを売らざるを得ない貧しい女性の同一性が貶められてしまい、そしてそれがむしろその女性の貧困を維持し強めてしまうからである。しかし他方で、レイディンは売春の明確な合法化を主張するわけではない。レイディンが強調するのは、「不完全な商品化(incomplete commodification)」と

いうものである。「不完全な商品化」という言葉は、物事についての商品化された理解と非商品化された理解が共存する事態を指している。つまりここではセクシュアリティーのある程度の商品化は認めるが、全面的な商品化は認めない、という意味である。いかにも中途半端な印象を与えるかもしれないが、レイディンはプラグマティストとして、この概念によってダブル・バインドに対する現実的解決策を探る。したがって、レイディンは例えば、売春の「脱犯罪化(decriminalization)」は支持するが、性的サーヴィスの組織された自由市場や、斡旋、リクルートは支持しない。重要なのは一定の規制的体制の確立ということになる。

さてしかし、レイディンは売春に加えて、子売り(baby-selling)と代理母(surrogacy)の問題についても論じている。子売りの形態にはいくつかの類型があり得る。レイディンはまず大きく二つの形態を分ける。一つは「依頼された養子縁組(commissioned adoption)」である。それは、「両親になろうとする二人が、彼らが選んだ一人の女性に交渉を持ちかけ、謝礼金と引き換えに妊娠を依頼する」(CC, p. 136)ものである。もう一つは「有料の養子縁組(paid adoption)」である。それは、「両親になろうとする二人が、すでに妊娠しているか、あるいはすでに子供を生んだ一人の女性に交渉を持ちかけ、謝礼金と引き換えに、子供を手放し彼らに譲ってもらう」(CC, p. 136)ものである。まずどちらも金銭と引き換えにされるという点で「子売り」である。ただし前者においては、子供は売却のために作られる、つまり需要によって作られるのに対して、後者においては『要らない子供』が売られるのであり、つまり需要とは直接の関係がないという違いがある。したがって前者を容認する体制は乳児の本格的な市場を用意するものであるが、後者を容認する体制はそうではない。「有料の養子縁組」に関しては、養子縁組の際に生みの母親に費用を支払うことは認められているので、実質的にはグレー・マーケットが存在する。他方、「依頼された養子縁組」に関してはブラック・マーケットが舞台になる。

レイディンは、こういった「子売り」と「子の贈与(baby-giving)」(CC, p. 139)とを区別する。両者の間にレイディンが見る決定的な違いは、そこに「利他主義」があるかどうかである。「養子縁組のために子供を手放すある人々は、痛みとともにそうするのであるが、しかし、その子供が、その子供を望み、必要とする他の誰かとより良い生活を送るという確信とともに、そして自分たちは計り知れないほどに、子供の人生と同様に養父母の人生にも貢献しているのだという確信とともにそうするのである。子売りはこのような確信を切り崩す。なぜなら、もし富が誰が子供を得るかを決めるのだとしたら、我々は、養父母がメルセデス・ベンツではなくヴォルヴォと同じ値段でその子供を評価したことを知るであろうからである。もし、生みの母親が子供を手放そうと決心するときに、露骨な金額の総計が心に浮んだとしたら、さきの利他的な両親とはちがって、彼女が彼女自身のモチーフに利他主義的な解釈を当てはめることは容易ではないだろう」(CC, p. 139)。

また他方で、このような金銭を媒介にした養子縁組においてもやはりダブル・バインドが問題になる。つまり貧しい女性の選択肢を狭めてしまうという問題である。しかしこのダブル・バインドは売春とは様相が異なる。「ある市場の体制の下で、売春婦たちは彼女らのセクシュアリティーを売ることを選んでいるかもしれないが、しかし乳児たちは、現在の非理想的な状況の下で商品として暮らしていくことを彼ら自身選んでいるのではない」(CC, p. 137)。「もし我々が、乳児が売られることを許すとしたら、我々は母親の(および父親の)子供を作る能力を商品化しているだけでなく(これはセクシュアリティーの商品化と似ている)、しかし乳児自身をも商品化しているのである」(CC, p. 137)。つまり売春とは違い、ここには第三者の、つまり乳児自身の商品化も関わるのであり、「女性の選択」という言葉で括りきれない問題があるのである。乳児が商品になると、その乳児の人格的属性(性、目の色、予測されるI.Q.、予測される背丈、など)が同様に商品化され、そして「上級な」乳児と「低級な」乳児が生まれるという。レイディンは、このような乳児の商品化は結局、セクシュアリティーだけでなく、我々のあらゆる人格的属性の商品化をもたらすと考える。

次にレイディンは代理母を、さきに述べた「依頼された養子縁組」の特殊ケースと考える。代理母においては、養子先の夫婦は、夫からの遺伝的材料を提供するか、あるいは夫と妻両方の遺伝的材料を提供し、一人の女性に妊娠を依頼することが多い。その女性は、謝礼金と引き換えに、産んだ子供を養子縁組で彼らに譲ることを約束する。このような「有料の代理母(paid surrogacy)は、乳児の売却を許すのとほとんど同じこととみなされ得る」(CC, p. 140)。というのも、そこではやはり生まれてくる乳児は需要によってはじめて作られるからである。しかし、代理母においては、子と養子先の夫婦の間に遺伝的つながりが認められる。そういった意味では、「子供を手放すことで金銭を得る産みの母親は、子供を売っていると考え、しかしもし彼女が代理母であるならば、彼女は単に妊娠サーヴィスを売っていると考える」(CC, p. 141)ことも可能である。

このように代理母、およびそこにおける子供の商品化の問題には商品化の度合いに関する多義性がある。ただし、後者の考え方においては、その根底に、生まれてくる子供はその遺伝的つながりのゆえに、すでに養父母、とりわけ父親の所有物だという発想がある。レイディンはこのような解釈を支えているのは、子を母親よりも父親の所有物とみなすジェンダー・ヒエラルヒーだと考えている。そしてこのような発想においては、少なくとも代理母は、まさしく妻の「代行者(surrogate)」(CC, p. 141)と考えられており、その限りで女性が「男のための代替可能なベイビー・メーカー」(CC, p. 148)とみなされていることは否定し得ないという。

以上の点からレイディンは、代理母の問題に関しては、「不完全な商品化」ではなく「市場 - 譲渡不可能性」の方を支持する。というのも、やはり代理母においては、売春とはちがって、商品化がよりディープなものとなり、女性のあらゆる属性が市場のレトリックで語られてしまうからであり、そしてそこには自身で商品化を選ぶことのなかった新しい人格、その潜在的な人格的同一性と文脈性を尊重されるべき新しい人格が生まれるからである。

三　ヌスバウムの議論

ヌスバウムも売春あるいはポルノグラフィーなど女性の商品化について論じるのであるが、ヌスバウムはそのような問題を明確に「物象化(objectification)」[3]の一側面として論じている。ヌスバウムはまず「人間の物象化」に七つの特性を見出す。

1　道具性(*Instrumentality*)：物象化する者は、対象を、彼あるいは彼女の目的の用具として扱う
2　自律性の否定(*Denial of autonomy*)：物象化する者は、対象を、自律性および自己決定を欠いたものとして扱う
3　不活動性(*Inertness*)：物象化する者は、対象を、作用力を欠いたそしておそらくまた活動性を欠いたものとして扱う
4　代替可能性(*Fungibility*)：物象化する者は、対象を、(a)同じタイプの他の対象と、そして／あるいは(b)他のタイプの対象と交換可能なものとして扱う
5　暴行・損壊可能性(*Violability*)：物象化する者は、対象を、境界不可侵性を欠いたものとして、なにか分解し、打ち壊し、侵入することが許されるものとして扱う
6　所有(*Ownership*)：物象化する者は、対象を、なにか他の者によって所有され、売買などされ得るものとして扱う
7　主体性の否定(*Denial of subjectivity*)：物象化する者は、対象を、その経験や感情を(もしそれがあっ

たとして）考慮に入れる必要のないなにかとして扱う（SSJ, p. 218）

これらの特性のうち核心をなすものとヌスバウムがみなすのは道具化であるが、もちろん、これらの特性は別個にではなく、一つの物象化現象のうちで相互に結び付いて見出されるのがつねである。例えば、ヌスバウムの言うところでは、資本主義の下で労働者がモノであるかのように扱われる物象化に関しても、そこには自律性の否定や経験や感情の無視、代替可能性などが見出される。しかし、他方でそこには不活動性は見出されない。というのも、彼らは労働力を有するということ、つまり活動性を有するということにその価値を見出されているからである。また暴行・損壊可能性に関して言えば、労働においては、完璧にとは言えないにしても、最低限の肉体的な安全は守られている。しかし、精神的侵害については、そこで人間としての自己決定の権能が奪われているという限りで、認め得るかもしれない。そして労働者たちは、完全に所有されているわけではなく、その意味で奴隷ではないのであるが、しかしたしかにそこには所有関係が見出される。このように、右に挙げた七つの特性がある物象化の現象あるいはプロセスのなかでどのように、あるいはどの程度現れるかは、ケースによって異なるであろう。

さて、ヌスバウムは前記の七つの特性をもとに性的物象化について分析を展開する。その議論におけるヌスバウムの重要な主張は、物象化はただそれ自体によって批判の対象とみなされるわけではないということである。具体的に言えば、「物象化の問題においては、コンテクストがすべて」（SSJ, p. 227）ということである。例えば恋人の膝を枕にすることを道具化として批判するのは馬鹿げている。コンテクスト次第では、人格を生殖器に同一化してしまうことも、必ずしも非人間化を意味しないし、性的物象化は、性の商業化とは反対に、女性にとっての自律性と自己表現の手段でもあり得る、とヌスバウムは考える。同じ女性の物象化であっても、ヌスバウムによれば、例えばＤ・Ｈ・ローレンスの『チャタレイ夫人の恋人』におけるそれと『プレイボーイ』のポルノグラフィーにおけるそれは異なる。「『プレイボーイ』が描くのは、セックスパートナーの徹底的な代替可能性と商品化であり、その過程で、『プレイボーイ』はセックスを自己表現あるいは情動とのどのような深い結び付きからも切り離す」(SSJ, p. 234)。『プレイボーイ』において男性の読者に伝えられるメッセージとは、「彼だけが唯一主体性と自律性を持つものであり、そして他方の側に存在するのは、非常にセクシーな外見を持ち、おいしい果物のように、彼の消費のためにそこに陳列されているモノ(things)、もっぱらそして第一に彼の欲求を満たすためだけに存在しているモノである」(SSJ, p. 234)というメッセージである。

これに対してヌスバウムはローレンスの小説における物象化は害のないものだという。たしかに、「ローレンス的な物象化は、しばしば人格をその体の部分に還元する一定の類型と結び付いており、ある種の独立した作用力を体の部分に帰属させるものである」(SSJ, p. 229)。しかし、その還元は「引き算(subtraction)」というより「足し算(addition)」(SSJ, p. 229)なのだという。そこにあるのは「道具化の完全な欠如」である。そこでは、相互的な尊敬とおおよその社会的な平等の下で「物象化が対照的で相互的である」(SSJ, p. 230)。「自律性の放棄、そして作用力と主体性の放棄すら、喜びに満ちたものであり、[…]ローレンスの非常に説得的な見解によれば、それは、我々を互いに引き離し真のコミュニケーションと真の受容性を妨げるところの自己意識という牢獄からの脱出をもたらすのである」(SSJ, p. 230)。他者がそのように近いものであることを許す意志、支配され圧倒される危険性が偏在するそのような立場に見出されるのは、「大きな信頼、少なくともある種の相互的な尊敬と配慮を含まない関係においては不可能であるように思われるところの信頼」(SSJ, p. 230)である。生殖器へと同一化されるというのは、「必ずしも、生贄と虐待にうってつけの、非人間化された肉とみなされることではなく、むしろより完全に人間的個人とみなされる方法であり得る」(SSJ, p. 230)のである。

これらの議論から分かるように、物象化を判断するコンテクストとヌスバウムがみなすのは、そこに相互的な「尊敬(respect)」「配慮(concern)」「関心(regard)」が見出されるか否かということである。

四　売春に関するヌスバウムの分析

以上のようなパースペクティヴから、ヌスバウムもまた売春について分析を加えている。ただし、あらかじめ述べておけば、ヌスバウムは売春の合法化の必要性を主張する論者である。では、なぜ売春の禁止ではなくむしろ合法化が必要なのか。ヌスバウムは様々な労働形態(工場における労働者、裕福な中産階級の家庭における召使、ナイトクラブの歌手、哲学の教授、マッサージ師、そして「結腸鏡師(colonoscopy artist)」)と売春を比較する。ヌスバウムは、これらの、売春と同様に金銭のために自身の身体あるいは能力を行使する労働と売春とを比較し、身体上の危険、自律性の否定、代替可能性、能力あるいは身体を金銭のために使うこと(=商品化)などといった点に関して、これらの労働形態の間に本質的な相違はないと考える。そこに相違があるとすれば、それは一方が、つまり売春が社会的に「不道徳」の烙印を押されているという点、つまりそれが「スティグマ化」されているという点にある。そしてこのスティグマ化は「合法化」によって取り除くことができる、とヌスバウムは考えるのである。例えば、「結腸鏡師」、これは最新の結腸鏡(ファイバースコープ)の性能を検査するために、金銭と引き換えに自身の身体を提供する人間に対するヌスバウムの呼び名だが、この「結腸鏡師」と比較すれば、「結腸鏡師」も売春婦も、どちらも自身の身体空間に対する侵入を合意のうえで提供し、どちらも身体上のリスクを伴っており、そしてどちらもそれによって金銭を得る。したがってヌスバウムによれば、そこに相違があるとすれば、それは、「ほとんどの人間は、医療的手続きのコンテクストにおける医師による肛門挿入を不道徳とは考えないが、他方で多くの人間は、性的関係における膣挿入あるいは肛門挿入を、（きわめて特異な事情を除いて）不道徳と考え、それに携わる女性はそれゆえ不道徳で卑しい女だと考えるという事実」(SSJ, p. 285)である。このスティグマ化に対するヌスバウムの分析をここで追うことはしないが、結論だけを述べればこのようなスティグマ化は、ジェンダー・ヒエラルヒーと男性による女性の性的欲求の支配に由来するものだという。そしてこのようなスティグマ化こそが、そこに携わる女性の「尊厳と自己尊重」(SSJ, p. 288)を傷つけるのである。

しかしこの議論において我々にとって重要なのは、ここでもやはりコンテクストが重要だということである。ただし、そのコンテクストを作り出すところの売春に対するスティグマ化は根拠の弱い非合理的なものとヌスバウムは捉える。もちろんだからといってヌスバウムは、売春をすべて認めているわけではない。自由な選択によるのではない売春(例えば誘拐や監禁による売春)は当然認められない。ヌスバウムが売春を合法化すべきとするのは、ほとんど職を得る機会のない、教育も技術もない「貧しい女性」の「選択肢(option)」としてである。したがって、その意味ではレイディンと同様にダブル・バインドに対する対処としてである。売春のスティグマ化が女性の尊厳と自己尊重を傷つけ、売春の犯罪化が貧しい女性の数少ない職業選択の幅をさらに狭めるとヌスバウムは考えている。売春にはたしかに様々なリスクが伴うが、それは合法化によって緩和することができるとヌスバウムは考えるのである。したがって売春は、それが真に暴力的な手段によって売春に携わる女性の自律性と尊厳を傷つけるときには当然、非難されるべき問題となるのであるが、しかしヌスバウムによれば、他方で非合理的なスティグマ化に基づいた売春への非難は根拠を欠いているのである。

自身の身体によって金銭を得ることは何も誤ったことではない。「誤っているのは、世界のなかで相対的に少数の人間しか、労働において、マルクスならばそう呼ぶであろうところの『真に人間的な』機能の様式で自身の身体を使用する選択肢を持っていないということである」(SSJ, p. 298)。ヌスバウムの理解によれば、「真に人間的な機能の様式」とは、「遂行されるべき活動についていくつかの選択肢を持つということ、その条件と所産に対するコントロールのいくつかの理にかなった手段を持つということ、そして単に機械の歯車として働くのではなく、思考と技術を使用する機会を持つこと」(SSJ, p. 298)である。ここに見られるのは比較的古典的な疎外論において重視されるクリテリウムである。ヌスバウムはつまり、売春の問題は他の労働一般の問題となんら変わりがないと考えるのである。「検討されるべき真の問題は、いかに女性労働者の選択肢と機会を拡大するか、いかに彼女らの労働に備わる人間性を拡大するか、そしていかにあらゆる女性労働者が尊厳をもって扱われるかなのである」(SSJ, p. 298)。

売春に関するヌスバウムの議論をここでまとめておこう。ヌスバウムは、まず売春に付されるスティグマ化の非合理性を主張し、売春を特別に他の労働と区別して「犯罪化」することに対して批判を展開した。そのうえで、売春の問題を他の労働一般が孕む問題、つまり「人間性」と「尊厳」の問題へと還元したと言える。売春という女性の物象化あるいは商品化の問題は、労働という人間の商品化の問題と等置され、そのうえでそのような人間の商品化が問題にされる際のコンテクストが、そこに「人間性」あるいは「尊厳」が見出されるか否かに帰されたのである。そして売春の場合、そのような人間性と尊厳を傷つけるのは、売春という労働の形態そのものよりもむしろ、それを取り巻くスティグマ化であるという主張を読み取れる。したがって、売春が不当に物象化あるいは商品化の問題として扱われすぎているということ、あるいは過剰にスティグマ化されているということである。売春における物象化・商品化の問題は、他の労働一般における物象化・商品化の問題となんら変わりないというのがヌスバウムの主張の要点であると言えよう。

以上のようにヌスバウムは、物象化の問題を、それ自体ですべて批判されるべきものとしてではなく、より具体的にコンテクストの問題として捉え、したがって物象化が問題になるのは、そこに相互的な「尊敬」、「配慮」、

「関心」が見出されるかどうか、そこで「尊厳」、「人間性」が守られ「自己尊重」が維持されているかどうかに掛かっていると考えた。

まとめ

以上、人間の物象化の問題を、女性および子供の商品化の問題をめぐるフェミニズムの諸論議のなかに探ってきた。右に見てきたように、これらの問題の理解については、当然フェミニストの間でも意見が分かれる部分が多い。しかし残念ながら、ここはそれらのフェミニズムの議論のさらに踏み込んだ比較を行う場でもなければ、フェミニズムの視角から見たあり得る一定の結論を追求する場でもない。あくまでも本論は物象化の問題を追求するものであり、この節はフェミニズムの議論を参考にして今日における人間の商品化の所在を探ろうとするものである。その点を念頭において、これまでの議論をまとめてみよう。

まずレイディン、ヌスバウムのそれぞれの分析の枠組みを見てみよう。両者はともに「尊敬」や「利他主義」、「関心」、「配慮」、「相互尊重」など、比較的古典的な倫理的基準に従って女性の商品化について議論を展開している。レイディンはこれらの概念が関わる場面を「市場‐譲渡不可能性」という概念で表現した。そしてレイディンはプラグマティストとして、現実への対処として、つねに「普遍的商品化」と「市場‐譲渡不可能性」という二つの極の中間に論点を設定したが、しかし、その基本的な(価値地平的あるいは理念的)立場としては後者、つまり「市場‐譲渡不可能性」の方を採用しているように思える。加えて、レイディンがこのような市場‐譲渡不可能性に関わる事態をしばしば「人間的繁栄(human flourishing)」という言葉で表現していることから、レイディンが徳倫理学的な価値基準を採用していることが容易に推測される。実際レイディンはヌスバウムの「アリストテレス的本質主義（Aristotelian essentialism）」を「人格のプラグマティックな説明のための有益なスターティング・ポイント」と評価し、それを「倫理的前提」（CC, p. 64）として自身の議論のうちに組み入れているのである。

ヌスバウムもまた、フェミニズムの観点から、女性の商品化を論じ、ここでは扱わなかったが、近年ではとりわけ発展途上国の抑圧された女性の問題をプラグマティックに検討している。その際、しばしば「人間は手段ではなく目的として扱われるべき」というカント的表現を用いている。しかし、ヌスバウムは価値判断の基準としては、カント的な理念ではなく、すでに述べた「アリストテレス的本質主義」を採用する。ある意味ではポスト・モダニズム以降の、価値判断の基準の喪失状態に対して、あえて徳倫理学的な、したがって他方でカントとも異なる濃密な価値内容を伴った判断基準を採用しているとも理解できる。ヌスバウムの議論に出てきた「真に人間的な機能」というのも、ヌスバウムによって提示されるそのような基準のうちの一つである。

ここでヌスバウムの「アリストテレス的本質主義」について詳論を展開することはできないのだが、しかし重要な点だけを述べれば、レイディンが「市場‐譲渡不可能性」の理念をマルクスに帰していたのと同様にヌスバウムもまた、価値基準として採用する「人間的な機能（human functioning）」という理念の起源をアリストテレスに加えてマルクスに（それもほぼ定型的に『経哲草稿』のマルクスに）帰するという点である。[4]

以上の点を鑑みるに、これらのフェミニズムの観点から女性の問題を論じる議論は、「人間的繁栄」、「人間的機能」といった価値的概念を用いる際に、徳倫理学的な基準を採用すると同時に、明確に初期マルクス疎外論からもその批判的な理論構成を得ており、そのうえで商品化あるいは貨幣化によってそのような価値基準が損なわれる事態を批判するのである。その限りで我々は、これらの議論を初期マルクス疎外論の現在的な一つの展開形態あるいは応用形態とみなすことができるだろう。ただし異なる点もある。それは従来のマルクス主義的な議論のように、問題を資本主義のみに還元しないという点である。女性の商品化にも市場原理の問題が深く関わっていることは間違いないのだが、しかし女性の商品化はそれだけでなく、ジェンダー・ヒエラルヒーの問題、あるいはそこに由来する地位の低さの問題が密接に関わっている点を両者は論じていた。レイディンはさらに、人間の物象化一般に関連する社会的背景を分析する。この点を最後に検討して、本節を終えることにしよう。

レイディンによれば、もし人が腎臓を売却しようとするならば、我々はそこに商品化の問題だけでなく、「富の不適切な分配(maldistribution of wealth)」をも同時に見る必要がある。もしその腎臓を売ろうとする人間が有色人種の人々だとしたら、我々はそこに商品化だけでなく、「不当な人種的従属関係(wrongful racial subordination)」をも見る必要がある。もし女性が子供を売ろうとするならば、我々は商品化の問題だけでなく、「ジェンダーの従属関係(gender subordination)」をも見なければならない(CC, p. 154)。では商品化、従属関係、不適切な分配というのは別々に考察し得るものなのか、それともそれらは相互依存関係にあるのか。商品化は、従属関係や不適切な分配と関わるときにのみ問題を孕むものであるのか、そしてそれは市場価格という事実のみのゆえにそうであるのか、それとも性差別、貧困、人種主義との結び付きのゆえに問題を孕むものであるのか。レイディンによれば、「これらの問いに取り掛かる一つの道は、商品化を物象化／客体化として考えることである」(CC, p. 155)。

すでに述べたように、レイディンが「物象化／客体化(objectification)」と言う場合、それは、そのカント的な意味を下敷きにしつつ、「人格的」属性あるいは「人格的」所有物、つまり自己の不可分性と連続性を構成する諸要素が「代替可能な」客体とみなされる事態を意味している。レイディンはまず、このような物象化と従属関係の間に共通点を探る。共通点とは、一つは「人格の不適切な扱いの形態」であり、その形態において、人々は他者を自身と同じ人間的地位を持つものとは認めない。さらには、「他者を自分自身の目的のために手段として使用する形態」も共通する点として挙げられる。この点からレイディンは物象化を不当な従属関係の「徴候(indicia)」であると考える(CC, p. 157)。不当に従属的立場に置かれている人々は、その特性、つまり人種であったり、性であったり、性的嗜好であったりが「より劣等な人格性のマーク」とみなされているのであるが、そのマークのゆえに、その人々を操作し、目的ではなく手段として扱うことが許されているかのようである。また、このような不当な従属関係は同時に「不適切な分配」の形態として考えることも可能である。というのも、「諸人格のあるグループが不当に従属させられているとき、そのグループは諸人格に普遍的に適用されるべき尊重の諸権利と他のしるしの社会的承認を得ていない」(CC, p. 158)からである。このこともまた物象化を許すものとなるだろう。

このように、他者に対して自身と同じ人間性を認めず、自身の目的のために道具として用いる物象化は、不当な従属関係や不適切な分配と密接に関係し、いわばその徴候として現れる。商品化とは、このような不当な従属関係や不適切な分配と密接に関係して現れる物象化の一つの形態であり、いわばその市場的表現なのである。それらの間には「フィードバック」(CC, p. 160)の関係が容易に推測される。言うまでもなく、女性の商品化こそ、これらの背景がおそらくもっとも複雑に重なり合い、そして強く互いに結び付いた物象化形態だと言えるだろう。

補論――物象化論の境界としてのヒト胚の問題

以上、我々は人間の商品化あるいは道具化について見てきたが、しかしそこには一つの前提があった。つまり人間はモノではないという前提である。本論では基本的にはこの前提に依拠して議論を展開していくのであるが、しかしここで、そのような前提がそもそも議論の対象となる領域もあるということを補足的な議論として確認しておいても無駄ではないだろう。ここではとくにヒト胚の問題について扱う。胚はモノか人間か、胚の取り扱いについては、この境界設定に関して解釈が複数存在しており、胚の社会的地位についてはまだ定まっていない。したがって、そこでは人間の尊厳という問題が明確な基準として採用されているにもかかわらず、胚の利用が物象化であるかそうでないかが決まっていない。

『理想』(二〇〇二年、六六八号)の特集「生命倫理と人間の尊厳」によせられた諸論文のなかに我々は次のような記述を見出す。(5)「個体の生命が、その個体とは別の目的のための手段として使用・処理されるようなことがあれば、そうした行為は、[…]人間の尊厳への侵害と見なされる」(山本、二九頁)。「人の『尊厳』を損なうような行為では、人は人として扱われることなく、いわば『もの』として扱われる」(蔵田、五三頁)。「胚は主体性をもつ人間に発展すべき能力を内蔵した存在である点において、たんなる物件とは決定的に区別されなくてはならない」(尾崎、六三頁)。「近年の医科学研究の進歩と先端技術の開発は、ともすれば人間の身体、その諸部分、要素および産物を単なるモノとして扱い、そのことを通して、これの所有者たる人格[…]を研究開発のための単なる手段としてのみ扱う傾向がある」(奈良、七一―七二頁)。「臓器に対する見方も、それまでの『いのちの贈り物』から、市場取引される商品へと転換されようとしている」(奈良、七五頁)。「ES細胞樹立のために作成された胚は、本来その尊厳を尊重されるべき存在でありながら、道具化されモノ化されている」(奈良、七九頁)。「生きている胚は、それゆえ、配偶子の融合時以降、単なる処分可能な細胞の塊ではなく、真のヒトである」(セラ、一〇三頁)。我々はこれらの記述を通じて、「物象化」と呼んでよい問題に対する一つの基本的な立場を見出すことができる。根底にあるのはカントの道徳的判断、とりわけいわゆる定言命法の「目的自体の方式」に表現された道徳的判断である。しかし、この道徳的判断の適用領域については様々な立場がある。P・シンガーのように胚を人格としても人間としても認めないとする主張もある。(6)つまりここでは、人間と人間ではない単なるモノの境界線はどこに

あるのかという点が争われているのである。(7)

ところで、この人間とモノの境界画定に関する解釈上の問題はそのまま、人間の物象化という概念はどこまで適用され得るかという問題と重なる。別の言い方をすれば、人間とモノとの境界線が明確に確定されていなければ、人間の物象化を論じることはできないということである。ただし、この補論においては、そのような境界画定の解釈作業そのものにコミットすることはできない。残念ながらここでは、物象化概念は、医療技術の進歩などとともに、そのようなヒトとモノの境界画定という解釈上の問題を孕むことになるという点の確認をもって満足しなければならない。本論は、そのような境界画定をめぐる問題についてはペンディングし、ヒトとモノが明確に区別され得る地平において議論を展開していきたい。

第二節　症候的物象化

人間の物象化現象に関して特別に取り上げるべき主題として症候的物象化がある。例えば柴山雅俊はその著作のなかで、解離症状を示すある女性の次のような言葉を紹介している。

保育園時代から泣いている自分と冷静な自分が分かれていた。背中の方から冷静な自分が、泣いている自分の姿を見ている感じがしていた。上からジオラマのように見ていることもある。テレビの画面を見ているように、周りをモノとして、風景としてとらえる。ストレスがたまってくると、相手と会っているときにも、自分が話している状況が風景のように見える。(8)

人は自分の延長でないから、人に触れられたり、人と関わり合ったりするのは好きじゃない。そんなとき私は、私が触っている椅子とか机といった無機質なモノになる。石畳にも溶け込む。相手にされなくて、存在していないものとして私は扱われたい。私は人に思い入れされることのないただの肉片になる。体がモノと同化する。（四七—四八頁）

あるいは統合失調症から回復したある女性の手記にも、その初期症状が次のように描かれている。

あらゆるものは精密で滑らかな、人工的で極端に緊張したものになり、椅子やテーブルは、そこここに置かれた模型のように思われました。生徒も先生も、理由もなく実在性もなく回転する操り人形であり、私は何一つ認識できませんでした。それはあたかもこれらの事物や人々から、現実が希薄になり、滑り出してしまったようでした(9)。

まだ精神分析治療を受けない前に、私は友達にいっしょに遊んだり話をしたりしてくれるように頼みましたが、それによって現実の世界に復帰することはできませんでした。すべてのものが人工的であり機械的であり、電気仕掛けのように思われました。そのようなときにはこの感じをなくするために、笑ったり跳上がったりまわりのものを押しのけたりして、生命を取り戻させようと努力しました。そしてそのような瞬間には恐るべき苦痛を感じました。（二六頁）

興奮している瞬間や罪悪感にとらわれている非常に危い瞬間を除くと、私は再び完全な無感動の状態に落ち込んでいました。世界は、私の関与なしに演ぜられる映画のようでした。（七三頁）

このような感覚は解離性障害や統合失調症の初期症状として現れる離人症(depersonalization)などにおいて典型的なものであり、しばしば「自分で自分の映画を見ているよう」と表現される(ただしここでは、統合失調症と解離性障害を同一視しているわけではない)。我々が着目するのはこのような離人症の症状において人間の物象化が生じているということである。前者の症状においては人間としての自己がまるでモノのように受け取られており、後者においては他者が生命を持たないロボットのようなものとして受け取られ、同時に周囲の風景もその現実感を失い映画を見ているような印象をもたらす。管見の及ぶ限りで、これらの症候的な物象化についてもっとも明瞭でそして深い分析を加えたのは、『ひき裂かれた自己』を書いた精神科医のR・D・レインである。ところでこのレインの議論は、症状に対する分析だけでなく、その方法論においても、物象化論の観点から見るべき議論を展開している。したがって、ここでは症状の分析に入る前に、レインの方法論について簡単に見ておこう。

一　反精神医学の方法論

一般にレインは「反精神医学」運動のリーダーとして知られているが、その方法論はまさに一つの物象化批判の意味合いを持っている。その方法論、「人間の科学」をレインがどのように考えていたかをうかがうことのできるいくつかの言葉をここで挙げておこう。「人間の存在というものはいろいろ違った見方で見ることができる。[…]人間は人としても物としても見られることができる」(10)。「人間の科学は、人間としての他者との関係から出発して、あくまで人間としての他者についての解明に向かおうとする、人間存在についての学である。[…]人間は有機体と見られるか、人間と見られるかによって、研究者に対して人間的事実の異なった側面を露呈する。[…]

人間としての他者は、私によって、責任を負い選択能力を持った存在として、つまり自ら活動する行為者として見られる」(DS, pp. 20-21, 20-21頁)。「不偏的であるためには、我々の研究の〈対象(object)〉である人間を非人格化する(depersonalizing)という意味で〈客観的〉であらねばならないという考えが仮に主張されるとしても、そうすれば科学的だと考えてそうする誘惑にだけは、絶対陥らないようにしなければならない。人間の理論であろうとする理論における非人格化は、スキゾイド患者が他者を非人格化するのと同様に誤っており、しかも結局は一つの志向作用にほかならないのである。科学の名で行われるとしても、このような物象化(reification)は、誤った〈知識〉をもたらす。それは事物の誤った人格化と同様に、感傷的謬見である」(DS, p. 23, 25頁)。レインが「実存的 - 現象学的方法」と呼ぶ方法が目指すのは、患者の行動を「〈疾患(a 'disease')〉の〈徴候('signs')〉として見る」ことではなく、その「実存を表すものとして」見ることである。「実存的 - 現象学的解釈は他者が感じ行動する仕方についての推論である」。患者は「判定されたり検査されたりすることに抗議している。彼は聞いてほしいのである」(DS, p. 31, 35頁)。

レインの「反精神医学」的な方法については、以前からそれが治療そのものにどれほど効果的であるか疑問が呈示されているし、その疑念は正当なものである。しかし他方で、レインがここで一種の物象化批判として展開している議論にも、やはり傾聴すべきものがあるように思える。今日の精神医学では、短時間での診断と症状を鎮静化する処方箋の提供とだけが治療者の行うこととみなされる傾向が強いらしいが、このような治療方針は患者の精神状態ではなく、もっぱら脳のケミカルなコントロールに関心を向けているだけのように思える。薬に頼ることは急性の症状を抑えるためには間違いなく有効なのであるが、治療の本質がそこにあるようには思われないし、治療がそこで終わるようにも思えない。しかし方法論の考察がこの節での主題ではないので次に、症状に対するレインの分析に議論を移したい。

二　根源的な存在論的不安

レインは主にいわゆる統合失調症とスキゾイド(「分裂病質」と訳された)の症状を考察の対象としているが、レインの言うスキゾイドには、今日の診断基準からすると「解離性障害」と診断されるべきものなども含まれているように思える。いずれにしろ、レインはスキゾイドを次のように規定する。「スキゾイドとは、その人の体験の全体が、主として次のような二つの仕方で裂けている人間のことである。つまり第一に世界との間に裂け目が、第二に自分自身との間に亀裂が生じている人間のことである。このような人間は、他者〈とともに〉ある自身を経験することができないし、世界の中で〈くつろぐ〉こともできない。それとは逆に、絶望的な孤独と孤立の中で自分を体験する。その上、自分自身を一人の完全な人間としてではなく、様々な仕方で〈分裂〉したものとして体験する。例えば身体との結び付きが多少ともゆるくなった精神として、あるいは、二つあるいはそれ以上の自己としてなど」(DS, p. 15, 14 頁)。このような自己と身体の分離を生み出すような分裂において、「身体は自己存在の核心としてよりは、世界内の他の事物の間の一つの事物と感じられる。真の自己(true self)の核心となるかわりに、身体はにせ自己(false self)の核心と感じられる」(DS, p. 71, 88 頁)。冒頭に挙げた女性の言葉はちょうどこのような症状を示しているように思える。解離が一つの防衛機制であるのと同様に、レインもこのような自己と身体の分裂に防衛としての機能を認める。しかしレインの関心は症状の分類やその機能の確定ではなく、その症状の意味の理解であり、その自己関係の解明である。そして私の関心もそこにある。

　レインの説明はいくつかの症例に即しながら、「真の自己」と「偽の自己」の分離をもたらす一つの要因を見出す。子に対する母親の(精神的)支配であり、子供の自律性の無視である[11]。しかし個々の症例についてのレインの考察を概観することはできないので、以下にレインが描いたこの要因に関するストーリーを見てみよう。ただしこのストーリーが個々の症例に共通して見出されたということは、逆に言えばこのストーリーに合致する症例だけが選ばれているというふうにも理解できる。したがって、以下に示すストーリーがすべての症例を説明するものではないということは念頭に置いておく必要がある。

子供たちがいる(「二八歳の科学者ジェームズ」、「大学の哲学科に学ぶデイヴィッド」、「一七歳から九年間精神病院に入院しているジュリー」の子供時代)。彼らは「良い子」であった。ここで言う「良い子」とは親の言うことを何でも聞き、わがままを言わず、おとなしく、手のかからない子供のことである。母親は子供を熱愛していた。子供は母親から離れることができなかった。彼らは言う。ジェームズ：〈私は他人に対する応答でしかない。私には私自身のアイデンティティーがまったくない。［…］私は彼女の化身にすぎない。彼女は私のアイデンティティーをまったく認め(recognize)なかったのだ〉(DS, p. 50, 60 頁)。デイヴィッド：〈僕はただ母が望むとおりのものでした〉(DS, p. 73, 90 頁)。ジュリー：〈私は仕立屋作り(tailor made)の人間だ。私は仕立てられた娘(tailored maid)だ。私は作られ、飼われ、着せられ、仕立てられた〉(DS, p. 209, 271頁)。彼らは、母親が彼らにあってほしいと望んでいるものでしかなかった。彼らは自分の〈自己 self〉と、〈にせ自己〉つまり母の意志によって動く自己とを分けた。彼らはあれこれの役を演じた。すべての人間は演技者である、というのが彼らの一般的人間観であった。これによって彼らは、母の望むものなら何者にでもなるということを可能にした。しかし、逆に言えばこの分離は、自己を守るための防衛でもあった。ときに彼らは自分自身の役を演じることもあった。しかし、それはありのままの自分ではなく、自分であることを演じているのであった。「決して自分自身を他者に引き渡さないこと」(DS, p. 74, 92 頁)、これが理想であった。

デイヴィッドは、「自分の演ずる役から自分がいつも分離されている(detached)ことを望んだ。それによって、彼は他者に対する効果を正確に計算しながら自分の表情や行動を意識的にコントロールすることのうちで、自分が状況の統制者であると感じた。ありのままでいることは、まったく愚かなことであった。それはただ自己を他の人々の裁量権の下に置くことでしかなかったのである」(DS, pp. 74-75, 92頁)。

母に精神的に支配され、アイデンティティーの確立に失敗した人間がとる防衛手段はこのようなものだった。この母による精神的支配というストーリーとは別の、もう一つのストーリーも見ておこう。

症例ピーター：彼の両親は彼が生まれる十年前に結婚し、互いにぴったりと密着していた。生まれてから学校を卒業するまで、彼は両親と同じ部屋に寝た。両親は彼をあからさまに嫌うようなことはなく、彼はいつも彼らと一緒にいたが、彼らは彼をあたかも存在していないかのように取り扱うだけだった。母は子供にそもそも愛情を持っておらず、父は愛情を持ってはいたが、何かがその愛情の表現を妨げたようで、子供に対して〈お前は役立たずだ、お前は「うどの大木」だ〉と毒づいたりしがちだった。中学時代、彼は両親や親からひとかどの人物になるように強制されていると感じた。彼は、父や母や先生の名誉となるために、彼のすべての時間と精力を費やさねばならないと考えた。しかし、彼は自分が何ものでもない人間、無価値な人間であり、れっきとした人間であろうとするこれらすべての努力がぺてんであり見せかけであることを、ひそかに確信していた。だが彼は、自分が演じつつある人物ではないという感情以外には、どんな人間になりたいのかも分からなかった。自分は無価値であるという気持ちと並んで、自分は何か特別な人間であり、特別な使命を帯びて神から送られてきたのだという考えが育まれていた。ほとんどすべての人間に対して、彼はにせ自己をもって働きかけ始めた。つまり自分に対する人々の願望や野心に自分から盲従することによって成り立つところのにせ自己をもって働きかけた。彼は、彼が〈絶縁(disconnection)〉と〈離断(uncoupling)〉と呼ぶ二つの方法を使用した。「絶縁ということで彼が意味したのは、自己と世界との間の実存的距離を拡大することであった。離断ということで彼が意味したのは、〈真の〉自己と彼の拒絶されたにせ自己との間のあらゆる関係を切断することであった。［…］例えば家にいたり知人のなかにいたりするとき、ふさわしい変装と自分が感じるところの、したがって決して自分自身ではないところの、ある役割や役目に自己がちゃんとはまるまでは、彼は自分を決まり悪く思い落ち着かないのだった。それができたとき、彼が言うには、彼は自身の行動と〈自己〉とを〈離断〉し、不安なしに円滑に機能することができた」(DS, p. 137, 173 頁)。

さて、レインは症候的物象化を生み出す要因として、まず第一に「根源的な存在論的不安(不安定)(primary ontological insecurity)」(DS, p. 40, 48 頁)を考えている。右に取り上げたストーリーは、いわばそのような根源的な存在論的不安、つまり自己のアイデンティティーの確立の失敗を物語るストーリーである。最初のストーリーは、母による精神的支配によって自律性を奪われた人間、いわばそのパーソナリティーを成り立たせるもののほとんどがそもそも〈自己〉の外部に、つまり母親の支配と命令のうちにあった人間の物語である。二つ目のストーリーは、「世界のなかのその物理的な存在すらほとんど認められ(recognized)なかった」(DS, p. 136, 172 頁)人間、別の言い方をすれば、ある枠組みに入る限りで存在を許された人間、いわゆる「条件付きの愛」しか与えられなかった人間の物語である。両者に共通しているのは、その自律的な存在をそれとして認められないという構図である。

レインはこのような構図を別の著作では、「的外れ応答(tangential response)」と呼ばれるものを伴う母と子の小さなコミュニケーションを例にして具体的に示している。それは次のようなコミュニケーションである。

五歳の男の子が、大きな太い虫を手に持って、母親の所へ駆けてきて言う：〈ママ、ほら、すごく大きな太い虫を捕まえたよ〉。彼女は言う：〈お前ったら、汚いわ。あっちへ行って、すぐにきれいにしてきなさい〉。[12]

この母親は、〈ほんとねえ、なんてかわいい虫だこと〉とも〈なんて汚ならしい虫だこと、そんな虫に触っちゃダメ、捨ててしまいなさい〉とも答えるのではなく、彼が清潔であるか不潔であるかに焦点を合わせて応答した。子供が持ってきた虫に対して、喜びも恐怖も、賛成も非難も表明することのない、この母の的外れな応答に込められていたメッセージはなにか。子供がこの母親の応答から受け取るメッセージは、〈お前が虫を持っているかどうかは、私にとってはちっとも重要じゃない――私にとって一番大事なのは、お前が清潔か不潔かということであって、お前が清潔なときだけ、私はお前を好きになる〉というものである。この子供はそのとき、不安と恥辱と罪の意識を覚えるだろう。レインはこれを承認(confirmation)と不承認(disconfirmation)の関係と見る。

レインは承認を単に是認だけでなく否認にも見ている。例えば、ある人間が他の人間を射殺するときにさえ、そこには当事者たちの物理的身体の承認が含まれていると考える。[13] したがって不承認とは、否認や拒否ではなく、無関心である。子供が虫を見せたとき、その行為を是認するか否認するならば、母親は少なくともその子供の行為をそれとして承認したことを意味する。しかし上に示した母親は、そのような行為、つまりこの子供が自分の観点から行っているその自律性に対してまったく無関心であり、不承認を示したのである。レインはこのような不承認は「自己発達にとって破壊的であり、それを分裂因性と呼ぶこともできる」(SO, pp. 99-100, 118 頁)と考えている。我々は行為の主体を人間に帰することによって、人間を事物から区別する。我々は自分が自分の行為の主体であることを他者によって承認されることで、自分が自分自身の権利に基づく主体であることを感じる。しかし、「ある人の幼児期には、人間であるということの地位――これによって人は自分は自分自身の権利に基づく行為主体であると感じることになる――が最初の意味ある他者たち（両親とくに母親――見附）によって承認されていない」（SO, p. 101, 120 頁）。さきに挙げたジュリーがそうであった。ジュリーの母親は、「ジュリーの行為主体性を承認できなかったかあるいはしなかった。彼女は、ジュリーの自発性に対して答えることができず、自分が相互作用の主導権を握ることができる場合にのみ、彼女と相互作用したのである」（SO, p. 101, 121 頁）。さきの少年も同様である。彼は清潔という母親の重視するカテゴリーに属するときにのみ、その存在を承認され、それに属さなかったとき、その存在の自律性に、その自律的な存在性に不承認を示された、つまり無関心によっていかなる応答も示されなかったのである。つねにそうだとは言えないが、しかし、このような母親の応答に繰り返しさらされ続ければ、この少年はいつしか、自ら自分をその母の重視するカテゴリーに、理想的な姿に、ふさわしい役割にぴったりと合わせ、母親が彼にあってほしいと望むところのものになるかもしれない。しかし、そこに彼はいないのだから、彼はそれを「にせ自己」とみなすのである。レインはこれを「真の承認（genuine confirmation）」に対する「にせの承認（pseudo-confirmation）」（SO, p. 100, 119 頁）と呼ぶ。さきに述べたように、レインはこのような不承認に分裂因性を認めている。「多年の間、真の承認の欠如がにせ自己を積極的に承認する形をとると、そのため、にせ自己を承認されて本当の自己を承認されないその個人は、にせのポジションに置かれる。にせのポジションにある者は、にせでないことに罪や恥や不安を感じる。家族のうちの誰一人としてそれが困った事態だということに気が付かないまま、にせ自己の承認は続行される。この状況が内蔵する分裂因性の潜勢力は、大部分、それが誰によっても認知されないという事実のうちにあるように思える。あるいは母や父や誰か他のメンバーや家族の知人がこの事態に気づいたとしても、それは公にされず、仲介の労がまったくとられないのである――そのような仲介は、ただ事の真相を口で述べるだけのことであるとしても」(SO, pp. 100-101, 119-120 頁)。「根源的な存在論的不安」とは、以上のような生育環境の下で自己のアイデンティティーの確立に失敗したことから生じる不安である。そのような人間は二つの危機に直面する。「呑み込み (engulfment)」つまりなにかのとりこになること、そして「内破 (implosion)」つまり内部破壊である。前者は対人関係において現れる。自己のアイデンティティーの確立に失敗した人間は、確固としたアイデンティティーを持たないがゆえに、人との関わりのなかで自己を失ってしまうのではないかという恐れ、「他の人間への同化・吸収による完全な存在の喪失」(DS, p. 46, 55 頁) への恐怖を抱く。この意味で「呑み込み」の恐怖を抱く人間は、他者から憎まれること以上に愛されることを恐れる。「内破」もこれに直接に関係する。自己のアイデンティティーの確立に失敗した人間にとって、自己は空虚である。そしてこの空虚さが自身である。彼はこの空虚さが満たされることを願いながら、それを恐れる。なぜならそれは空虚としての自己が破壊されることを意味するからである。「呑み込み」と「内破」の恐怖のゆえに、「全世界は迫害的な侵害的な様相を帯び始め得る」(DS, p. 48, 58 頁) のである。

三　「呑み込み・内破」と「石化・離人化」

レインは症候的物象化を、このような「根源的な存在論的不安」に対する防衛機制として理解する。例えば、右に見た症例ピーターは、「〈絶縁〉と〈離断〉」という二つの方法を用いて「根源的な存在論的不安」に対処していた。レインは、このような「根源的な存在論的不安」に対する防衛策を「石化 (petrification)」および「離人化 (非人格化) (depersonalization ＝離人症)」という形で一般化する。

レインによれば、ここで言う「石化」には三つの意味が込められているという。

1　それによって人が石化される、つまり石に変えられてしまうような恐怖の一特殊形態

2　人間から死んだモノに、つまり行動の人間的自律性を欠いた死物、石、ロボット、自動装置に、主体性のないそれ(*it*)に変わる、ないしは変えられる可能性についての恐れ

3　誰かを〈石化〉し石に変えようと試みる〈魔術的〉行為。さらに言えば、他人の自律性を否定し、その感情を無視し、彼を一個のモノとみなし、その生命を抹殺する行為。この意味において彼を離人化し物象化する(reify)といってよい。つまり、他人を一人の人間として、自由な行為者としてではなく、〈それ〉として取り扱うのである。(DS, p. 48, 58頁)

この点を、さきに見た「二八歳の科学者ジェームズ」の症例に即して見てみよう。

彼がいつもしていた訴えは、自分は〈人間〉になれないということであった。[…]自己についての彼自身の軽視や不全感と対照的に、彼はつねに、他人が持っている恐ろしい実在性に威圧され押しつぶされそうになっていた。[…]しかし、実際彼は容易に押しつぶされはしなかった。彼は安定を保つために二つの主な策略を用いた。一つは他者に対して外面上従順にすることであり、第二は彼が他者に向けた内的な知性的なメドゥサの頭であった。[…]これら二つの手段はともに、呑み込まれる危険、あるいは離人化される危険を避けることを目的としていた。うわべだけコルク栓以上のものではないふりをして彼は、絶えず彼が被っている危険、つまり他の誰かの事物(thing)となる危険の機先を制した。[…]だが、同時に彼は、他者を自分の

目のなかの一事物に変えた。それによって敵を秘密裏に武装解除して、自己への危険を魔術的に排除したのである。人間としての他者を自分の目の内で破壊することによって、彼は自分を押しつぶす力を他者から奪った。その人間的生気を枯渇させることによって、つまり人間存在としてではなく機械の一片と見ることによって、このような生気が彼を呑み込んだり、彼自身の空虚へと内破したり、彼をただの従属物に変えたりする危険をえぐりとったのである。(DS, pp. 50–51, 60–61 頁)

この「二八歳の科学者ジェームズ」がとった二つの策略が、自己のアイデンティティーの確立に失敗した人間の、自己のアイデンティティーを持たないことから生じる危機に対する自己防衛の形なのである。一つ目の「外面的な従順」が示すように、まさに「自律性を捨てるということはそれをひそかに自衛する手段となる」(DS, p. 54, 65–66 頁)。つまり「自ら石になることは、他の誰かによって石に変えられないようにする方法となる」(DS, p. 54, 66 頁)のである。自ら自身の自律性を放棄することだけが、唯一自身に残された、そして最後の最後まで守るべき自身の自律性なのである。レインの極端で、そして妥当な表現を用いれば、つまり「もし私が死んでいれば、私は殺され得ない」(DS, p. 174, 221 頁)ということである。この意味で、冒頭に挙げた女性の一つの謎めいた心理、つまり「相手にされなくて、存在していないものとして私は扱われたい」という心理も、やはり防衛の一つの形として理解できるのである。そして他方で、この冒頭の女性においては他者も含めて世界そのものがやはり石化されていたと考えられる。それは二つ目の策略「メドゥサの頭」である。他者に対しても、他者と自身を取り巻く状況に対しても、その生気を奪い、テレビ画面を眺めるように、風景のように、モノのように捉えることで、そこに呑み込まれ自己を喪失し(「呑み込み」)、空虚でありながらかろうじて自己であるかのような形をとっている自身のアイデンティティーが破壊される(「内破」)ことを防いでいるのである。[14] 離人症状のなかで自己が、そして他者が、そして自己と他者を取り巻く世界が物象化される様相を、我々はこのような点から理解することができる。

このような事態に関して、レインはM・ブーバーの言葉を借りて、しかしブーバーの議論よりもはるかに悲劇的な現実を示す。ブーバーは「我‐汝」と「我‐それ」という二つの関係を検討した。しかしレインが上に見たような二つの策略の帰結に見るのは、いわば「我‐汝」でもなく、「我‐それ」ですらなく、「擬似それ‐それ相互行為(a quasi-it-it interaction)」(DS, p. 87, 107頁)、つまり物象化された自己と物象化された他者の関係なのである。結局、離人症状のなかにいる人間が「耐えられなかったのは、体験されるがままの人間対人間の関係であった」(DS, p. 51, 62頁)。

四　自己の物象化

以上の議論を踏まえつつも、自己の物象化についてはもう少し議論を展開しなければならない。他者の物象化は、レインによれば、「呑み込み」と「内破」をもたらす他者から自律的な主体性を「魔術的に」奪うことで自己を守ろうとする試みであった。そして自己の物象化も、同様に危機に対する防衛策の一つであった。しかし、自己を物象化するというのは他者を物象化することよりもはるかに複雑な構造を持つはずである。その点をこの小節で確認しておきたい。結論から述べてしまえば、自己の物象化とは自己の内部に取り込まれたある役割の物象化と理解すべきものである。

岡野憲一郎は、解離性障害とりわけ解離性同一性障害(いわゆる「多重人格」)の問題を論じるうえで、「超自我‐自我‐無意識」という抑圧モデル——そこにおいては意識は一つであり、そこに浮かんでこないものは無意識と括られる——ではなく、「心のマルチ・チャンネル・モデル」（「心のマルチネットワーク理論」、「心のモジュール的モデル」などと後に言い換えられる）を提唱する。「その新しいモデルをひとことで表現するならば、人間の心のあり方をもともと多重的なものとしてとらえるというものである。私たちの心には、いくつもの意識が同時に存在しているのであり、たまたまそのうちのどれかが、今の私の意識となっている。そしてＭＰＤ(Multiple Personality Disorder ＝多重人格障害——見附)は、それが病的な極端な形をとったもの、ということになろう」[15]。私たちは複数の意識を持つが、ただしそれらの間には交流が保たれている。つまりそれらの複数の意識は統合されている。「ところがこれらの性質が失われて、意識どうしがお互いに見知らぬ他人のようになってしまうのがＭＰＤである」（外傷、一七一頁）。岡野はこのような意識の複数性の成立を、それを通じて我々が自己のアイデンティティーを確立するところの社会的役割という点から説明する。「父親（母親）として、夫（妻）として、子どもとして、会社での同僚として、上司として、部下として、あるいは教師として、生徒として、先輩として後輩として、クライエントとして、治療者として……。そしてそれぞれの自分は、独特の声のトーンや表情の作り方や、言葉の用い方や思考のパターンを持っている。しかもこれらのアイデンティティーは、私たちがその場の状況によってごく自然に身にまとうものだ」（外傷、一七三—一七四頁）。ただし「ＭＰＤの一番の問題は、アイデンティティーの多重化が徹底しすぎ、その人格の深いレベルでの分断が生じてしまい、お互いの間の連絡が十分に存在しないことが問題なのだ」（外傷、一七六頁）。「それはいわばマルチ・チャンネルの硬直化したあり方といえるだろう」（外傷、一八一頁）。

　多重人格をもたらすほどの解離症状においては、いわば自己のなかで役割の硬直化、我々の言い方で言うならば物象化が起きており、役割相互のなかで連絡が取れない状態に陥っている。レインもまたこのような自己の内部での役割の硬直化について分析を加える。しかもその分析は症状をもたらす心理の非常に具体的で生々しい姿にまで迫っている。したがって我々はレインのこの議論を参照することで、「石化」や「離人化」という一般論的なメカニズムの理解を超えて、自己の内部の役割の硬直化、つまり自己関係に生じる物象化の問題をより具体的に検討することができる。この点を以下に確認しておこう。

五　虚定的な自己

人間の社会に生きる人間は通常、レインが言うような「真の自己」と「にせの自己」を持っている。我々はしばしば演技をし、しばしば作り笑いをする。しかし、我々がこれまで検討してきたような人々、レインがスキゾイドとみなした人たちは我々がそうするよりも、はるかに徹底して役を演じていた。なぜ彼らはそこまで徹底して「真の自己」と「にせの自己」とを分けるのか、という疑問が生じるだろう。しかし、その疑問への答えはすでに見てきたとおりである。彼らの不幸とは、彼らが必死に守ろうとした「真の自己」を彼らは本当は持っていなかったということである。あまりにも徹底して「真の自己」と「にせの自己」を分けるのは、それによってのみ否定的に、あるいは虚定的に[16]「真の自己」が保持されるように思えるからである。一種のゼロ記号である。したがってスキゾイドの人間が行っているのは、「存在を保持する手段としての存在の拒否」(DS, p. 161, 204 頁)なのである。真に「精神病」が発症するのは、この虚定的な「真の自己」が「消失点(a vanishing point)」(DS, p. 182, 232 頁)に至るときである。

虚定的な「真の自己」は「非身体化」されている。ただ他者(母親)から要請される役割(「良い子」)を、主体性を持たずに言われたままに遂行するとき、その行動は当人にとっては自己の表現とは感じられない。「自己はにせ自己あるいはにせ自己たちの振る舞いに参与しているとは感じられず、にせ自己の行為はますますにせの虚しいものに感じられる。自己は他方で、自分だけで閉じこもり、自分を〈真の〉自己とみなし、ペルソナをにせとみなす」(DS, p. 76, 95頁)のである。その行動に自己が参与していないにもかかわらず行動が遂行されるのであるから、「真の自己」にとって、にせ自己の行動はなにか自律した部分体系と感じられるようになる(したがって自分の行動に対して「映画を見ているよう」という感情が生まれる)。ここに「非身体化された自己」が生まれる。レインによれば、そのような人間は「にせ自己」あるいは「にせ自己」の体系の一部である身体に対してある種の冷淡さを示す。レインは正しくも、人間の自分自身に対する関係は、その人間の人間関係と関わりがあるという。「自己はにせ自己たちを、あたかも自己が非人格化(離人化)するところの他の人々であるかのように取り扱う」(DS, p. 77, 96頁)のである。しかしこの道は失敗が約束された道である。自己がこのように防衛されればされるほど、自己がますます破壊されるという「悲劇的逆説」(DS, p. 80, 100頁)がそこに待ち構えている。

自己のアイデンティティーの確立に失敗したがゆえに、「呑み込み」と「内破」に恐怖し、世界が迫害的に感じられるというのならば、彼は自己を保つために自分の部屋に閉じこもっていればよいと考える人もいるかもしれない。しかし彼らにそれはできない。すでに述べたように、彼らは自己のアイデンティティーの確立に失敗したがゆえに、「ひとりでいる能力」を持つことができなかったからである。つまり、彼らは他者によって自己の存在が破壊されるのを恐れながら(「呑み込み」と「内破」)、同時に自己の存在のために他者を必要とするのである。言い換えれば、彼らはその「根源的な存在論的不安」のゆえに絶え間なく他者から「知覚される(perceived)」、「是認され(endorsed)」、「認められ(confirmed)」、その実存の全体を「承認される(recognized)」(DS, p. 128, 160頁)ことを必要とするのである。したがって彼らは自身を他者の下にさらす。彼らは自身の存在を確認するために、他者から見られることを欲する。しかし、何度も言うように、それは同時に他者そして世界へと自己を喪失する恐怖にさらされることも意味する。ここに矛盾がある。したがって残された道は一つである。自己をさらし、かつ自己を秘匿する矛盾した道である。この矛盾を成立させるのが、自己の分裂つまり「真の自己」と「にせの自己」の分裂である。あくまで「真の自己」は誰にも触れられない内面へと秘匿しつつ、「にせの自己」がその身体を他者の下にさらし、他者に盲従し、同化し、他者の客体になることによって自己の存在を確認するのである。

このような「真の自己」と「にせの自己」、本音の秘匿と外面による承認の要求というのは、程度の差はあっても〈ふつうの〉人間にも見出せるものである。では〈ふつうの〉と〈病的な〉の分水嶺はいったいどこにあるのだろうか。それは「にせの自己」が「にせ」でなくなったとき、つまり「真の自己」が失われたときである。それは非身体化の極限であり、虚定的な方法の論理的帰結である。

自己はあらゆるものを外に置こうと試みる。すべての存在はそこにあるのであって、ここではない。このことはついに、患者であるところの一切は〈非‐我(not-me)〉であるというところまでくる。そして、彼は彼であるところのすべてを、異質な現実(an alien reality)の単なる鏡として拒絶する。自分の存在に対するこの完全な拒絶は〈彼自身〉つまり彼の〈真の〉自己を、まったくの消失点にしてしまう。〈彼〉は現実であり得ず、実体的であり得ない。つまり、現実のアイデンティティーや、現実のパーソナリティーを持ち得ないのである。彼であるところのすべては、定義により、にせ‐自己体系の視野の下にもたらされることになる。このことは行為や言葉を超え、思考や理念、さらには記憶や想像にまで及ぼされる。このにせ‐自己体系は、妄想的な恐怖の培地である。なぜなら、結果として容易に、すべてのものを呑み込むほどに拡がりながらも、真の自己からは異質な現実(一客体、一物体、機械的なもの、ロボット、死)の単なる鏡として拒否されるところのこのにせ‐自己体系が、その人にとり憑いた異質な存在ないし異質な人物とみなされることがあり得るからである。真の〈自己〉はそのなかに参加することを拒否し、にせ‐自己体系は敵の占領地となり、異質な、敵意のある、破壊的なものによって統御され、誘導されていると感じられる。自己はといえば、それは真空のなかに存在している。しかし、この真空は、はじめのうちこそしばらくは比較的良好で保護的な機能を果たすかもしれないが、やがて殻をかぶり封入されてしまうのである。(DS, p. 182, 232-233 頁)

おそらく我々はここにＤＩＤ(Dissociative Identity Disorder＝解離性同一性障害)あるいはＭＰＤの姿を見ることができるはずである。「真の自己」が封入され、消失点にまで縮小したとき、「真の自己」との対置によって「にせの」と規定されていた部分体系は、この「にせの」という規定を失うだろう。様々な状況、様々な命令、様々な自己にとっての利得に沿って構成されていた「にせ自己システム」は、それぞれがこの「にせの」という規定を脱して、ついには、それぞれがあたかも自律性を持った人格であるかのように、一人の人間のなかで動き始めるのである。

さて、我々は以上の議論から自己物象化の具合的な内容を得ることができた。スキゾイドの人間が他者に対して自己をモノであるかのように差し出すとき、その物象化された自己というのは、実は「真の自己」ではなく、いわば物象化された役割存在としての自己、つまり「にせの自己」なのである。直接に他者の視線に晒される自己の身体は、特別に「にせの自己」の核とみなされる。冒頭に見た女性が、自身の身体を肉片のようにみなしていたのは、このような意味で理解できる。そしてそのとき、「にせの自己」との差異によってようやくその存在を確かめられるかのような「真の自己」は、実のところ精神の虚空へと撤退している。この「真の自己」から眺めるとき、他者も自己の身体も、他者と自己の身体を取り巻く環境も、みな生命を失ったにせの世界のように、つまり映画のように映るのである。しかし、この虚定的な「真の自己」が消失点に至ったときなにが起きるかは右に見たとおりである。

まとめ

以上の点から、症候的物象化の一応の全体像を捉えることはできたと思われる。もちろん我々は、これまでの議論によって症候的物象化に関する諸問題のすべてを捉えたとは思わない。例えばレインは、症候的な物象化の根底に「根源的な存在論的不安」を見たが、この「根源的な存在論的不安」の原因はもちろん、レインの見たような特異な母子関係のみに帰せられるわけではないだろう。精神的支配やネグレクトだけでなく、あらゆる虐待は子供のアイデンティティーの形成に破壊的な影響をもたらし、それは「根源的な存在論的不安」を引き起こすはずである。しかし、一つひとつの外傷的体験について考察を展開することは、本論の問題設定にそぐわないし、私はその仕事を遂行するための知識を持ってもいない。我々にとって重要なのは、あくまで物象化現象そのものの問題である。そして症候的物象化という現象そのものについては、以上の議論によって十分な理解を得ることができたと考える。最後にあらためて、冒頭に引用した二人の女性の言葉を振り返っておこう。解離症状を示す女性は、他者、環境、そしてとりわけ自己の身体をモノであるかのように捉えていた。二人目の統合失調症から回復した女性は、自己についてはそれほど多くを語っていないが、やはり他者と他者を取り巻く環境が生命を失った情況を描いていた。この自己の身体、他者、環境の物象化という離人症状は、いわば一つの危機、自己のアイデンティティーの危機に対する防衛策として生じたものであることが、あるいは少なくとも、そのようなものとして機能し得ることが判明した。しかし、おそらくはこの物象化という防衛策は、「防衛策」と呼び得るほどに意識的に用いることのできるものではない。それは、意識的に用いる方策というよりも、アイデンティティーの危機のゆえにその作用に依存せざるを得ないものなのであり、だからこそ苦悩を伴う症状として出現するのである。

(1) M. J. Radin, *Contested Commodities*, Harvard University Press, 1996, pp. 2-3. 以下CCと略記し文中に頁数を示す。

(2) レイディンは贈与について次のように述べている。「人格性のより良い見方は、贈与を偽装された売却とはみなさず、あるいは自己と他者の間の相互関係の表現とみなさなければならない。贈与は、受取人との人格的関係性のうちで生じるか、あるいはそういった関係性を作り出すものである」(CC, p. 93)。この点は、「市場交換(market exchange)」に対して「贈与交換(gift exchange)」の重要性を主張しつつ、市場に対する一定の制限を主張するE・アンダーソンの議論と比較することができるだろう。「贈与交換は、送り手と受け手を結ぶ紐帯を明確化し、永続化する。適切な贈与を拒否することは、友情を認め維持することを行わないことによって友人を辱めることを意味する。贈与交換が関係性のうちで、一つの共有された財を実現することを目指すのに対し、市場交換は双方にとって別々の財を実現することを目指す」(E. Anderson, *Value in Ethics and Economics*, Harvard University Press, 1993, p. 151)。レイディン、アンダーソン、そして後で言及するヌスバウムは互いに参照し合う関係にある。

(3) objectificationという単語はいろいろな意味を持ち得るが(例えば次章で見るように、P・L・バーガー／T・ルックマンはこれを「対象化」という意味で用いている)、ヌスバウムはこれを「ある者を客体とみなすことそして／あるいはそのように扱うこと」(M. C. Nussbaum, *Sex & Social Justice*, Oxford University Press, 1999, p. 215)と言い換えているので、レイディンにおける使用と同様に、ここでは「物象化」と訳して問題ないだろう。以下この著作からの引用はSSJと略記し文中に頁数を示す。

(4) 例えば以下を参照のこと。M. C. Nussbaum, "Nature, Function, and Capability: Aristotle on political distribution," in *Oxford Studies in Ancient Philosophy*, suppl. vol. 1, Oxford University Press, 1988, pp. 145-184.

(5) 『理想』、「特集　生命倫理と人間の尊厳」、理想社、二〇〇二年、六六八号。以下の引用は次の諸論文から引かれたものである。山本達「ヒトゲノム解析・遺伝子医療での人間の尊厳という問題」、蔵田伸雄「尊厳という価値について――人間と胚と胎児の価値」、尾崎恭一「ヒト胚研究と人間の尊厳――ヒト胚の尊厳性について」、奈良雅俊「人間の尊厳とフランス生命倫理法」、アンジェロ・セラ（秋葉悦子訳）「ヒト胚・処分可能な『細胞の塊』かヒトか？」。引用に際しては文中に著者名と頁数のみを示す。

（6）P・シンガー、山内友三郎・長岡成夫・塩出彰・樫則章・村上弥生・塚崎智訳、『実践の倫理（新版）』、昭和堂、一九九九年。ただしシンガーは種差別批判の立場から種としての人間であることは道徳判断において特別に価値は持たないと考える。

（7）この点をめぐる様々な解釈については例えば以下を参照のこと。J・ヨンパルト・秋葉悦子、『人間の尊厳と生命倫理・生命法』、成文堂、二〇〇六年。

（8）柴山雅俊、『解離性障害――「うしろに誰かいる」の精神病理』、筑摩書房（ちくま新書）、二〇〇七年、四五頁。以下引用は文中に頁数を示す。

（9）M・セシュエー、村上仁・平野恵訳、『分裂病の少女の手記　心理療法による分裂病の回復過程』（改訂版）、みすず書房、一九七一年、一二頁。以下引用は文中に頁数を示す。

（10）R. D. Laing, *The Divided Self: An existential study in sanity and madness*, Tavistock Publications, 1960, pp. 18-19. R・D・レイン、阪本健二・志貴春彦・笠原嘉訳、『ひき裂かれた自己　分裂病と分裂病質の実存的研究』、みすず書房、一九七一年、一九頁。以降DSと略記し文中に頁数を示す。

（11）岡野憲一郎はその臨床経験から、日本における解離性障害の主な原因を欧米のような性的・身体的虐待ではなく、「関係性のストレス」とりわけ精神的支配を伴う母子関係に求めている。岡野憲一郎、『解離性障害――多重人格の理解と治療』、岩崎学術出版、二〇〇七年。

（12）R. D. Laing, *Self and Others*, Penguin Books, 1971, p. 102. R・D・レイン、志貴春彦・笠原嘉訳、『自己と他者』、みすず書房、一九七五年、一二二頁。以降SOと略記し頁数を文中に示す。

（13）この点については、第二部で扱うA・ホネットも同様に論じている。「愛も憎しみも、アンビヴァレンスも冷淡さも、それらが実存的な心の動きの表現として見られ得る限り、それらはすべてこの初歩的な承認の表現であり得る」（A. Honneth, *Reification: A New Look at an Old Idea*, Oxford University Press, 2008, p. 152.）。

（14）「石化・離人化」と「呑み込み・内破」という逆の方向性を持つ二つの症状と同様のものは解離性障害にも見られる。柴山雅俊はそれを「遠隔化」と「近接化」と呼んでいる（柴山雅俊、『解離性障害』、以下文中に頁数を示す）。遠隔化とは

「『眼差す私』の体験であるが、周囲外界の実感がなくなり、遠ざかって感じられる体験である」(九五頁)。柴山によれば、ここに生じているのは「知覚の表象化」(九六頁)である。これに対して近接化とは、「『存在者としての私』の意識のあり方であるが、周囲世界の全体ないしは一部が自分に異様に迫ってくると感じられる体験である。世界は相貌化し、生々しく私に向かってくる」(九五―九六頁)。柴山によれば、ここに生じているのは「表象の知覚化」(九六頁)である。

(15)　岡野憲一郎、『外傷性精神障害　心の傷の病理と治療』、岩崎学術出版、一九九五年、一六九頁。以下「外傷」と略記し、文中に頁数を示す。

(16)　ここでは「虚定的な」という言葉をドイツ語で言う「apophatisch」の訳語として用いることにする。ただしそれは、「実定的な」あるいは「実証的な」という意味での「positiv」に対置される限りでの「negativ」の意味と同義的な意味においてである。レインがこの語を用いているわけではない。

第二章　社会的関係の物象化

第一節　社会の物象化

我々は日々社会の物象化を体験する。経済活動に関わる人間の誰一人としてそれを望んでいないにもかかわらず、定期的に不景気やまたときには恐慌と呼び得るものが生じ、そしてそれが我々の生活やあるいは人間の歴史を望ましくない方向に動かしていくことを我々は体験してきたし、現在も体験しつつある。このような社会の物象化、つまり人間たちが作り出した社会が、なにか人間から独立し、自律的に運動する実体のように経験される事態を研究した古典として、マルクスの商品フェティシズム論を挙げることに異論を唱えるものは少ないと思われる。本節ではこのマルクスの議論をまず最初に確認しておく。しかし、この社会的関係の自立化という問題に対するP・L・バーガー／T・ルックマンの社会構成主義的な分析を加えて参照することで、この社会的関係の自立化という物象化現象の一般的形態を知ることができる。本節では、この二つの議論を検討することで、社会の物象化の全体像を確認することにしたい。

一　マルクスの商品フェティシズム論

マルクスは商品の物神的性格の秘密を、資本主義社会における商品構造のなかに見た。商品は「感覚的であると同時に超感覚的である物」(1)という性格を持つ。これは商品の使用価値と交換価値についての表現である。使用価値は、とりあえずは、労働生産物に内属するものと見てさしつかえない。だが、単なる労働生産物ではなく、商品として成立するためには、商品は使用価値ばかりでなく価値(交換価値)をも持っていなければならない。しかし、商品それ自体は使用対象として感覚的に把握することができるのに対して、その価値対象性については、そこには「一原子の自然素材も入っていない」(K, S. 62, 64頁)。したがって、この価値対象性は、感覚的に捉えられるものとしてではなく、超感覚的なもの、「超自然的な属性、[…]つまり純粋な社会的なあるもの」(K, S. 71, 77頁)として商品に備わると理解するほかない。それゆえ価値物としての商品は感覚的でありかつ超感覚的なのである。この「謎のような性格」が、商品の特徴であるわけだが、問題は、生産当事者たちにとっては、使用価値だけでなく、本来交換という社会的関係性のなかではじめて規定される価値(交換価値)さえも、その商品に内属する「社会的な自然属性」として捉えられるということである。これが商品のフェティシズムであるが、その原因はどこに求められるか。マルクスはすぐに答える。「このような、商品世界の物神的性格は、[…]商品を生産する労働の独特な社会的性格から生ずるものである」(K, S. 87, 98頁)。

つまり、資本主義的な生産過程においては、私的諸労働の社会的性格が交換においてはじめて現れるというところに、したがって、それが交換においてはじめて実際に社会的総労働の一部として実証されるというところに要点がある。例えば、人的従属関係に基づいて、労働や生産物が社会的機構に組み込まれ、それらが直接に社会的性格を持つような封建制の社会であれば、労働は、その社会的性格が、交換における物と物との関係のなかに実証されるのを待つ必要などはない。その場合はただ有用物を生産しさえすればよい。それに対して、分業体制の下で交換関係がくまなく行き渡った社会においては、労働生産物は有用物であると同時に交換に附される価値物でもなければならない。つまり、感覚的に違った諸有用物(例えば鉄と小麦)が交換されるためには、有用物それぞれの使用対象性から分離された比較可能な価値対象性が、それぞれの有用物に付与される必要がある。そのためには、様々な種類の私的諸労働の相違が捨象され、すべてが抽象的な人間労働という共通の性格に還元されなければならない。そのようにして交換が可能になってはじめて、私的諸労働の社会的性格が実証され、それは社会的総労働の「諸環(Glieder)」となることができるのである。ここから、生産物は有用物であると同時に、つねに抽象的人間労働の対象化された価値物つまり商品でなければならず、また価値は、商品としてつねに物的な形態をとるとともに、交換という物と物との関係のなかにあらざるを得ない。つまり、本来人間同士の社会的な関係によって規定されるものが、物的形態をとって、交換における物と物との関係で表現されざるを得ないのだ。結果、「交換価値は、ある物に投ぜられた労働を表す一定の社会的仕方なのだから、[…]それが自然素材を含んでいることはあり得ない」(K, S. 97, 110頁)にもかかわらず、物と物との関係のなかにあらねばならず、「この(交換の――見附)割合がある程度の慣習的固定性を持つまでに成熟してくれば、それは労働生産物の本性から生ずるかのように見える」(K, S. 89, 100頁)のだ。こうして、本来交換行為によって規定される商品の交換価値が商品の物的な属性であるかのように受け取られ、人間によってではなく、商品自体のその内的な属性としての価値ゆえに商品は交換される、という転倒した認識が生まれるのである。そこでは生産者としての人間そして交換当事者としての人間は、商品の固有の法則に従って自律的に運動する(かのような)社会的関係性のなかの単なる客体の位置にしか立つことができないのである。

二　バーガー／ルックマンの社会構成主義的な物象化論

バーガー／ルックマンは、同様の問題をより一般的に、社会学的な観点から考察している。バーガー／ルックマンの問題設定は、社会的事実をモノ(choses)として見るE・デュルケムと、行為(Handeln)の主観的な意味連関を社会学的研究の対象とするM・ウェーバーとの対比によって説明される。つまり客観的事実としてあると同時に主観的意味としてもある「社会の二重の性格」の解明という課題である。それはつまり、「主観的意味が客観的事実性になるのはいかにして可能であるのか、［…］人間の行為(Handeln)がモノ(choses)の世界を作り出すのはいかにして可能なのか(2)」という問いに答えることである。これはマルクスが商品フェティシズムの分析によって答えようとしていた問いと同趣旨のものと理解できる。ただしこの問題の解明はバーガー／ルックマンにとっては、より一般的に、いわば「社会と個人の弁証法」を解明することと理解された。社会の物象化を検討する我々は、まさしくこの問いを共有している。以下にバーガー／ルックマンの議論を確認しておこう。

バーガー／ルックマンは、社会と個人の間には本来、弁証法的関係(バーガー／ルックマンはこれを単純に相互作用とも言い換える)があると考える。しかし、しばしば見られるのは弁証法的な関係ではなく、そのような関係の喪失である。ここに社会の物象化が生じる。「物象化(reification)とは、人間的現象をあたかもモノ(things)であるかのように理解すること、つまり非人間的なあるいはおそらくは超人間的なという意味で、モノとして理解することである。［…］物象化が含意するのは、人間が人間的世界に対する彼自身の作者性を忘れる(forget)ことができるということ、そしてさらに、生産者としての人間とその産物との間の弁証法が意識から失われるということである。［…］それは人間によって疎遠な事実性として経験されるのである」(SCR, p. 82, 135–136頁)。

しかし具体的には、社会と個人との弁証法的関係とは、どのようなものだろうか。バーガー／ルックマンは、この問いに答えるために現実が構成される仕方を研究する。そしてバーガー／ルックマンによれば、知識こそが社会的現実を構成するものである。それは「日常生活における行為を導く知識」(SCR, p. 19, 28頁)であり、バーガー／ルックマンが言う意味での知識社会学は、まさにこのような、社会を構成するところの生活世界における日常の知識を分析の対象にするものである。その分析のなかでバーガー／ルックマンは、社会を「外化(externalization)」、「客観化(objectivation)」、「内在化(internalization)」の三つの契機からなる弁証法的過程として描く。

外化とは、人間が自身を取り巻く環境をみずから生み出す活動を言う。この活動の原因は、人間の生物学的な欠落にある。他の動物とは異なり、人間には種に固有の環境というものがない。したがって、人間は生きるためには、みずからの環境をみずから生み出さねばならない。そのように生み出された環境こそが社会である。これが意味するのは、人間は自然的環境との相互関係のうちにあるだけでなく、「特殊な文化的および社会的秩序ととも関係し合っている」(SCR, p. 46, 76頁)ということである。しかし、そのような文化的‐社会的秩序が、人間自身の、人間たち自身の産物にほかならないとすれば、畢竟、人間たちは生きる限り不断にこの社会を形成する外化の活動を行わなければならない。

次に、このような人間自身による人間の社会の産出に、客観化のプロセスが現れる。社会的相互作用は通常、日常生活におけるルーティーンにおいてパターン化されている。このような社会的相互作用においては、人間は類型化された図式を用いて他者を理解する。もちろんこれは同時に自分に対する他者の理解においても同様である。例えば、一人の人間は、〈男〉として、〈アメリカ人〉として、〈セールスマン〉として理解されたりする。このような社会的相互作用の類型化図式は、具体的で親密な関係の「こことい ま」から遠ざかるにつれて匿名的なものとなる。「社会的構造とは、こうした様々な類型化と、そうした類型化によって作り出された循環的な相互行為のパターンの総体にほかならない。そうしたものとして、社会構造は日常生活の現実の本質的要素をなしているのである」(SCR, p. 32, 51 頁)。このような社会的相互作用における類型化を可能にするのは、記号とりわけ言語に見出される象徴機能である。

三　言語の構成作用と「知識」

言語は現実を構成する。正確に述べるならば、それは意識に対して一つの現実を構成する。現実が我々の意識にとって一つの秩序立った現実として現れるのは、それが言語によってすでに対象化され秩序付けられているからである。「日常生活で用いられる言語は、絶えず私に必要な対象化された事物を提供し、秩序を設定する。そしてこの秩序のなかでのみ、これらの事物は意味をなし、日常生活は私にとって意味を持ち続けるのである」(SCR, p. 21, 32 頁)。また他方で、言語は単に対象化だけではなく、類型化をも可能にする。これは言語の「分離可能性(detachability)」、つまり経験の「ここといま」を超える可能性によって実現されるものである。私のこことい まは他の人間のこことい まとは必ずしも一致しない。しかし、記号と記号体系は、このような主観の直接的なこことい まからの分離をもたらし、いわば体験を客観化し類型化することを可能にする。それゆえに、我々は、我々自身が体験したことのない現実についても、言語によって語ることができ、また自分の体験を、それを経験しなかった他の人間へと伝えることができるのである。このような意味で、「言語は、経験を類型化し、その経験を広範なカテゴリーのなかに含ませることができるようにしてくれる。そのカテゴリーに基づくことでその経験は私にとってだけでなく、私のまわりの他の人々にとっても意味を持つことになるのである」(SCR, p. 37, 60頁)。さらに言えば、これには経験の匿名化も伴う。「というのも、類型化された経験は、原理的には、当のカテゴリーに該当する人であれば、誰によっても再現され得るからである」(SCR, p. 37, 60頁)。このように言葉は、「ここといま」を超えて、そこに存在しない様々な対象を「現前化(making present)」(ただし我々の言葉で言えば、おそらく「再現前化」という言葉の方がここでは適切であるように思える)することができるのである。そしてこの意味で、「日常生活において客観化された共通の事物は、なによりもまず言語による意味付けによって維持されている」(SCR, p. 35, 57頁)のである。

しかし、バーガー／ルックマンによれば、こういった言葉による対象化と秩序付けの機能が現実の構成のための土台であることは間違いないが、しかし社会的現実の構成にとってより重要なのは、そのような言語の機能に基づいた「知識(knowledge)」である。バーガー／ルックマンの言う知識とは、「社会的世界について〈誰でもが知っているもの〉の総体」(SCR, p. 61, 101頁)である。こうした知識は、単に現実を対象化するだけでなく、そこにおける人間の行為をも動機付け、統制するものである。その意味で、それは社会的世界の客観化された構造を個人の意識の内部に内在化する際の媒介でもある。これらの意味で、「知識は、社会の基本的な弁証法の中心に位置するものである。それは、外化が客観的世界を作り出す回路を〈プログラム〉する。それは言語と言語に基礎付けられた認識装置によってこの世界を対象化する。つまりそれは、この世界を、現実として理解されるべき諸対象の下へと秩序付ける。そしてまたそれは、(個人の──見附)社会化の過程において客観的に妥当する真理として内在化されてゆく。このように、社会についての知識は、言語の二重の意味において、つまり客観化された社会的現実の理解という意味と、この現実を絶えず作り出し続けるという意味において、現実化(realization)である」(SCR, p. 62, 102 頁)。

さて、すでに言及した客観化の下での社会的相互作用の類型化は、このような言語の分離可能性に基づいた知識という形で実現されるものである。このようにバーガー／ルックマンの社会学の特徴は——ただしそれは基本的にはシンボリック相互作用論などの知見に基づいたものであるが——、社会構造とそこにおける客観化、類型化、匿名化を、言語に特徴的に見られるような分離可能性と客観化、そして類型化という象徴機能の観点から捉えることである。そして社会の物象化もまたこのような理論的図式に従って理解されることになる。

しかし社会と個人の関係を考察するためには、右に見たような社会的相互作用の客観化、類型化、匿名化に加えて、制度化の問題も見ておかなくてはならない。人間のすべての行為は慣習化を免れ得ない、とバーガー／ルックマンは考える。「どのような行為であれ、それは繰り返されるとしばしば一つのパターンへと変化し、次いでこのパターンは労力の節約とともに再生が可能になり、その結果、その行為の遂行者によってその範型として理解されるようになる」(SCR, p. 50, 82 頁)。このような慣習化された行為が、労力の節約になるのは、それがその都度の選択や現実の解釈という労力を省くことになるからである。そして、このような慣習化が制度化へとつながる。「制度化は慣習化された行為が行為者の類型によって相互に類型化されるとき、つねに発生する。言い換えればそのように類型化されたものこそが制度にほかならない」(SCR, p. 51, 84 頁)。こういった制度は、いわば個々の行為と同様に個々の行為者をも類型化するのであり、それは相互に類型化された社会的相互行為なのである。やはりシンボリック相互作用論にならってバーガー／ルックマンは、この類型化された相互行為の特性を「役割」として理解する。社会構造は、このような言語の客観化機能に基づいた行為の客観化、類型化、匿名化、制度化といったプロセスを経て構成され、他方でそのような社会構造と個々の具体的な人間の行為を知識が媒介するのである。

四　個人の社会化

次に、右に見た社会と個人の弁証法的関係における第三の契機、つまり内在化について見ておこう。バーガー／ルックマンによれば、「個人は自己自身の存在を社会的世界のなかへと外化すると同時に、それを客観的現実として内在化してもいる」(SCR, p. 119, 196頁)。個人が社会の成員になるのは、〈引き継ぎ(taking over)〉、つまり客観的な出来事が他の主観にとって意味を表しているということを理解することによる。これは一般に個体発生的な観点から社会化と呼ばれるものである。バーガー／ルックマンは社会化を二つの段階に分ける。右に見たような基礎的な社会化、しばしばG・H・ミードの研究に基づいて論じられる社会化のプロセスを「第一次的社会化」と呼び、それに対して、「すでに社会化されている個人を彼が属する社会の客観的世界の新しい諸部門へと導入していく、それ以後のすべての社会化」(SCR, p. 120, 198頁)を「第二次的社会化」と呼ぶ。

第一次的社会化においては「情緒的な結び付き(emotional attachment)」(SCR, p. 121, 200頁)が重要な意味を持つ。子供は様々な情緒的結び付きによって、ミードが言うところの「意味ある他者」に同一化するのであるが、この同一化があってはじめて内在化は可能になる。人間のアイデンティティーの本質はここにある。もちろん、ミードが述べたように、子供の社会化の過程においてこの「意味ある他者」は「一般化された他者」へと抽象化される。この一般化された他者との同一化においてはじめて、社会との同一化は実現される。この抽象化の過程で、当然自己のアイデンティティーも同様に抽象化されるのであるが、それによってアイデンティティーは安定性と持続性を獲得するのである。つまり、「意味ある他者」以外のどのような他者に向かい合っても、安定し首尾一貫したアイデンティティーを保持できるのである。

第二次的社会化は、このような第一次的な社会化が一般化された他者の獲得によって終了したのちに現れる。この第二次的社会化には、社会の分業体制とそれに基づいた知識の社会的配分とが密接に関連する。第二次的社会化とは、制度化された〈下位世界〉の内在化のことであり、つまりは「分業に基礎付けられた役割に特殊な知識の獲得である」(SCR, p. 127, 210 頁)。第一次的社会化において、情緒的性格を帯びた同一化が必要とされたのに対し、第二次的社会化においては、そのような情緒的同一化は必要ではない。むしろ第二次的社会化においては形式性と匿名性が特徴的である。つまりそこで獲得される役割は「その個々の行為者から分離することができるのである」(SCR, p. 131, 215 頁)。役割を担う人間たちは「原則的には相互に交換可能 (interchangeable)」(SCR, p. 131, 216 頁)である。したがって、そのように役割とその遂行者が分離可能な限りで、ここにはＥ・ゴフマンが言うところの「役割距離 (role distance)」がある。「個人は一方における自我の全体とその現実、そして他方における役割に特殊な部分的自我とその現実の二つの間に一つの距離を確立する」(SCR, p. 131, 216 頁)のである。

五　個人と社会の弁証法的関係

以上、バーガー／ルックマンが社会と個人の弁証法的関係における三つの契機とみなす外化、客観化、内在化について見てきた。バーガー／ルックマンが社会と個人の弁証法的関係とみなすものについてここでまとめておこう。人間の社会とは人間の創造物である。それは人々の相互作用によってそれとして形成されるものである。しかし、それは単に主観的な意味をおびた産物というだけでなく、言語の象徴機能を通じて客観化され間主観的に理解可能な作品として定立される。しかし他方で、そのような社会を生み出す人間はそのような社会の産物でもある。というのも人間が自己のアイデンティティーを獲得し自我を形成するのは社会化、つまり客観的社会構造を知識として内在化することによってだからである。社会と人間の弁証法的関係は、人間が社会を生み出し、他方で客観化された社会が人間を生み出すという相互作用をその内実としている。以上の点を確認することで、我々が冒頭に見たバーガー／ルックマンによる物象化の規定もより明確に理解することができる。

すでに見たように、物象化とは、あるいは正確に言えば社会の物象化とは、人間の社会が人間自身の産物、作品であること、したがって人間はその社会の作者であることが、人間の意識において忘却されることであった。バーガー／ルックマンが強調するのは「意識」である。というのも、我々が日々の社会的活動のなかで、あるいはそれを通じて社会を生み出し、維持しているのは事実として間違いないからである。にもかかわらず、社会がなにか自立的なものと思いみなされるのは、バーガー／ルックマンによれば、我々の意識のうちにおける問題、つまり意識のうちの忘却の問題なのである。物象化が生じるか否かは、そこにおける意識のあり方、つまり「たとえ客観化されているとしても、社会的世界は人間によって作り出されたものである──それゆえにまた、人間によって作り変えられ得る──という、この意識を人間が依然として持ち続けているかどうか」(SCR, p. 83, 136頁)に掛かっている。しかし他方で、ここで意識の問題と呼ばれるものは、単なる思い過ごし、誤認のことではない。意識における忘却には、やはりある程度の客観的な要因があるのである。バーガー／ルックマンは、物象化の可能性はつねに客観化につきまとうものだと考える。というのも社会的世界の客観性はまさにそれが、なにか主観的ではなく客観的なものとして、外部に存在する何物かとして現れる、という点にあるからである。バーガー／ルックマンはこの意味で、「物象化とは客観化過程における一つの極端な段階として記述され得る」(SCR, p. 83, 136頁)と述べる。社会の物象化は、たしかに意識における忘却の問題なのであるが、それは社会の客観化された状態から容易に導き出され得る意識様態なのである。ましてそのような社会の客観化された状態が、類型化され匿名化され、したがって制度化された状態にまで至るならば、そしてそれゆえ行為者の如何によらず存立可能なものとして形成されているならば、むしろ意識における忘却は社会的現実をある程度正確に反映しているとさえ言えるのである。我々は、日常的な経験から言えば、我々が我々の社会の作者であるという真実をむしろ抽象的・理論的にしか把握し得ないのである。

ま　と　め

最後に冒頭に見たマルクスの商品フェティシズム論と、社会の物象化に関するバーガー／ルックマンの一般的な社会学的物象化論とを比較してこの節を終えることにしよう。

二つの議論を比較すると、両者とも最終的に社会の物象化の問題を意識の問題として捉えていることが分かる。マルクスはそれを「取り違え(Quidproquo)」と呼び、バーガー／ルックマンは「忘却」と呼んでいる。マルクスの言う「取り違え」とは、もちろんフェティシズムのことであって、商品関係に限らずに一般化して言うならば、それは「人間の頭の産物が、それ自身の生命を与えられてそれら自身の間でも、人間との間でも関係を結ぶ独立した姿に見える」(K, S. 86, 98 頁)ことを言う。同様に、商品関係のフェティシズムにおいては、人間の「意志関係」(K, S. 99, 113 頁)である商品と商品の交換関係が、交換価値を自然的属性として内属させたかのような商品と商品の独立した関係として捉えられる。そのため、「交換者たち自身の社会的運動は、彼らにとっては、事物の運動の形態を持ち、彼らはそれをコントロールする代わりに、その事物の運動のコントロールの下にある」(K, S. 89, 101 頁)かのように転倒して捉えられるのであった。この「取り違え」は、バーガー／ルックマンが「忘却」と呼ぶ事態、つまり社会とは人々の関係によって成立するものであり、その意味で彼ら自身がその社会の作者であるということが忘却される事態を、当事者の意識の形態から捉えたものと言うことができる。

ただしもちろんマルクスとバーガー／ルックマンの議論には相違もある。マルクスが商品交換の場面に即して意識における「取り違え」を考察の対象にしたとしたら、バーガー／ルックマンは、そのような具体的場面ではなく、より一般的な観点から、いわば観察者のパースペクティヴから議論を構成した。したがってバーガー／ルックマンの関心は、人々の意識に現れる具体的な現象ではなく、言語の客観化機能とそれに基づいた社会的行為の類型化、制度化という原理の問題へと向けられた。

しかしにもかかわらず、実質的にはバーガー／ルックマンもやはりマルクスと同じ形でフェティシズムの問題を論じていたと理解できる。マルクスは人間と人間の社会的関係が商品と商品の間の物的関係として捉えられる点を「取り違え」とみなしたが、これと同様に、バーガー／ルックマンも、人間と人間の相互関係が、類型化され匿名化された「役割」と「役割」の間の関係として捉えられる事態を、客観化の極端な段階としての物象化とみなしたからである。バーガー／ルックマンは社会的関係性を通じてはじめて成立する相互行為が、かえってその抽象化されパターン化された行為類型によって制御されてしまう点に社会の物象化の原理を求めたのである。マルクスが商品フェティシズムによって社会的関係の物象化を論じたとしたら、バーガー／ルックマンはいわば「役割」のフェティシズムによって、同様に社会的関係の物象化を描いたと言える。

第二節　記号の物象化

この節では、社会的関係の物象化の特別なケースとして記号の物象化、とりわけ言語の物象化について考察したい。記号の物象化を特別なケースとして扱うのは、記号作用が言語という社会的制度に基づいてはじめて十全に機能し得るものであると同時に、そのような言語はまさに人間の精神活動に深く関与するものだからである。

一　言語の信号化と全体主義言語

言語の物象化に関して、ここでは『啓蒙の弁証法』において論じられた言語の信号化の問題を検討したい。M・ホルクハイマー／Th・W・アドルノは、『啓蒙の弁証法』において言語を二つの類型に分けた。記号(Zeichen)と形象(Bild)である。「記号としては言葉は学問に近づき、響きとしては、形象としては、本来の言葉としては、言葉は様々の芸術の下に配分される。[…]記号としては、言語は、自然を認識するために、計算であることに甘んじ、自然と相似のものであるという要求を取り下げなければならない。形象としては、言語は、自然そのままになりきるために、模造であることに甘んじ、自然を認識するという要求を取り下げなければならない」(3)。模造として自然を表現する形象とは異なり、記号としての言語はいわば対象から離れ、それを概念のカテゴリーに包摂される範例として捉えることで認識を実現するものである。記号としての言語はいわば抽象的に同一なるものを反復させるばかりで、決してその自己同一性の呪縛のなかから抜け出ることのないものであるが、またそれゆえに他方で、情報の言語として、社会における明瞭な(透明な)伝達を可能にするものでもある。しかしそのような記号化された言語には、いつしか広告や文化産業におけるのと同様の事態が現れる。つまり物象化である(4)。広告と文化産業においては、「同じ文化製品の機械的な反復は、すでに同じプロパガンダ・スローガンの機械的反復である。ここでもあそこでも、効率という掟の下で、技術は心理技術に、人間を処理する方式になる。[…]つまり、上の空だったりあるいは気に入っていないと思われる客を圧倒することが重要である」(DA, S. 187, 249 頁)。この反復の技術こそが広告の手段であるが、同時にそれは記号化された言語の様相ともなるのである。

言葉が経験と密着した質的な意味内容を失えば失うほど、つまり表現としての契機を失い、単なる情報へと編入されればされるほど、そのような「指示するだけでもはや何ものをも意味してはならない言葉」は事物のうえに固定され、言葉は公式へと硬化することになる。「そのことは言語にも対象にも影響を及ぼす。純化された言葉は対象を経験へともたらすかわりに、それをある抽象的契機の事例(Fall)として説明し、それ以外の一切は、無慈悲なまでの明白さへの強制をつうじて表現から——それとてもはや存在しないのだが——切断され、それとともに現実のなかでも萎縮してしまう」(DA, S. 188, 250頁)。ここでは、記号的言語の物象化とそこに取り込まれなかった非同一的なものの関係が問われている。そのような物象化、あるいは物神化された記号の下ではいつしか対象の経験が収奪されていく。つまり固定され反復される判断図式が経験にとって代わり、抽象的に反復する同一なるものだけが現実の存在となるのである。したがって、非同一的なものは現実的に排除されていくのである(この点が『否定弁証法』における同一性批判に展開されるのであるが、これについては第二部第四章第一節を参照のこと)。

このような記号的言語の特性は、さらにその信号化へと道を開くことになる。「記号作用(Signifikation)は、言葉の唯一の働きとして意味論が許容するものであるが、それは信号(Signal)において完成される。言語モデルが上から与えられて広がっていくスピードが増すにつれて、記号作用のシグナル的性格はいっそう強化される」(DA, S. 189, 251頁)。この記号的な言葉の信号化こそは最終的に全体主義における言語の様相となる。言語に自由があっては全体主義は実現されない。人々を画一的に支配するためには、言語の内的あるいは外的な、つまり心理的あるいはコミュニケーション的な側面における支配こそが必要である。そしてそれは有無を言わせぬ言語の信号化‐自動化によって実現される。それは、広告と同様にやはり反復という技術によって可能となる。「これと思う特定の言葉をひたすら目まぐるしく繰り返して広く流すことで、宣伝と全体主義的スローガンが結び付く。言葉を、それを話す人間の言葉にしてきた経験の層は掘り崩されている」(DA, S. 189, 253頁)。もはや人々は言葉の指すものが何であるかにほとんど注意を払うことなく、信号的に言葉を語り出すのである。ホルクハイマー／アドルノによれば、全体主義社会においては、話し方や言葉の選び方、内面生活など、それらすべてに、自分自身を情動の内部に至るまで文化産業が提供するモデルに見合った効率的装置に仕立てようとする試みが見て取れるという。そうであるならば、そのためのシェーマこそが広告と融合した文化産業が提供するところの反復するものたちであり、それに見合う形で信号として形成された言語なのである。その結果、「人々のもっとも親密な反応さえも自分自身に対して完全に物象化」(DA, S. 191, 254頁)されることとなる。言葉が記号化し、次いで信号化するなかで、その対象は抽象的な一つの事例としてだけ捉えられ、そのような抽象的なカテゴリーに含まれない内容は萎縮していく。いわば記号が反復を可能にし、反復が記号を物象化していくのである。それゆえに、言葉の記号化による啓蒙の進展(自然の対象化、整序)と認識の退歩は表裏一体となる。そしてシグナル化された記号体系としての文化産業のシェーマにより、コミュニケーションだけでなく、情動さえも物象化される。

我々はこの全体主義社会における言語の特色に合致するいくつかの報告を確認することができる。例えばV・クレンペラーは、ナチス・ドイツにおける言語のあり様を次のように描いている。

ヒトラー主義のもっとも強力な宣伝方法は何であったか。[…]ユダヤ人やボルシェヴィズムに対する彼らの非難だったろうか。明らかにそうではなかった。多くのことが大衆には理解されなかったのだし、絶え間ない繰り返しのために、大衆を退屈させたのだから。[…]もっとも強い効果をもたらしたのは、意識的な思考や自覚的感情によって吸収しなくてはならないようなものではないのである。そうではなくて、ナチズムは、百万回もの繰り返しにおいて大衆に押し付け、機械的に無意識に受け入れられた個々の語彙、言い回し、文形を通じて大衆の血と肉のなかに入り込んだのである。［…］言葉は私に代わって詩作したり、思考したりするばかりではない。それは私の感情をも操縦し、自明のこととして無意識に私がそれに身を委ねれば委ねるほど、私の精神のあり方全体を制御するのである。［…］ナチの言語は、言葉や言い回しや文形に毒を染み込ませ、言語をその恐るべき機構に役立つものとし、言語において、そのもっとも強力な、もっとも公然たる、もっとも内密な宣伝手段を手中に収めるのである。(5)

これと同様に、M・ゲッレルはやはりロシアの全体主義体制下の言語のあり様について次のように述べている。

新しいソビエト語の特徴は、そこにおいて語彙が重要な役割を果たすという点にある。語彙は、その内在的意味を失って空の外皮になったのであり、そこには最高機関が自身に都合のよい意味を注ぐのである。(6)言葉は現実を覆い隠し、幻想、超現実を作り出すが、しかし同時に、現実をコード化することで、現実とのつながりを保っている。ソビエト語はコードの体系であり、その諸記号は最高機関によって定義されている(C. 261, 334 頁)。

敵を名指す権力が指導者、最高機関を語彙の完全な支配者にする。語彙がそしてそれとともに言語が国有化されるのである(C. 274, 350 頁)。

コミュニケーションのあらゆる記号システムと同様に、語彙が指導者、最高機関の権力のうちにある限り、語彙、記号は、指導者、最高機関によって公的に与えられた意味だけを持つ。［…］ソビエトの話法はつねにモノローグである。なぜなら、話すことのできる「相手側」が存在しないからである(C. 276, 352 頁)。

記号(テクスト)を受け入れるための訓練が、その記号(テクスト)が意識のなかに浸透する重要な条件である。それゆえ、記号は、それが思考のどのような努力も必要なしに作動する信号(сигнал)になるまで、何度も繰り返される。スローガン型表現の影響は相当程度、それがいつも絶対に変わらない形で繰り返されることで確かなものとなる(С. 276, 353 頁)。

ゲッレルはやはりクレンペラーの研究を参照し、ナチス・ドイツにおける言葉のあり様とソビエト語の共通性を強調する。言葉の物象化としての信号化、それは全体主義言語の特質であり、全体主義社会において人間の感情や思考はその特質に支配されたのである。(7)

二　思考の機械化

このように全体主義的な社会支配は言語の物象化によって多く実現されるが、それに対応する物象化された意識はいわば機械化され自動化された思考として形成される。

機械の性格を簡単に言うと、おそらく次のようになる。まず、それが人為的に構成されたものであること、また、その構成は各部分がある目的に向けて整合的に組み合わされることからなり、そうでなければうまく作動しないか、故障してしまうこと、そのように構成されることでエネルギーが供給される限り自律的に自動的に作動すること。つまり一定の構成がつねに自己同一性を保ち、それに基づいてつねに同一の動作と結果がもたらされるところに機械の本質がある。あるものがそのように構成されることを我々は機械化と呼ぶことができる。当然我々は機械化という言葉をふつう物質的事象について用いるが、しかしここでの問題は、象徴の領域においてもそのような機械化を論じることができるということである。しかし、その意味では、もちろん「機械化」というのは比喩である。言語の物象化によって物象化された思考あるいは精神活動は、そのような「機械化」という比喩によってもっともよく説明されるのである。では人間の精神活動に関して「機械化」という比喩が用いられるその意味はなにか、この点について以下で検討してみよう（――精神活動・思考ではなく人間の行動に関しても、第二部第二章第一節で「比喩としての機械化」の意味を探る）。

ホルクハイマー／アドルノは「思考機械（Denkmaschinerie）」（DA, S. 44, 34 頁）という言葉を用いた。その言葉が指す事態とはまさしく、これまでに述べてきたような言語の信号化すなわち物象化による思考の自動化である。「思考は、思考自身が作り出した機械を見習って、自発的に動きを続ける自動的過程へと物象化され、その結果、機械が思考に取って代わり得るようになる」（DA, S. 42, 32 頁）。これこそが象徴・記号体系の物象化がもたらす一つの帰結である。では、そのような思考の自動化は物象化によってどのように引き起こされるのだろうか。おそらくこの点は、『啓蒙の弁証法』における文化産業についての議論を参照することである程度解明することができると思われる。

そもそも文化産業は人々の思考を機械化するのと同様に、人々の思考を取り巻く社会全体を象徴的に機械化する傾向にある。というのも機械化とはなによりも計算可能性を、つまりある操作によっていつも同じ意図した結果がもたらされるような構成を生み出すことを意味するが、文化産業は、つねに本来間主観的に構成された記号に対する解釈あるいは個々人の主体的な受容といったものが介在するはずの社会的領域においても、技術的領域におけるのと同じような計算可能性を求めるからである。それこそが支配の合理化を意味する。「後期自由主義段階に対する大衆文化段階の新しさは、新しさを排除するところにある。機械は同じ状態で廻転する。機械はすでに消費高を規定する一方、テスト済みでないものは危険だとして排除する。映画人たちはベストセラーをそのまま下敷きにしていないような脚本には、すべて不信の目を向ける。［…］テスト済みの文化在庫品に何かを加えるのはあまりにも投機的だというわけである」(DA, S. 156, 206頁)。かくして文化産業に独占された文化においては、「同一のもの」の反復が支配的となる。そのような新しいものを排除した同一のものの反復によってはじめて、「機械化」という表現が文化に当てはまることになる。さらに文化全体の機械化は、なによりも人々の意識の操作を必要とするのであり、そのような操作は主に「娯楽」によって実現される。文化産業においてもっとも特徴的なものはレディメイドとステレオタイプである。つまり受け取るものはつねにすでに誰かによって作られたものであり、それはいつも規格に合致した大量生産品だということである。また製品そのものだけでなく、記号的思考を身に付けたものにとっては、認識に現れるあらゆる現実が記号的に提供されるモデルの単なるサンプルの集積となる。その結果、経験とそれに対応する諸欲求はほとんど文化産業によってすでに作られたものとなる。「産業は自分で煽って作り上げた人気投票に追従する」(DA, S. 155, 205頁)のである。一度このシステムに取り込まれるならば、人々はもはや思考を必要としなくなる。反復するレディメイドの製品に対して類型化された個人のレディメイドの欲求が対応し、そしてレディメイドの製品がそれに追従するような自動反復装置のなかに、思考の居場所はない。

このような意味で思考の機械化を思考のアルゴリズム化と言うこともできるかもしれない。アルゴリズムの集積である象徴機械としてのコンピューターは、プログラムとして構成された自身の象徴システムに則ってタスクの結果を出力するのであるが、その象徴システムは決して入力に対して解釈あるいは主体的な、その意味で対話的な応答をすることなく、ましてその入力が目指するあるいは要求する結果の意味・価値判断などは決して行わない。そもそもアルゴリズムは自身の内に受け付ける入力を前もって定めており、それ以外の入力に対しては拒絶をするか、あるいはエラーを出力する。象徴機械と化した思考も同様に、自身と同一のもの、自身と同一化され得るものに対してしか思考を働かせない。そしてそのような思考の物象化を招く象徴体系の物象化が、文化産業を中心とした社会そのものにおいて実現されているならば、もはや思考は、現に目の前にある現実以上のものに対しては決して思考を働かせない、単なる現実の記録装置になるのである。すなわち、思想は失われ、判断力はそもそも必要とされなくなるのだ。このような意味で我々は、思考の機械化、自動化と言うことができるのである。

三　対話性の封殺――バフチンの言語論的物象化論

次にM・M・バフチンの議論を検討する。バフチンの独自の言語論、とりわけそこにおける物象化論は、これまで見てきたような全体主義言語に対する一つの分析として理解することができる。バフチンの物象化論を理解するための導きの糸となるのは、「小説の言葉」のなかで一度だけ何気なく用いられた「対話性の封殺(погашение диалогичности)」という言葉である。そこで論じられているのは「言葉が本来持っている対話性の封殺」[(8)]の問題である。それが意味するのはまさしく記号を舞台にして展開される意味の生成の断絶である。この言葉の意味を理解するためには、バフチンの言語論がそれをめぐって展開されるところの「対話性」という概念について一定の理解を得ておかなければならない。以下ではまず、バフチンの独自の記号学的な言語論の全体像を見ておこう。

バフチンの基本的な記号理解はきわめて単純なものである。バフチンはその外部にあるものを示したり、描いたり、代理をするようなものを記号として理解している。そしてそのような記号作用を実現するのは、イデオロギー作用、すなわちコミュニケーションを通じて間主観的に実現される、「所与の記号に対する人々の反応の統一と相互調整」[9]である。バフチンにおいては記号とイデオロギーがほぼ等置されることになる。記号（およびその意味）とはイデオロギー的所産であり、他方イデオロギーは記号（およびその意味）としてだけ実現されるのである。

バフチンはこのような記号へ着目することによって、例えばイデオロギーのような間主観的な現象に対して、集団精神や個人の精神といったあやふやな観念を用いずに客観的にアプローチすることが可能だと考える。つまりイデオロギーはなにか幻想的な内的な精神作用として捉えられるのではなく、記号として社会的な現実の一部を成すものであり、またそのような記号を構成する一定の素材（「言葉、音、身振り、あるいは塊（マッス）・線・色彩・身体などのコンビネーション」[10]）を通じて客観的にアプローチできる対象として理解されるのである。しかし、それは客観的にアプローチができるというだけであって、記号の意味それ自体をなにか物理的な素材として扱うことができるという意味ではない。「意味とは、個別的現実としての記号が、その記号が代理し提示し描くもう一つの現実に対して持つ関係の表現である。意味とは言語の関数であり、したがって（純粋な関係であり関数である）意味を、記号の外に存在するなにか特別な自立した事物のようにみなすことはできない。［…］記号は個別的事物であるが、意味は事物ではない」[11]。しかし、だとすれば我々は記号の意味に対してはどのようにアプローチすべきなのであろうか。

バフチンは意味を「意味（значение）」と「テーマ」の二つに分けて考えている。「ここで言う意味とは、テーマとは異なり、反復され、その反復のすべての場合に自己同一的な全契機である」[12]。それはいわばコンテクストを離れて抽象的に反復され得る辞書的な意味である。他方、テーマとは記号が使用されるその都度の発話のコンテクストにおいて新たに記号が担うことになる具体的な意味である。したがって「テーマとは、所与の生成の瞬間に適応しようとする複雑で動的な記号体系である。テーマとは、生成しつつある意識が存在の生成に対して示す反応である。意味とは、テーマ実現の技術的装置である」[13]。

バフチンは一貫してその都度の発話のコンテクストにおける具体的な意味(つまり「テーマ」)に関心を寄せるのであるが、しかしその発話にとって抽象的に反復される同一性としての意味が、相互理解のためには不可欠であることももちろん忘れない。記号の意味の分析はこの二つの意味の相互作用のなかに定位されなければならない。言語学はこの後者の契機に重点を置いた。なぜならコンテクストによらずに抽象的に反復される安定した同一性の契機こそが、理論的、体系的考察のもっとも確かな基盤となるように思われたからである。しかし、すでに述べたようにバフチンはむしろ発話における歴史的に一回的な記号使用に伴う具体的な意味の方を重視する。その理由は、ここにバフチンの哲学全体の鍵概念であるディアローグ－モノローグの対置を導入することで明らかになる。

抽象的に反復される辞書的な意義は、いつでもどこでも誰にとってもどのようなコンテクストにおいても、つねに同一の意味である。しかし、バフチンによれば、理解とは単にそのようなつねに同一的な意味の機械的な運用にあるのではない。発話における話者や聞き手にとってではなく、言語体系を整合的に記述しようとする言語学者にとってだけ、抽象的な自己同一的契機とその再認が意味を持ってくるのである。そこにおいては聞き手のなかに話者の発話内容の模造だけが認められ、記号はあたかも機械的に伝えられる信号のようである。これは、バフチンの言うように、理論的な抽象化としては正当であるかもしれないが、しかし、それが言語コミュニケーションの本当の姿であると実体化されるならば、誤りである。辞書的な言葉とは違い、発話における言葉は、つねに一定の具体的なコンテクストのなかに現れる誰かの言葉であり、それは必ず誰かに向けられている。そして発話とは二人あるいはそれ以上の人間によって具体的なコンテクストのなかで形成される社会的現象なのであり、言語はそのような発話のなかにしかその具体的な姿を持っていないのである。そこにおける理解は、言語学者が描くような信号の受動的な再認とは異なるものである。「あらゆる真の理解は能動的なものであり、応答の萌芽をなしている。[…]他者の発話を理解するということは、それに対して定位し、それのために然るべきコンテクストのなかに然るべき位置を見つけるということである。我々は、理解される発話のそれぞれの語のうえに、いわば我々自身の応える一連の語を積み重ねる。[…]このようにして発話のなかの抽出可能な意味的要素のそれぞれ、あるいは全体としての発話は、我々によって、応答のある別の能動的コンテクスに移される。あらゆる理解は対話的である」(14)。

このような聞き手による能動的な応答としての理解を示す分かりやすい例は、伝言ゲームである(――バフチンがこの例を用いているわけではない)。もし発話における記号の理解が一義的なコードに従った信号の受容でしかないとしたら、おそらくこのゲームはきわめてつまらないものになっているだろう。しかし実際は、伝言ゲームにおいてはまさに話し手が言う言葉を、聞き手は自身のコンテクストのなかで捉え、自身の言葉によってその話し手の言葉を包み込むことで能動的に応答的に理解するのであり、これが数回続けられると最終的にははじめに語られたものとはまったく違った新しい内容が出来上がることになるのである。能動的な応答としての理解においては、いわば「聞き手が話者になる」(15)のであって、話し手の意図が一方的に聞き手のなかに押し込まれ模写されるのではない。

また我々はもう一つの点にも注意しておかなければならない。それは話し手の発話自体もまたすでに誰かへの返答になっているという点である。これはあらゆる発話について言うことができる。「というのも、彼(話者――見附)は宇宙の永遠の沈黙を最初に破った話者ではないからであり、彼は自分の使用する言語が体系として存在するのを前提とするだけでなく、先行するなんらかの発話――自分や他人の発話――をも前提としており、それらと、彼の所与の発話はなんらかの仕方で関係しているからである(それらに依拠する、それらと論争する、あるいは単に聞き手がすでにそれを承知しているのを前提にする、といった具合に)。どんな発話も、他の様々な発話が作る非常に複雑な連鎖の一環なのである[16]」。話し手はすでに、言語コミュニケーションの連鎖における一人の応答者であり、聞き手もまたそれに連なる一人の話者なのである。それゆえに、話者は自身の発話における言葉の意味に対して十全の所有権を持つのではない。意味はただ人々の間で生成するのである。応答的な理解は、「理解されるものを理解する者の新しい視野のなかに入れることにより、この理解されるものとの一連の複雑な相互関係、協和音や不協和音を構成し、この理解されたものを新しい諸要素で豊かにする[17]」のである。

以上の議論から、意味について、バフチンの次のような見解を導くことができる。「したがって、意味が言葉そのものに属すると言うべきではない。実際には、意味は話し手間に存在する言葉に属している。つまり、応答的、能動的理解の過程でのみ実現される[18]」。意味とは記号に内的に備わるものではなく、その都度の具体的なコンテクストのなかで使用される記号に対する能動的な理解のなかで、つまり発話と応答という対話的関係のなかで具体的に規定されるものなのである。それは生きた意味の生成である。

以上がバフチンの対話理論的な言語論の大枠である。「言葉が本来持っている対話性」というバフチンの記述の意味も、以上の議論から明らかになっただろう。言葉は、話者と聞き手、あるいは両者を取り巻く巨大な対話的関係性の相互作用のうちにあってはじめて意味を獲得するのである。そしてバフチンが物象化を「対話性の封殺」と規定した意味も、以上の議論からある程度明らかになっただろう。「対話性の封殺」とはいわば、記号が対話的コンテクストから切り離され、意味の改変などあり得ない自己完結的なモノとして扱われること、本来生きた対話的関係のなかでだけ維持される記号の生命、動的な意味の生成が切断されることを指す言葉と理解できる。

四　権威主義的な言葉

このような「対話性の封殺」の具体的な姿を我々は、「権威主義的な言葉」（あるいは「権威的な言葉」）のなかに探ることができる。バフチンは我々が出会う他者の言葉を二つのタイプに分けている。そのうちの一つが「権威主義的な言葉」である。これを特徴付けると以下のようになる。「権威主義的な言葉が我々に要求するのは受容と承認である。それは、我々に対するその内的説得力の程度にかかわらず、我々に自己を強制する。我々はそれをあらかじめ権威と結合したものとして見出す。権威主義的な言葉は、遠い圏域において有機的に階層秩序的過去と結び付いている。［…］それが与えられる（響く）のは、高尚な領域においてであって、無遠慮な接触の領域においてではない。［…］権威的な言葉はいわば括弧に括られるだけでなく、より確たる分離を、例えば独自の字体をも要求する。そこにおいては、それを枠付けするコンテクストの力を借りて、そのなかに意味の改変を起こすことはさらに困難であり、その意味の構造は、それが完結しており、一義的であるがゆえに、不動であり死んでいる。その意味は逐字的なものに自足し、骨化している(19)」。

これに対するもう一つの形態が「内的説得力のある言葉」である。これを特徴付けると以下のようになる。「それは、「我々にとって内的説得力があり、我々が承認した、他者のイデオロギー的言葉である。［…］うわべだけの権威主義的な言葉と異なり、内的説得力のある言葉は、それが肯定的に摂取される過程において、〈自己の言葉〉と緊密に絡み合う。我々の意識の日常において、内的説得力を持つ言葉は、半ば自己の、半ば他者の言葉である。内的説得力のある言葉の創造的な生産性は、まさにそれが自立した思考と自立した新しい言葉を呼び起こし、内部から多くの我々の言葉を組織するものであって、孤立した不動の状態にとどまるものではないという点にある。［…］内的説得力のある言葉の意味構造は完結したものではなく、開かれたものである。内的説得力のある言葉は、自己を対話化する新しいコンテクストのなかに置かれるたびに、新しい意味の可能性を余すところなく開示することができる[20]」。

以上の特徴付けから、「権威主義的な言葉」はモノローグに、「内的説得力のある言葉」はディアローグに属することが分かる。とりわけ重要なのは、権威主義的な言葉がまさしくその外部の言葉と意味的接触を果たさないがゆえに、すなわち対話的な接触を一切拒むがために、あたかもモノのように、つまり死せるものの如く不動であり、骨化したものとして現れるということである。言葉は、対話的接触の領域においては、その意味構造が開かれており、新たに生成していくのであるが、その権威主義的形態においては、それが本来持つ対話性が封殺されており、完結したモノのように物象化されているのである。バフチンの物象化論においては一般に、その対話性を封殺され物象化された言葉がモノローグ的なものと規定されている。

さてバフチンは、右に確認したような物象化された言葉としての「権威主義的な言葉」の内実についてはこれ以上触れないのであるが、しかし、モノローグ的言語の社会的背景についてのバフチンの議論をここに接続すると、バフチンがこの議論に込めた意味、つまり全体主義のモノローグ的言語に対する批判が見えてくる。

五　中心化と脱中心化

バフチンはモノローグ的言語の社会的背景の問題を論じる際にも、やはりいつもディアローグとの対比のなかで議論を展開する。そのような対比は、中心化と脱中心化、あるいはラブレー論においては公式的なものと民衆文化という形をとって論じられる。

中心化と脱中心化を論じる際に重要なテーマとなるのは「ラズノレーチエ(разноречие)」という概念である。「ラズノレーチエ」とは、辞書的には「意見の相違・対立」「言葉の矛盾・不一致」「方言」といった意味を持つが、おそらく『小説の言葉』の訳者が述べているように、バフチンはこれらの意味合いをすべて含めて多義的に用いているのであろう。それは、いわば様々な言語が共存あるいは闘争している状態を示す言葉であり、「言語的多様性」、「heteroglossia(異言語混淆)」などと訳されている。バフチンによれば「単一の国語はその内部で様々に――社会的諸方言、集団的な習慣、職業的な隠語、ジャンルの諸言語、世代や年齢の諸言語、諸潮流の言語、権威者の言語、サークルの言語や短命なモード、社会・政治的に一定の日やさらには一定の時刻にさえ用いられる諸言語(毎日が自らのスローガンを、語彙を、自己のアクセントを持っている)等に――階層分化されている」[21]。このようにして分化された言語は、それぞれ「世界に対する固有の視点、言葉による世界の意味付けの形式、独自の対象的意味および価値評価の視野」[22]として分化されている。しかし、言語はこのような様々な言語を生み出す分化の傾向だけではなく、反対に統一へと向かう傾向をも持っている。脱中心化(「内的な差異化」)が、言語が様々な歴史的な発話状況に適応し分化してゆく動きであるとすれば、中心化(統一)とは、それらの諸言語が共通の単一言語へと収斂してゆく動きである。

この中心化により生み出された単一言語は当然、言語的多様性に対立するものであるが、同時にそういった多様性を克服し相互理解を保証するものでもある。しかし、ここで注意しなければならないのは、そのような単一言語とはコミュニケーションにおける最小限の理解を保証するところの抽象的な文法の体系ではなく、イデオロギー的生の全領域における最大限の相互理解を保証する世界観としての言語だということである。

この中心化の動きが極まるところは、理念的に言えば、神話としての、すなわち思考の絶対的形式としての言語である。バフチンによれば、そこにおいてイデオロギー的意味は言語と絶対的に癒着しており、外部を持たない。言語的意識は有機的に言語と融合した国民的神話の体系の内に囚われている。「神話的思考は自己の言語に支配されている。その言語は、自らの内から神話的現実を生み出し、自己の言語的な諸連関と相互関係を現実そのものの諸要素が結ぶ諸連関と相互関係に見せかける（言語的なカテゴリーと従属関係の神統記的・宇宙創世論的カテゴリーへの移行）」[23]。このような中心化された言語の下においては世界に対する視点はただ一つであり、ただ一つの意味、ただ一つの価値評価だけがすべてを支配している。人々の間で世界に対する意味付けに差異はなく、社会のなかにいかなる矛盾もない。

社会を支配しようとするものはこのようなモノローグ的体制を目指すはずである。例えばバフチンによれば、中世の公式的世界像は、教会と封建国家の支配の安定のために、社会のこの一枚岩的な統一を目指していた。一般に、「支配階級は、イデオロギー的記号に超階級的な永遠の性格を与え、そのなかで行われているもろもろの社会的評価の闘争を抑圧し、内部に追いやり、記号を単一アクセントのものにしようとする」[24]のである。中世においては、たしかにそれは、神話のような思考の絶対的形式として存在することはなかっただろうが、しかしやはり我々はそこに「言語的権威の神話的感覚、およびあらゆる意味と表現をその権威の反駁を許さぬ統一へと委ねさせる強制[25]」を見出すことができるのである。

世界に対する意味付けの形式がただ一つしか存在しないということ、それ以外の一切を許容しないということ、自身の言語の記号的構造を現実そのものとみなすフェティシズム、このような特徴のうちに、全体主義言語のモノローグ的構成を見ることができるだろう。

しかし、すでに述べたように同時に脱中心化の動きもある。バフチンはこの脱中心化の現れをまさに小説のなかに見ていた。「小説とはただ一つの言語の絶対性を拒否した、ガリレイ的言語意識の表現である。この意識は自己の言語がイデオロギー的世界の言葉と意味の唯一の中心であるとはみなさず、国語、またとりわけ社会的な言語が多数存在していること――しかもそれらはどれも等しく〈真理の言語〉たり得るが、等しく相対的かつ客体的で限界を持つ社会集団、職業、生活の諸言語であること――を理解している。[…]問題となるのは、人間の言語の運命におけるきわめて重要で本質的に根底的な変革、すなわち文化的‐意味的および表現的諸志向の、唯一無二の言語の支配からの本質的な解放であり、言語が神話として、思考の絶対的形式として感じられなくなるということなのである(26)」。

六　中心化された言語

記号の物象化の問題を論じる本章の関心に即して、ここでは脱中心化の議論よりも、それに対置される中心化に関するバフチンの議論を重視することにしよう。中心化された言語のあり様をバフチンは、ラブレー論において、公式的なものと非公式的なもの、教会と広場という対置のうちに捉えている。『フランソワ・ラブレーの作品と中世・ルネッサンスの民衆文化』は、ラブレーの小説を記号学的に解読し、そこから中世の公式的イデオロギーがいかに転倒されていったかを探究した著作である。もちろんこの著作は純粋に文芸学的な研究でもあるのだが、しかしそこには全体主義言語に対するバフチンの批判が見え隠れしており、その意味でこの著作においてバフチンは一種の「イソップの言葉」を語っているようにも思える。

この著作においてバフチンが公式的なものとして挙げるのは、教会、封建領主、国家である。それらは生真面目で、一枚岩からできているようで、厳粛で、現存の世界秩序を承認し、神聖化し、永遠化するものである。それらは一義的で、完結性に向かい、現状を絶対的なものとする。「公式の中世文化の特徴は調子の一面的な厳粛性であった。[…]この厳粛性が、真理・善・そして一般にあらゆる本質的なもの、意味あるもの、重要なものの表現の唯一の形式であると主張された」[27]。「この古き権力、古き真実は、絶対性、超時代的な意義性なるものの請求とともに立ち現れる」[28]。したがって、これらは権威的に、強制・禁止・限定と結び付き、いかなる異物の存在も認めない。「このような厳粛性のなかにはつねに恐怖と脅しの要素がある」[29]。このような公式的なものの領域がモノローグ的であることはもはや言うまでもない。

バフチンが、このような公式的なものに対置するのは民衆文化（とりわけカーニバル）である。民衆文化は恐怖——社会的な力としての権威だけでなく抗えない自然力をも含めて——を「笑いの原理」によって克服していく。笑いは恐怖に勝利する。しかし、「恐怖に対する勝利はその抽象的な排除ではない。それは同時に、その〈奪冠〉であり、改新であり、陽気なものへそれを移すことである」[30]。「真の笑いは両面価値的であり普遍的であって、厳粛性を否定はせずに、その不純物を取り除き欠点を補う。この不純物とは、ドグマティズム、一面性、骨化、ファナティズム、定言性、恐怖あるいは脅しの要素、教訓主義、素朴性と幻想、悪しき画一性と一義性、愚鈍なる声の張り上げである。笑いは厳粛性が硬化することを許さず、存在の完結され得ない統一性から遊離することを許さない。笑いはこの両面価値的統一性を回復するのである」[31]。存在の完結され得ない統一性、両面価値的統一性という言葉は奇妙な印象を与えるかもしれない。しかし、これこそがバフチンの見た民衆文化、民衆のイメージ体系に特有のものである。それは一つのシンボルのなかに生と死などの相反する思想を与え、それによってとどまることなく変化し続けていく存在の生成を捉えようとするのである。

以上の意味で民衆文化は、いわば対話性の封殺された、すなわち物象化されたモノローグ的な世界像から解放された領域である。しかし、繰り返し述べれば、ここで我々にとって重要なのは、このユートピアとしての民衆文化、カーニバルの祝祭の描写に表されているかもしれないバフチンの自由への希求よりもむしろ、そこに対置される公式的なものの中心化されたモノローグ性の描写である。バフチンが公式的なものの言語的特性として挙げた要素、すなわち「ドグマティズム、一面性、骨化、ファナティズム、定言性、恐怖あるいは脅しの要素、教訓主義、素朴性と幻想、悪しき画一性と一義性、愚鈍なる声の張り上げ」は、本当に中世の公式的なものの性格だろうか。私には、むしろソビエト・ロシアにおける全体主義言語のあり様を描いたもののように思える。少なくとも、ここには中世に限らず、中心化された言語つまり「権威主義的な言葉」のあり様の一般的特性を我々は見ることができるだろう。

まとめ

我々は以上のバフチンの議論から、言語の信号化、全体主義言語における物象化現象について一般的な言語論的な分析を得た。言語とは、あるいは言語の意味の理解とは、本来対話的なものである。それは話者と聞き手、あるいはそこにいない他者も含めた複雑な対話的関係性のなかに生きるものである。それは例えば小説のなかでの多言語の交差のなかに、あるいは厳粛なシンボルに様々なイメージを交差させ、公式的なものの奪冠を目論むカーニバルの笑いのなかに展開されるかもしれない。

しかし言語の物象化においては、このような対話性が封殺される。その意味は対話のコンテクストから分離され完結しており、それに対する対話的な応答は禁じられている。許されているのは、その完結した意味をそれとして受け入れることのみである。したがってそれはモノローグ、つまり相手のいない独り言である。語る相手を持たず、語りの文脈を失い、対話性が封殺され意味の生成がその命を失うとき、記号はモノになるのである。モノとなった記号は、対話的応答のなかではなく、機関車の釜にくべられる石炭のように、レール上の車輪を回転させる思考機械のなかに投げ入れられるのみである。

（1） K. Marx, *Das Kapital*, in: *MARX-ENGELS WERKE*, Bd. 23, Diez Verlag, 1962, S. 87. K・マルクス、マルクス＝エンゲルス全集刊行委員会訳、『資本論』（第一巻第一分冊）、大月書店、一九六八年、九六頁。以下Kと略記し文中に頁数を示す。

（2） P. L. Berger and T. Luckmann, *The Social Construction of Reality: A treatise in the sociology of knowledge*, Doubleday, 1966, p. 17. ピーター・L・バーガー／トーマス・ルックマン、山口節郎訳、『現実の社会的構成　知識社会学論考』（新版）、新曜社、二〇〇三年、二六頁。以下SCRと略記し文中に頁数を示す。

（3） M. Horkheimer u. Th. W. Adorno, *Dialektik der Aufklärung*, in: Th. W. Adorno, *Gesammelte Schriften*, Bd. 3, 2. Aufl., Suhrkamp, 1984, S. 34. M・ホルクハイマー／Th・W・アドルノ、徳永恂訳、『啓蒙の弁証法　哲学的断想』、岩波書店、一九九〇年、二一頁。以下DAと略記し文中に頁数を示す。

（4） アドルノはしばしば物象化された事態を広告のそれで表現する。例えば次のように述べる。「物象化された意識のこの傾向、それは本来次のような結果にいたる。つまり、広告のキャッチフレーズがそうであるのと同じような仕方で、一般的にあるところのあらゆる概念を同時に固定し、物神化するのである」。Th. W. Adorno, *Vorlesung über Negative Dialektik*, in: ders. *Nachgelassene Schriften*, Abt. 4. Vorlesungen, Bd. 16, Suhrkamp, 2003, S. 42. Th・W・アドルノ、細見和之・河原理・高安啓介訳、『否定弁証法講義』、作品社、二〇〇七年、四五頁。

（5） V. Klemperer, *LTI: Notizbuch eines Philologen*, Reclam Verlag Leibzig, 1975, S. 24f. V・クレムペラー、羽田洋・藤平浩之・赤井慧爾・中村元保訳、『第三帝国の言語〈LTI〉　ある言語学者のノート』、法政大学出版局、一九七四年、一九—二一頁。

（6） *Гелер М.* Машина и винтики: история формирования советского человека, Overseas Publications Interchange LTD., 1985. C. 261. ミシェル・エレル、辻由美訳、『ホモ・ソビエティクス——機械と歯車』、白水社、一九八八年、三三四頁。（ただし辻による邦訳はフランス語訳から）。以下文中に頁数のみを記す。

（7） 我々としては日本の戦時下の言語にもやはり関心を持つが、管見の及ぶ限り、日本における全体主義言語の研究はなされていない。田中克彦が日本の戦時下の言語に「八紘一宇語」、「教育勅語語」といった名称を与えているが、田中克彦自身も、日本では全体主義言語の研究が行われていないと述べている。田中克彦、『言語の思想　国家と民族のことば』、岩波書店（岩波現代文庫）、二〇〇三年（ただし一九七五年の文の再録）。

（8） *Бахтин* М. М. Слово в романе // Вопросы Литературы и Эстетики. М., 1975. С. 158. M・M・バフチン、伊東一郎訳、『小説の言葉』、平凡社(平凡社ライブラリー)、一九九六年、一六六頁。

（9） *Бахтин* М. М. Формальный метод в литературоведении // Фрейдизм. Формальный метод в литературоведении. Марксизм и философия языка. Статьи. М., 2000. С. 191. M・M・バフチン、磯谷孝・佐々木寛訳、『ミハイル・バフチン全著作2　「フロイト主義」「文芸学の形式的方法」他』、水声社、二〇〇四年、二三〇頁。以下では『フロイト主義』、『文芸学の形式的方法』、『マルクス主義と言語哲学』などを、慣例に従い、バフチンの著作として扱う。ただしそれは、真の作者が誰であるかという議論に積極的に意見するものではない。

（10） Там же. С. 191, 230 頁.

（11） *Бахтин* М. М. Марксизм и философия языка. // Фрейдизм. Формальный метод в литературоведении. Марксизм и философия языка. Статьи. С. 370. M・M・バフチン、桑野隆訳、『マルクス主義と言語哲学(改訳版)』、未来社、一九八九年、四五―四六頁。

（12） Там же. С. 434, 154 頁.

（13） Там же. С. 434, 155 頁.

（14） Там же. С. 436, 158 頁.

（15） *Бахтин* М. М. Проблема речевых жанров // Эстетика Словесного Творчества. М., 1979. С. 246. M・M・バフチン、新谷敬三郎・伊東一郎・佐々木寛訳、『ミハイル・バフチン著作集8　ことば　対話　テキスト』、新時代社、一九八八年、一三二頁。

（16） Там же. С. 247, 132-133 頁.

（17） *Бахтин.* Слово в романе. С. 95, 48-49 頁.

（18） *Бахтин.* Марксизм. С. 436, 158 頁.

（19） *Бахтин.* Слово в романе. С. 155-156, 160-161 頁.

（20） Там же. С. 157-158, 164-165 頁.

（21） Там же. С. 76, 16 頁.

（22） Там же. С. 104, 64 頁.

(23) Там же. С. 180, 205-206 頁.
(24) *Бахтин*. Марксизм. С. 366, 39 頁.
(25) *Бахтин*. Слово в романе. С. 181, 206 頁.
(26) Там же. С. 178, 202-203 頁.
(27) *Бахтин М. М.* Творчество Франсуа Рабле и народная культура средневековья и Ренессанса (2-е изд.). М., 1990. С. 85. M・M・バフチン、川端香男里訳、『フランソワ・ラブレーの作品と中世・ルネッサンスの民衆文化』、せりか書房、一九七三年、六九頁。
(28) Там же. С. 236, 188 頁.
(29) Там же. С. 104, 83 頁.
(30) Там же. С. 105, 84 頁.
(31) Там же. С. 137, 108 頁.

第二部　物象化の理念型

第一部では、物象化のWhat、つまり物象化とは何かという問いに答えるべく、物象化のいくつかの類型を探った。この第二部では、物象化のHow、つまり物象化はいかにして生じるかという問いに答えるべく、考察を進めていきたい。その際、「いかにして生じるか」という問いは、原因や理由を問う意味で提起されているのではない。そうではなく、いかにして(How)ということで問いたいのは、いわば物象化のメカニズムである。この問いに答えるべく、私はこの第二部で物象化の一般的モデルとしてその理念型を構築したいと思う。

喩え話をすると、我々は様々な回転翼を知っている。飛行機のプロペラ、船のスクリュー、風車、水力発電所のタービン、扇風機、掘削機のドリル、竹とんぼ、楓の種などである。これらのものは、その個別的な形状だけではなく、原因と目的といった点においても相違している。回転翼が回る原因は、飛行機のプロペラや船のスクリューあるいは掘削機のドリルなどはエンジンであるし、扇風機は電気モーター、竹とんぼは人力、風車は自然の風、水力発電所のタービンは水流であり、楓の種は落下の際の空気抵抗である。その目的は推力を得ることであったり、水を汲むこと、電力を得ること、涼むこと、穴を掘ること、楽しむこと、種を遠くへ飛ばすことなどである。あるものは能動的に回転し、あるものは受動的に回転する。これらのものは様々な原因、様々な目的、様々な理由、様々な動機、様々な効果を持っている。しかし、にもかかわらず、我々はこれらのものに回転翼として一つの同じメカニズムを見ることができる。つまり一枚あるいは複数の、しばしば放射状に円形に並んだ平面構造物(それぞれは分離していることもあれば、つながっていることもある)に角度がつけられており(つまり羽)、その角度によって推す力が回転力に変えられるか、回転力が推す力に変えられるのである。したがってこのようなメカニズムに我々は回転翼一般の作動モデルを見ることができる。

物象化の一般的モデルを得るために、私がここでその理念型を探ろうとするのも、同様のことである。物象化の原因や目的、効果などはケース・バイ・ケースで様々なものを考えることができる。症候的な物象化の原因はなんらかの外傷体験かもしれないし、防衛機制という効果を持っているかもしれない。記号の物象化の目的は、心理操作かもしれない。そういった心理操作をしようとする動機は、単なる売り上げ増進であるかもしれない。物象化と一言で言っても、その原因、目的、理由、動機、効果などは、やはり様々である。しかし、私がここで追求しようとしているのは、そのような個別の物象化現象ではなく、そういった様々な物象化現象に共通して働いているであろう物象化の一般的メカニズムである。逆に言えば、その作動メカニズムを備えているがゆえに、ある現象を物象化と呼ぶことが許されるような、そういった一般的メカニズムである。

ただし、ここで「理念型」について簡単な説明をしておくべきかもしれない。理念型(Idealtypus)は、M・ウェーバーが自身の社会科学の方法論として提示したものである。それはいわば思考のうえで作り上げられた理想像であり、それ自体として純粋な姿で経験的に見出されることのないものである。その限りでそれは実在の叙述そのものではないし、仮説であるのでもないが、しかし、叙述に一義的な表現手段を与え、仮説の構成に方向を指示するものである。「こうした理念型が獲得されるのは、一つの、あるいは二、三の観点を一面的に高め、その観点に適合する、ここには多く、かしこには少なく、ところによってはまったくない、というように、分散して存在している夥しい個々の現象を、それ自体として統一された一つの思想像に結合することによってである[1]」。我々にとって、ここで重要なのはこの理念型と普遍妥当的な法則との違いである。両者は、やはり認識の手段として機能するという点では同じものである。しかしながら法則においては、したがって自然科学的な関心においては、対象は「法則を例示する標本として」(GAW, S. 186, 104頁)だけ考察されるのに対し、理念型においてはむしろ逆に、思想像の方が歴史的に個性的な個別の諸現象とその連関から生み出されるのである。しかもその際、諸現象の「平均」として形成される図式ではなく、それによって実在が測られるところの、ある観点に即して論理的に理念にまで高められた純粋型あるいは「極限概念(Grenzbegriff)」(GAW, S. 194, 119頁)として構成されるのである。この第二部ではこのような意味での物象化の理念型の構築を目指す。

（1）M. Weber, »Die „Objektivität“ sozialwissenschaftlicher und sozialpolitischer Erkenntnis«, in: ders, *Gesammelte Aufsätze zur Wissenschaftlehre*, 4. Aufl., J. C. B. Mohr, 1973, S. 191. M・ウェーバー、富永祐治・立野保男訳、折原浩補訳、『社会科学と社会政策にかかわる認識の「客観性」』、岩波書店（岩波文庫）、一九九八年、一一三頁。以下GAWと略記し文中に頁数を示す。

第一章　原コミュニケーション(Urkommunikation)
——非物象化の人間学的モデル

第一章では、まずは物象化されていない状態のモデルを獲得することを目指す。我々が物象化を「病理的なもの」として批判的な観点から考察するとき、同時に我々は物象化されていない状態を「正常なもの」として前提しているはずである。しかし、従来の議論ではこの点が詳細に論じられることはなく、なにか暗黙の了解事項として扱われてきたように思える。物象化の理念型を作り上げようとするならば、我々は物象化されていない状態とはどのようなものであるのかを明確に説明できなければならない。本章ではA・ホネットの議論を手掛かりとして、非物象化に関する一つの人間学的モデルの構築を試みる。

第一節　ホネットの物象化論

近年ホネットは承認論の観点から『物象化』と題された一冊の本を出版した(1)。このホネットの議論は、物象化論を今日に蘇らせようとする重要な試みであり、我々としても学ぶところが多いので、ここで参照することにしたい。この著作においてホネットは、物象化に対して新たな定義を与えることよりもむしろ、従来の物象化論においては必ずしも明確に示されてこなかった物象化批判のための基準を承認論によって積極的に提示することに目標を置いている。それゆえに物象化は「承認の忘却」という欠如概念によって規定される。まずは、この「承認の忘却」という物象化に対する新たな規定がいかに導かれるかを確認しておく。

一　ホネット物象化論の概要

物象化批判の基準を承認論によってポジティヴに提示しようとするホネットは、G・ルカーチの物象化論のなかに承認論へと連接し得る批判基準を探し出すことから議論を始める。この基準は、物象化されていない「真の」、「本来的な」人間的実践の概念のなかに探し出される。しかしホネットは、そのような基準となる実践概念を承認論によって再構成するにあたって、歴史の主体‐客体という「観念論」的に記述されたルカーチの公式の見解ではなく、そのテクストのなかに潜在する人間学的に記述された非公式的な見解の方を採用する。ルカーチの議論のなかに隠されたこの人間学的な記述は、「真の」、「本来的」、「間主観的」、「根源的実践」、あるいは「人間的実践」といった様々な言葉で特徴付けられるものであるが、最終的には「関与（Anteilnahme）」という一語で示されるものである。そしてこの「関与」の概念が、ルカーチの議論にM・ハイデガーの「気遣い（Sorge）」の概念を接合する際の指標になる。つまり、ホネットはルカーチをハイデガーと比較することでルカーチの議論のなかに実存哲学的な側面を見出そうとしているのである。

これはL・ゴルドマンの試みを逆の方向で行っているものと理解できる。逆の方向というのは、ゴルドマンはハイデガーの『存在と時間』における議論をルカーチの議論と比較し、ハイデガーの議論のなかにいわば物象化論への応答を読もうとしていたからである。(2) もちろんゴルドマンもまた、初期ルカーチについては、例えば『魂と形式』のうちに実存哲学的性格を認めている。ホネットの試みは、いわばこの初期ルカーチから『歴史と階級意識』のうちに「非公式に」引き継がれた実存哲学的な文脈を探り出し、それをハイデガーの議論につなげるものと理解することができるだろう。

その際にホネットが着目したのは、すでに述べたように、「関与」という概念である。このルカーチの「関与」とハイデガーの「気遣い」における共通点をホネットは、それらがともに主観‐客観図式に対する批判的なオルタナティブとして提示されるという点に見ている。

ホネットがルカーチの物象化論のなかに探り出すところの「関与」とは、いわば、「積極的な参加と実存的な関わり(die existentielle Involviertheit)の態度によって特徴付けられる実践の一つの理念」(V, S. 29)であり、「世界を生み出す活動としての相互行為の特別な形態」(V, S. 29)である。ホネットはこのような「関与」を、いわば物象化をもたらす観察者パースペクティヴにおける「無関与・無関心(Teilnahmslosigkeit)」に対置されるべきものとして理解している。このようなルカーチ解釈によってホネットが試みているのは、いわば「物象化という概念で考えられている状況が、根源的実践、つまりそこにおいて人間が自身とそして自身の環境と関与的関係をとるところの根源的実践の退化と歪曲として理解されるような形で、『物象化』の概念をふたたびアクチュアルなものにすること」(V, S. 27)である。

「気遣い」もまた、同様の文脈から理解される。「物在(Vorhandensein)」と「用在(Zuhandensein)」というハイデガーの区別からも分かるように、ハイデガーの考えによれば、我々は通常、認識主観の姿勢において現実に向き合っているのではなく、むしろそれに先立ってつねにその現実の克服に気を留めており、その結果として現実は実践的な有意味性の一つのフィールドとして我々に与えられている。ホネットによれば、「このような実践的な関係性の構造を特徴付けるためにハイデガーが用いる概念が、『気遣い』の概念である」(V, S. 31f)。ホネットは、このような主客図式の以前に捉えられる実践的関係性としての「気遣い」と同様に、ルカーチの「関与」にも主客図式に先行する性格を見出すことができると考える。というのも物象化に対置されるところの「関与的実践」においてもまた、主体は、使用価値を捨象し商品を等価形態で捉えるような、中立的な客観化する関わりからではなく、まさに「実存的な関心(existentielles Interesse)とともに現実に関わる」からであり、その結果としてそこにおいて「現実はつねに質的な有意味性において開かれるであろう」(V, S. 32)からである。

ただしホネットはこのような「関与」-「気遣い」の概念から派生する人間関係を、単純なコミュニケーション的態度や参加者パースペクティヴの取得といった問題と区別する。「一方ではそういった概念によって、人間存在は一般に、互いに二人称の役割のなかで自身を知覚することによって、相互にコミュニケーションするという事情が指摘されているはずだが、それに対してルカーチとハイデガーが示すのは、そのような相互主観的な態度は、つねに先行的に、積極的な取りなし、つまり実存的な傾注(die existentielle Zugewandtheit)のモメントに結び付けられており、そのモメントは、合理的な動機付けの記述においては十分に表現されないという考えである」(V, S. 38)。重要なのは、主観-客観の成立の後のコミュニケーションではなく、そのコミュニケーションに先立って、すでに「関与」や「気遣い」という概念で表される実存的な関係性がそこにあり、かえってそれがコミュニケーションや、相手の立場に立った考え方を採用することを可能にするということなのである。

さて、続いてホネットは、このような「関与」-「気遣い」の特性をさらにJ・デューイの「質的経験(qualitative Erfahrung)」の概念と関連付けることでいっそう明確にしようと努める。ホネットはこのデューイの議論が、これまで見てきた「関与」や「気遣い」という概念を承認の概念につなげるための「架け橋」(V, S. 39)になると考えている。ホネットによれば、デューイもまた「質的経験」という概念によって、「人間の根源的な世界関係」(V, S. 40)の輪郭を描いた。「質的経験」とは、デューイがやはり主観 - 客観モデルの優位に対して批判を加える際に提示する、主観 - 客観分化以前にある認識の根である。そこにおいて世界は、反省的に差異化される以前の統一的な質の下に体験されている。ホネットにとって重要なのは、デューイがこの質的経験を相互行為という概念で捉えていたということである。(3) この相互行為の概念こそが承認論への媒介の役割を果たす。ルカーチの「関与」、ハイデガーの「気遣い」、デューイの「質的経験」、これらはホネットによれば、世界への実存的関心が認識の主観 - 客観図式に先行するという根本思想を共有しているのであるが、そのような実存的関心は、情動的に中立化された態度に先立って、他の人間および周囲世界との相互行為を保持することに向けられているのである。以上の議論を踏まえて、ホネットは「世界との関わりのこの根源的な形態を、[…]『承認』と名付ける」(V, S. 41)ことになる。ホネットは、このようなルカーチの「関与」、ハイデガーの「気遣い」、デューイの「質的経験」といった概念と結び付けられる根源的な形態としての承認を「先行的承認(vorgängige Anerkennung)」と呼ぶ。

「承認の忘却」という物象化の新たな規定は、おそらくは、このデューイの議論に着想を得ている。ホネットが理解するところのデューイによれば、根源的な体験における質的統一から反省的に距離を取る抽象化によってはじめて認識の主観 - 客観図式が生じると考えられるが、この抽象化の認知プロセスにおいて根源的、質的な経験内容が忘却されるとき、問題への知的な対処という抽象化の目的が忘れ去られ、ただそこにあるだけの客体、所与というフィクションが生じる。この部分にはデューイに対するホネットのやや強引な読み込みがあるようにも思われるが、しかしたしかにデューイの次のような言葉にはホネットが示した解釈と同じ問題意識が示されている。「問題の要点は、質の直接的存在、そして優勢な、満遍なく行き渡る質の直接的存在が、あらゆる思考のバックグラウンドであり、出発点であり、調節原理だということである。質的なものの存在のリアリティーを否定する思考は、それゆえ自己矛盾にそして自己否定に至らざるを得ない。自然科学に現れる『科学的』思考は、決して質的存在を逃れることはないのである」(4)。

以上、ルカーチの「関与」、ハイデガーの「気遣い」、デューイの「質的経験」に関するホネットの議論を見てきたが、すでに述べたように、ホネットはこれらの概念が示す事態に相互行為の性格を見出したうえで、最終的に「先行的承認」という承認論の概念によってこれらの概念を書き換えた。ホネットがいわば物象化批判のポジティヴなクリテリウムとして提出するのは、このような実存哲学の、あるいはホネット自身の言い回しを使えば、哲学的人間学の観点から考察された世界との根本的な関係性である。ホネットは、そのような「先行的承認」という言葉で表されるものと対置することで物象化を新たに規定しなおす。この点を次に検討することにしよう。

二　承認の忘却としての物象化

ホネットは、これまでの議論から導かれ得る一つの誤った見解について注意を促す。そしてホネットによればそれはルカーチが犯した過ちでもあった。その誤った見解とは、「反省的な距離化(Distanznahme)、つまりそれを通じて我々が、認識のために、我々のあらゆる知が先行的にそこに根付いているところの質的な相互行為の経験から離れるような、そういう反省的な距離化のうちにまさしく物象化の本質がある」(V, S. 64)という見解である。ホネットはこのような反省的な距離化つまり「客観化(Objektivierung)」を先行的承認に単純に対置すること、そしてそれによって客観化と物象化を同一視することを批判する。ホネットが重視するのはむしろ両者の連続性である。つまりホネットによれば、我々は先行的承認を、「客観化の反対ではなく、我々の思考の客観化の可能性の条件とみなす」(V, S. 65) べきなのである。さきほど引用したデューイの言葉を借りれば、先行的承認はいわば客観化する思考の「バックグラウンド」であり「出発点」なのであって、両者を反対物として対立させる必要はないのである。したがって、「諸状況あるいは諸人格を客観化して捉えるのは、先行的承認の一つのあり得る所産であって、その純粋な反対物ではない」(V, S. 65)。もし客観化を先行的承認の単なる対立物と捉えるならば、客観化は自身の成立の条件(「バックグラウンド」)と対立していることになる。その成立の条件と対立するならばそれはもはや成立しないはずだが、しかし反対物としてそこに成立していると考えることは、矛盾しているのであって、ふたたびデューイの言葉を借りれば、それは「自己矛盾」に陥っているのである。

この問題を回避するためにホネットが提出するのが、「承認の忘却」という物象化の規定である。我々が行うべきは、先行的承認と客観化を単純に対立させることではなく、「その二つの態度が互いに対していかなる関係にあるのか」(V, S. 67) を探ることである。したがって、ホネットは客観化と先行的承認を対置させることに変えて、新しく二つの軸を設定する。つまり一方は「承認感受性のある認識の形態 (die anerkennungssensitiven Formen des Erkennens)」であり、他方は、「先行的承認から由来したという感覚が失われてしまっている認識の形態」(V, S. 67) である。ホネットによればこのような対立軸を設定することによって、客観化の態度と先行的承認の態度の間の関係に二つの様式があることが明らかになる。つまり「それらの二つの態度が、互いにとって見通すことのできる (transparent) ものか、見通すことのできない (intransparent) ものか、接近可能な (zugänglich) ものか接近不可能な (unzugänglich) ものか」(V, S. 67f) という二つの様式である。「第一の場合には、認識あるいは観察的姿勢は、それが先行的承認に依拠しているという意識において遂行されている。第二の場合には逆に、認識や観察的姿勢はこの依存性を自身から切り離したうえで、自身を、あらゆる非‐認識的な前提に対して自立的なものと思い込んでいるのである。我々はそのような承認の忘却 (Anerkennungsvergessenheit) の形態を、ルカーチの意図をより高次の段階で受け継ぎながら、『物象化』と名付けることができる。これによって考えられているのは、したがって、あるプロセス、つまりそれを通じて、他の人間についての知、そして他の人間に関する認識において、それらがその先行的関与と承認にどの程度基づいているのかという意識が失われてしまう、そのプロセスである」(V, S. 68)。

このように、ホネットは「『物象化』という概念の新しい定義」(V, S. 69)を「忘却」あるいは「記憶喪失(Amnesie)」に求める。例えば、我々が他の人間を「感情を持たない客体」(V, S. 69)として捉えるのは、まさにこのような忘却によっている。そのとき「我々は、記憶喪失によって、他の諸人格の態度表明を直接に、我々自身のリアクションを要求するものとして理解する能力を失っているのである。たしかに我々は認知的にはもちろんなお、人間的表現のスペクトラムの全体を知覚することはできる。しかし、我々には、いわば、その知覚されたものによって触発されるために必要であるような結び付きの感覚(Verbundenheitsgefühl)が欠けているのである」(V, S. 70)。

ホネットはさらにこの「承認の忘却」の内容規定を進める。次に問題になるのは、忘却の程度である。ホネットは客観化の成立の条件をなす先行的承認が、完全に忘却されてしまうことはないと考える。その意味でホネットは「忘却」を「忘失(Verlernen)」ほど強い意味を持たないものとして設定する。ホネットが「忘却」ということで問題としているのは、先行的承認が意識から取り上げられ消えてしまうということではなく、「ある種の注意の減退(Aufmerksamkeitsminderung)」である。この注意の減退が、「(先行的承認という――見附)事実を意識の背景に追いやってしまい、そしてそれゆえにその事実は見落とされてしまうのである。したがって、承認の忘却という意味での物象化が意味するのは、認識の遂行において、この認識が先行的承認に基づいているということに対する注意を失うことである」(V, S. 71)。

三　自己物象化

以上、物象化を承認の忘却と規定するホネットの議論を検討してきたが、ホネットはこの承認の忘却としての物象化の適用範囲として三つの領域を挙げる。一つは、これまでに見てきたように、他の人間からなる社会的世界である。もう一つは、奇妙な議論に思われるかもしれないが、物理的環境、つまり自然である。そして三つ目は自己である。

このうち「自然の物象化」(V. S. 74) はホネットの物象化論に特有のものと言ってよいだろう。物象化の通常の意味は、「本来モノではないものがあたかもモノであるかのようにみなされ、モノであるかのように扱われる」ということである。その点から言えば、物理的環境が物象化されるというのは、液体が液化するというのと同じくらいに奇妙な表現に思える。しかし、認識の主観‐客観モデルに先立つバックグラウンドとしての先行的承認の忘却という物象化の規定に則るならば、物理的環境である自然の物象化という表現も可能なのである。というのも、物理的客体についても、その客観的認識のバックグラウンドとしてその対象に対する質的な経験を、あるいは実存的な関心の下でのその意味を想定できるからである。しかし、この自然の物象化の問題はホネット自身それほど論じてはおらず、そういった議論の可能性を示唆しているだけなので、我々としてもこの問題を追求する必要はないだろう。それよりもむしろ、ホネットが一つの章を割いて論じている「自己の物象化 (Selbstverdinglichung)」がやはり重要である。

ホネットはまず自己関係において承認という契機を見出すことができるかどうかと問いを立てる。というのもこれまでの議論とのつながりから自己物象化を論じるならば、もちろん、まずは自己関係のうちに先行的な承認を見出すことができなければならないからである。ホネットは、感情や願望といった自己の内的状態は「非対象的な性格」(V, S. 86)を持つと考える。それは空間と時間のうちにある実在的対象とは明らかに異なる性格を持っている。この点からホネットは、自己関係を「認識モデル」で捉える議論、つまり自己の内的状態を客体として考える議論を退ける。他方で、「構成主義」の議論についても、我々の内的状態は、受動的に捉えられるものであって、言語的な形成を超えるものであることから、これも退けられる。ホネットはこれらの二つのモデルに代えて、いわばこの二つの中間を行く「表現主義(Expressionismus)」の立場をとる。「我々は我々の精神的な状態を、客体のように知覚するわけではないし、また我々の言語的表明によってそれを構成するのでもない。そうではなくて、我々は、内的にその都度すでに我々にとって親しみのあるものに準じて、我々の精神的状態を表現するのである。このような根源的な方法で自分自身に関わる主体は、自身の感情や願望を表現されるに値するなにかとしてみなしているはずである」(V, S. 88)。ホネットはこのような点からやはり自己関係においても先行的承認を述べることができると考える。もちろんその際ホネットが承認の問題として論じるのは、「主体が、前もって自分自身に対して向けたところの承認であり、その結果そもそも自身の精神的状態との表現的な接触に入ることができるようになるような、そういった承認」(V, S. 89)のことである。ここでホネットはM・フーコーの言う「自己への気遣い(Selbstsorge)」を参照し、これをホネットの言う自身の承認という態度と同じものだとみなす。しかしいずれにしろ、「表現的な自己関係の能力を持つはずの主体は、自身の心理的体験が積極的に開示され表現される価値があるとみなす限りは、前もって自分自身を是認できなければならないのである」(V, S. 89)。ここに自己関係における先行的承認の性格が見出される。

このように自己関係に先行的承認を見出したうえで、ホネットは自己物象化について、したがって自己関係における承認の忘却について語る。ホネットは、自己関係の認識モデルや構成主義などはそれ自体すでに自己物象化の形態であると考える。また例えば、自分自身を観察するだけでなく操作もしようとする精神分析的文化の荒廃のなかに自己物象化を見出し、そこにはやはり承認の忘却という概念によって記述されるべきものがあると考える。「観察や生産というモードが人格的自己関係のうちに広まり得るのは、まさに『諸主体』が、自身の願望や感情は表現され獲得(我有化)される価値を持つものであるということを忘れ始めるときである。その限りで、自己人格の物象化は、他の人格の物象化と同様に、先行的承認という事実に対する注意の減退の帰結を示しているのである。他者の物象化において我々が、他者を先立ってつねにすでに承認したということを見落とすのと同様に、自己の物象化においても我々は、先立ってすでにいつも承認する形で自分自身に接しているという事実の忘却へと傾いているのである」(V, S. 92)。

ま　と　め

最後に以上見てきたホネットの物象化論の意義を確認しておこう。ホネットの物象化論は、基本的にはJ・ハーバーマスの物象化論の構図を引き継いでいるように思える。それは物象化の問題をもっぱらコミュニケーションの問題として論じる点に端的に現れている。したがってここでは、まずハーバーマスの物象化論の概要を確認したうえで、それに対してホネットの物象化論がどのように位置付けられるかを考察し、その点から承認論による物象化論の再構成がどのような意義を持つかを確認したい。

ハーバーマスはコミュニケーション論的な転回に伴って、ルカーチからM・ホルクハイマー／Th・W・アドルノに至る物象化論の伝統をシステム／生活世界という理論構成のうちに再構成しようとした。いわゆる「植民地化」テーゼである。ハーバーマスは、この「植民地化」テーゼによって、おそらくは有益であり、また避け得ない合理化としての物象化の問題と、生活世界へのその侵入としての「植民地化」の問題とに物象化論を区分けした。このような議論のなかで、ハーバーマスは物象化としての合理化をとりわけ媒体理論のレベルで捉えている。ハーバーマスによれば、物象化は社会的行為の方向付けが合理化されることに伴うものであり、言い換えれば、それはつまり貨幣や権力といった脱言語化された(entspracht)制御媒体によって相互行為が調整され、合理的に計算および操作可能なものにされることのうちに現れるものであった。この合理化され物象化された経済や行政といったサブシステムは、コミュニケーション的に合理化された領域、つまり合意を目指す言語コミュニケーションによって行為調整され、同時にそれによって再生産される生活世界に対置されることになる。「植民地化」とは、肥大化した前者が後者へ侵入し、生活世界が道具化される事態を言う。ハーバーマスはそのような侵入は歪みと病理をもたらすと考えている。なぜならそのとき、生活世界における日常的コミュニケーションが、コミュニケーション的にではなく、認知的・道具的に合理化されてしまうからである。「文化的伝統や社会的統合、教育をもっぱらの関心事とし、行為調整のメカニズムとしては意志の疎通による合意に依拠し続けるがゆえに、貨幣や権力といった媒体とは本来そりの合わない行為領域のなかへ、経済的・行政的合理性の様々な形態が侵入することで初めて、コミュニケーション的な日常実践の一面的な合理化あるいは物象化が生じるのである(5)」。

ホネットはこのような機能主義的な考え方では病理と正常とを分ける基準が提示され得ないとして批判するのであるが、しかし、物象化をコミュニケーション領域における病理現象として捉える点では、ハーバーマスの基本路線を踏襲している。すでに述べたように、ホネットはなによりこの社会的病理を説明する基準を、承認論による物象化論の再構成によって示そうと試みている。物象化による歪みや病理は、物象化されていない根源的な実践としての承認という基準が提示されてはじめて、その歪みが歪みとして、病理が病理として特定され得るのである。そもそもホネットの承認論は、社会システム論と普遍的語用論に傾斜したハーバーマスのコミュニケーション論における人間学の不在あるいは不足を補完するものと見てよい(6)。ハーバーマスは生活世界の道具化に伴う歪みと病理に言及することはしても、その実際的な内容に踏み込むことはしない。対してホネットは、実存哲学的な視点を踏まえた承認論による物象化論の再構成をもってそれを果たしたのである。

第二節　実存哲学的基底——承認、我‐汝、ケア

前節では、A・ホネットが『物象化』において展開した、承認論による物象化論の再構成について考察を展開した。この承認論による物象化論の再構成の作業は、いろいろな意味合いを持ち得るであろうが、なかでも一つにはJ・ハーバーマスの物象化論、いわゆる「植民地化」テーゼに対する補完的な意味合いを持っていた。したがってホネットは承認論による物象化論の再構成において、システムによる生活世界の植民地化という社会学的なレベルにおける議論ではなく、より具体的な言うなれば実存哲学ないし哲学的人間学のレベルにおいて議論を展開した。そのような議論の文脈のなかでホネットは、物象化批判の基準として「先行的承認」という概念を提示した。再度確認しておくと、「先行的承認」とは、簡単に言えば、世界に対する抽象化された態度に先立つある態度のことであった。

本節の目標は、ホネットのこの「先行的承認」の議論を他の類似したいくつかの議論と比較し、それによって非物象化の人間学的モデルの全体像を捉えることである。なかでも重要なのはM・ブーバーの議論である。しかし、ホネットとブーバーの両者の議論はどのような点で比較することが可能であろうか。例えばC・テイラーの議論には、承認概念と対話概念の両方を見ることができる。テイラーの言う対話は、自己のアイデンティティー

を構成するコミュニケーション一般を指しており、そして承認とはそのようなコミュニケーションを通じて形成される自己の尊重を意味している(7)。この意味で、テイラーにおいては、対話と承認に関して主に社会・政治哲学的レベルで議論が展開されていると言える。しかし、ここではむしろそのような社会・政治哲学的な意味での対話、承認ではなく、そういった理解の基礎を成すところの、いわば実存哲学的な内容に着目して両概念を比較・検討したい。

またそれと同時に、他の議論も参照することで、物象化されざる人間および人間関係のあり方は「先行的承認」という規定以外にも様々な哲学的規定を与えられ得ることをここで示そうと思う。私はそのような様々な規定を与えられる非物象化の関係性を、最終的に「原コミュニケーション」という名前で呼ぼうと思う。

一　メルロ＝ポンティおよびカッシーラーとの比較

前節で確認したように、ホネットはＧ・ルカーチ、Ｍ・ハイデガー、Ｊ・デューイの議論を参照し、先行的承認の概念を作り上げたのだが、さらに英語版に収録されたコメンタリーへの応答文ではＪ・-Ｐ・サルトルの「内面性の関係」、「情愛」、「存在論的連帯性」の概念およびＭ・メルロ＝ポンティの「コミュニケーション」、「参与」の概念をも可能な参照先として挙げている(8)。以下ではメルロ＝ポンティの議論によってこの点を確認しておこう(9)。

メルロ＝ポンティはたしかに、抽象化された認識以前に成立しているある種の世界とのつながりを論じている。それはホネットが参照するさきの言葉によって実際示されているし、また同様に「前述定的(antéprédicatif)」という形容詞が付される「生活」、「経験」、「統一」といった言葉もこのような事態一般を示している。ほかには、

「発生期における『自我‐他者‐諸事物』のシステム」[10]といった言葉も同様の事態を示しているとみなし得る。メルロ＝ポンティの次のような語り口に、たしかに我々はホネットが「先行的承認」という概念に込めたのと同種の理論的関心を読み取ることができるだろう。「私は、私の経験を離れて理念へと移行する。[…]私が前述定的な知において体験するような私の身体や、時間や世界、私がそれらとの間に持つ内的なコミュニケーション(communication)のうちで体験するような私の身体や時間や世界に、私はもはや関わらない。[…]このようにして、(キルケゴールが言う意味での)『客観的』思考――共通感覚の思考、科学の思考――が形成される。この客観的思考が、最終的に、我々に知覚経験との接触を失わせるのであるが、しかしながらこの客観的思考は、この知覚経験の結果であり、自然な帰結なのである」(PP, pp. 85-86, 132頁)。メルロ＝ポンティのこれらの発想は、おそらくはキルケゴールが客観性に対置し、実存する主体の「気遣い(Bekymring: Sorge)」に関連付けるところの間存在(inter-esse)としての「関心(Interesse)」、そしてまたそれ以上にハイデガー由来の「世界‐内‐存在」という実存哲学的な概念によって基礎付けられていると見てよい。このようにメルロ＝ポンティが、やはり主観‐客観という抽象的な世界の構成に先立つ経験の領域、つまり端的に「前述定的」という言葉で規定される領域を考察しており、しかも、それは世界内存在としての実存がよって立つ地平として考えられていることを踏まえれば、ホネットが、さきに挙げたルカーチ、ハイデガー、デューイと比較し得る議論をここに見出したとしても不思議ではないのである。

さてしかし、ホネット自身は示していないが、我々はE・カッシーラーをもこの一連の哲学者たちのうちに加えることができる。メルロ＝ポンティとカッシーラーにおける哲学的課題の類縁性を考慮すれば誰しもすぐに思い至るであろうが[11]、カッシーラーもまた象徴形式の分析を通じたその〈知覚の現象学〉のなかで抽象的な主観‐客観の世界構成に先立つ領域を考察の対象にしていた。カッシーラーはそれを「表情体験(Ausdruckserlebnisse)」

と呼んでいる。例えば、カッシーラーは乳児における事物の認識に先立つ人間の顔への特別な関心を「表情体験」の一例として示す。もちろん「表情体験」という言葉は、このような乳児の人間の顔に対する特別な関心のことだけを言うものではない。それはいわば抽象的な世界構成がそこに由来し、そこに支持基盤を見出す「根源的現象（Urphänomen）」の領域である。カッシーラーは「表情（Ausdruck）」、「表示（Darstellung）」、「意味（Bedeutung）」という認識の三つの段階あるいは領域を想定するが[12]、これは現象的現実から客観的現実への発展、つまり象徴機能を通じた現前から再現前化への発展の道である。主観‐客観という構成は、このような発展を通じた現前に対する距離化によって生じると理解されている。表情体験とはこのような主観と客観が分化する発展プロセスの原初に見出されるものであり、それはいわば「認識の木」の「根」である。「この根は、［…］根源的で直接的な表情性格のうちにある。具体的な知覚は、それがますます明白に、意識的に純粋な客観化の道を進んでゆく場合にも、この表情性格から完全に切り離されてしまうことはない。具体的な知覚は、感性的質――明るいあるいは暗い、寒いあるいは暖かいといった――の単なる複合体に解消されるものでは決してなく、その都度ある特定の独特な表情音調にあわせて調律されている。具体的な知覚は、決してただ対象の『何か（Was）』にだけ向けられているのではなく、対象が全体として現れてくるその現れ方、つまり現象のうちに純粋にそれとして、その対象的な解釈とは独立に含まれているような、魅惑的とか威嚇的といった性格、なじみ深いとか不気味なといった性格、心なごませるとか恐怖をおこさせるといった性格を捉えるのである[13]」。純粋な体験の地平の内部においては「表情知覚は事物知覚に対して心理学的に見てより先なるもの、つまり〈我々にとってより先なるもの〉を意味しているだけでなく、真の〈本性上より先なるもの〉をも表している」（PSF3, S. 94, 163 頁）のである。このような議論のうちにもやはり我々はホネットが「先行的承認」という概念に込めたのと同種の理論的関心を見出すことができる。

二　ブーバーの我 - 汝論との比較可能性

我々は、以上のようにメルロ＝ポンティに加えてカッシーラーの議論をも検討することで、「先行的承認」概念とブーバーの我 - 汝論との理論的な連続性を検討するための手掛かりを得ることができる。というのも、興味深いことにまさにカッシーラーは、表情体験という根源的領域を論じる際に「汝」という言葉を用いているからである。この「汝」という言葉は、「それ」という言葉と対置されるその内容からして、ブーバーの議論を念頭に置いて使用されていると見てよいだろう。例えばカッシーラーは次のように述べている。「我々が知覚を遡れば遡るほど、そこでは『汝(Du)』という形式が『それ(Es)』という形式に対する優位を獲得し、いっそうはっきりとその純粋な表情性格が事象性格や事物性格を圧倒するようになる。『表情を理解すること』の方が、『事物を知ること』に本質的に先行するのである」(PSF3, S. 73f. 132頁)。この記述からも分かるように、カッシーラーは右に見てきた客観化に先立つ根源的現象の領域を「それ」に対する「汝」というカテゴリーによって捉えているのである。やはり「汝」という形式が、「それ」という形式に先行するものである点も主張されている。ホネットの「先行的承認」という概念において重要だったのは、そこに他者(他の人間あるいは周囲世界あるいは自己も含めて)との相互行為の性格が見出されるということだった。その意味では、カッシーラーもまたこの「汝」という概念によって、表情体験のなかになんらかのコミュニケーション関係を見出していたのである。これらの点から「先行的承認」と「我 - 汝」とは理論的に相当に近い内容あるいは位置価を持っていることが推測される。以上を踏まえて次に我々は、このカッシーラーの議論をスプリングボードにしてブーバーの我 - 汝論へと考察を移すことにしよう。

ブーバーの議論はよく知られているところであるので、ここではその対話の哲学の概説はせずに、直接に本題に入ろう。カッシーラーがそうしていたように、ブーバーの「汝」という概念もまた主観‐客観の分化以前のなんらかの根源的状態を指すものとして理解することができる。ブーバーの議論においては、根元語「我‐それ」が世界を対象として捉える形態を示していたのに対して、もう一つの根元語「我‐汝」は世界を関係性のなかで捉える形態として理解されていた。もし後者の前者に対する先行性を、つまり世界を対象的に捉える態度に対して世界を根源的な関係性の内において捉える態度が先行するということをブーバーが論じていたとすれば、ひとまずはさきの一連の哲学者にブーバーをも列することができるだろう。いくつかの記述を見てみよう。「二つの根元語の基本的な相違は、未開人の精神の歴史においては、次の点に示される。すなわち、未開人は原初的な関係事件において、すでに根元語・我‐汝を、素朴な、いわば前形態的な形で、したがって自己を我として認識する以前に語っているが、これに対して根元語・我‐それはそもそも、この認識によって、自己を分離することによってはじめて可能になるのである」[14]。ブーバーはやはりこのような世界との原初的な関わり方を、個体発生の側面から幼児の生活のうちに探ろうとする。「幼児は決して、最初にある対象を知覚し、それから自己をその対象と関係させたりするのではない。最初にあるのは、関係への努力である。[…]そして第二に起こるのが、向かい合う存在との関係、汝を言うこと(Dusagen)の言葉なき前形態である。モノの生成は、しかし、根源体験の分裂、結合し合っていた相手の分離から生じた――この点は我の生成と同様である――、より後になってからの産物である。はじめに関係があるのである。存在のカテゴリーとして、用意として、把握する形式として、魂の鋳型として」(ID, S. 96, 38頁)。これらの記述からも分かるように、根元語・我‐それが「主体と客体の間に柵を打ち立て」る「分離の言葉」(ID, S. 93, 33頁)だとしたら、根元語・我‐汝は、我と世界との間にある根源的な、主客の分化以前のある関係性のことを言うのである。以上の意味で、我々はさきの一連の哲学者のなかにブーバーをも加えることができる。ブーバーの言う対話の理念がまさにこのような「我‐汝」という根源的な関係性に基礎付けられたものであることは説明を要しないだろう。重要なのはむしろ、ホネットの議論との比較という観点に即して、ここから我々がどのような見解を導くことができるかである。

メルロ＝ポンティは、そして我々が確認したようにカッシーラーも、たしかにある種の原初的関係性における根源的現象の問題を論じはしたが、そこから直接に物象化を論ずることはなかった。しかし、ブーバーはまさに「それ」という概念によって実質的には広く物象化の問題を論じている。そしてその意味では著作『物象化』におけるホネットの議論を比較する対象としては、ここに挙げた哲学者のなかではブーバーこそがもっともふさわしいと言えるのである。ホネットが「先行的承認」を判断基準として物象化を、つまり「承認の忘却」を考察したとすれば、ブーバーもまた「我‐汝」という根源的関係性を判断基準として、物象化を、つまり汝への応答、真の対話の失われた「それ」の世界を考察しているのである。ところでこの「我‐汝」という概念は、「先行的承認」という概念とほぼ同じ理論的位置価を持つ概念であった。その限りで、一つの暫定的な結論を述べれば、ホネットの承認論による物象化論の再構成は、結果的に相当程度、我‐汝、我‐それという根源語によって構成される物象化論に接近していると言えるだろう。別の言い方をすれば、ホネットは承認論による物象化論の再構成によって、実質的には、従来我‐汝論において関心を集めていた議論を今日的な形で再構成したとも言えよう。両者の間には共通の哲学的関心が認められる。

以上、ホネットの承認論がかなりの程度対話の哲学に接近していることを確認してきたが、最後に、これに対してブーバーの我‐汝論がどの程度承認論に接近し得るものであるかも見ておこう。

E・レヴィナスはブーバーに関する論説のなかで次のように述べている。「『我‐汝』の関係は、外部の存在、言い換えるなら根底的に他なる存在の正面に位置し、この存在をそれとして承認する(reconnaître)ことにある。

他性のこのような承認は他性についての観念を抱くことではない。何かについて観念を抱くことは『我‐それ』の本義である。重要なのは、他者を思考し、他者を他なるものとして思考することではなく、他者に向かい、他者を『汝』と呼ぶことである」(15)。このようにレヴィナスは、他者を客体として、いわば「それ」として捉える関係性とは性格を異にする我‐汝の関係を、承認という観点から理解している。実際にブーバー自身も承認を重視していたことは、例えば次のような記述から知ることができる。「真の対話(Gespräch)が生じるための主要前提は、各人が自分の相手をそのものとして、まさにそのような人間として考えることである。私は彼を感得する。つまり彼が私とはちがっている、本質的にちがっている、この特定の、彼に固有な一回的なあり方で本質的に私とはちがっているということを感得する。[…]私は私が論争しているその人物に然り(Ja)と言う。私は相手としてその人物と論争し、その人物を被造物として、また創造として承認する(bestätigen)。私はさらに私に対立して存在するものをも、私と向き合って存在するものとして承認するのである」(16)。次のような言葉もある。「真の対話(Gespräch)においては、[…]話し手の各々は、彼が向かうその相手あるいは相手たちを、この人格的な存在とみなすのである。[…]だが話し手は、彼に対してそのように現存するものを単に容認するだけではない。彼はそのものをパートナーとして受け入れるのである。つまり、彼が彼の承認の及ぶ限りで、この他なる存在を承認する(bestätigen)のである」(EZ, S. 285, 111頁)。ここで言うbestätigenは、他者を然りという言葉で是認し、人格的存在とみなし、パートナーとして受け入れ、その存在を認めるという意味で用いられており、その意味で「承認する」と訳すのが適当だろう。ブーバーは対話のなかにこのような承認の契機を見出しており、しかもそれは真の対話を成立させる前提とみなされている。レヴィナスが述べるように、対話を成立させるところの「我‐汝」関係が、他者を人格的存在とみなす「承認」をその重要な構成契機として含むことが分かる。その限りで我々は、他方で「我‐汝」を一つの根源的な承認の形態とみなすことができるのである。以上を踏まえて、

先行的承認と我‐汝という理念について、それらは一つの理論地平を共有していると結論することができるだろう。(17)

三　ケアに関する議論との比較

以上、我々はホネットの「先行的承認」という概念とブーバーの「我‐汝」という概念を比較することで、両概念が一つの理論的基礎を共有することを確認した。その理論的基礎とは、いわば主観‐客観図式に先行する、世界、他者(あるいは自己)との根源的な関係性の領域であった。それは実存的な世界との関わりであり、「関与」、「気遣い」、「質的経験」、「前述定的経験」、「表情体験」など様々な名前で前記の哲学者たちが名指そうとしたものである。もちろんこれらすべての術語の間をイコールで結ぶことができるわけではないだろうが、しかしホネットがそうしたように、我々はここに一つの共通の関心を見ることはできるだろう。もしこの関心を、抽象化され客観化された関係に対置されるところの、特殊な具体的な状況に位置付けられた実存的関係への関心として理解できるのであるとすれば、その関心は今日のケアをめぐる諸論議にも共有されているものだと言える。

ケア概念は当初は、実存哲学的な議論との結び付きよりもむしろ、正義の倫理との対決という姿勢から始まった。ケア概念を主題化することに成功したC・ギリガンの研究は、そもそもL・コールバーグに対する反論、つまり女性に特徴的に見られる文脈依存的な道徳判断を普遍化されていない低い発達段階に属するものとみなした議論に対する反論として提示されたからである。(18)その議論のなかでギリガンは、いわば状況から遊離した普遍的立場から他者と向き合う正義の倫理に、文脈依存的な、状況内在的な立場から道徳判断を下すケアの倫理を対置したのである。

このギリガンの研究以降、今日まで積極的にケア－正義論争が繰り広げられている[19]。ケア－正義論争において論じられたのは、まさに普遍的妥当性と実存的特殊性との対立であったと言える。その意味で、例えば、普遍的妥当性に依拠するハーバーマスの手続き主義的な討議倫理は、しばしばケアの倫理の観点から批判されてきた[20]。しかし、周知のとおりハーバーマスは普遍化可能性に基づく正義をめぐる「道徳の問い」と善き生をめぐる「価値評価の問い」とを分け、討議倫理を前者に、ケアの倫理を後者に帰し、そのうえで後者は道徳判断およびその根拠付けの問題とは関係がないとみなすことで答えに代えた[21]。

このケア－正義論争は、しかし今日ではむしろ正義とケアの相互補完的関係という観点から捉え返す議論が主流となっている[22]。例えばS・ベンハビブは、この問題に対する前記のハーバーマスの対応を批判したうえで、他方でハーバーマスにおける相互承認としての連帯の概念とケア概念との近似性に着目し、正義とケアという二つの原理の間に互いの不足を補い合う補完的な関係を築こうと試みている。しかし、正義の原理とケアの原理の間の相互補完的な関係という、このしばしば見られるアプローチはたしかに魅力的なものではあるが、他方でそれは架橋不可能なある深い溝を隠してしまっていないだろうか。例えばN・ノディングズは、相互補完的な関係よりもこの原理的な相容れなさの方を強調する[23]。またH・クーゼは、ノディングズに見られるような立論の問題点を詳細に検討したうえで、功利主義的な観点からやはりこの二つの原理の相互補完的関係の可能性を検討しているが、にもかかわらず最終的には、「公平を原則とする立場としない立場がそれぞれ配慮するものの間には、深い、ある意味で解消不可能な対立があるという事実[24]」を認めざるを得なかった。ある具体的状況において特定の人間に対してケアの関係を持ちながら、同時にその状況から遊離し、ある特定の人間とそこにはいない他者一般とを同等に扱うことの不可能性、つまるところその原理的な両立不可能性は無視すべき問題ではない。もちろん我々は普遍化可能性を規範とする正義に対しても、状況に即した実存的な関係に依拠するケアに対しても、等しくその意義と重要性を認めることができる。それゆえに、この二つの原理の相互補完的な関係(“marriage,”“synergy,”あるいは品川哲彦が強調する意味での“enmeshment”などといった諸々の表現も含めて)が主張されることに疑問は湧かない。しかし、にもかかわらず両者は原理のレベルでは両立不可能性を孕んでいるという点は決して忘れるべきではない。

いずれにしても、この正義の倫理との対決のなかで、ケア概念は哲学的な根拠を普遍性を志向する正義に関する議論ではなく、状況内在的な視点を保持する実存哲学的な議論に求めることとなった。そのような文脈でハイデガーの「気遣い」がしばしば援用されることとなる。そもそもハイデガーの「Sorge 気遣い」は、英語の翻訳においてはしばしば「care ケア」という言葉で訳されており、ホネットの物象化論の英語版でも、Sorge はcare と訳されている。さきに挙げたドレイファス/ドレイファスなども、ハイデガーの「気遣い」をそのようにケアの文脈で捉えているし、(25) ケアをハイデガーとメルロ＝ポンティの哲学に即して現象学的に分析したP・ベナー/J・ルーベルも同様の議論を展開している。(26) また他方では、同様に普遍化された他者関係への対置としてブーバーの「我‐汝」概念がケアのコミュニケーション形式として援用されたりもする。(27) 加えてここでは、同情(Mitleid: compassion)とケアのつながりを強調する議論も指摘しておくべきだろう。(28) しかし結局、これらの議論が目指しているのは、状況内在的で、普遍性からではなく特殊性から人間と人間の実存的関係を描くことである。状況から遊離した客観化する態度(これには正義の倫理だけでなく、ある種の対象化、つまりしばしば他者の病いとその苦悩に向き合うのではなく、患者のなかに疾患の症例のみを見る医学的態度なども含まれる——第二部第三章第二節を参照のこと)に対するアンチ・テーゼとして、ケアの倫理はこれらの実存哲学的な議論と関心を共有しているのである。

ホネットによるハイデガーの「気遣い」概念の解釈は、このケア倫理の文脈においてなされる「気遣い」概念の解釈と大きく異なるものではないし、むしろ「気遣い」概念とのつながりから「先行的承認」概念を構築するホネットの議論には、多分に右に見たようなケア倫理からのアプローチの影響があるように推測される。実際、ホネット自身、——我々が本節で検討したような哲学的な基礎付けを通じてではないが——すでに『正義の他者』のなかで承認の第一段階つまり愛の段階に「ケア（ここではドイツ語訳としてFürsorgeが用いられている）」という概念を導入していた。これらの点を鑑みても、つまり理論的な関心の共有と、推測される文脈的なつながりから判断して、「先行的承認」と「我‐汝」との接続可能性に、さらにケア概念を付け加えたとしてもそれほど大きな問題は生じないと思われる。

まとめ

本節では、ホネットの「先行的承認」に関する議論とブーバーの「我‐汝」に関する議論とを比較し、両概念の間にあり得る理論的なつながりを確認し、加えてそのような承認‐対話と理論的関心を共有する「ケア」について検討しきた。先行的承認と我‐汝の議論は、いわば主観‐客観の成立以前の実存的な、根源的な関係性を理論的な基礎とする点に共通性を有しており、加えてケアに関する議論は同様の根源的な関係性を、一つには正義の倫理との対決という理論的観点から、他方でしばしば看護に代表されるようなより実践的な観点から考察するものであった。このように考えると、ホネットが物象化批判の基準として提示した先行的承認という非物象化の人間学的モデルは、ただ一つの名前だけを持つわけではないことが分かる。ホネット自身が、ルカーチの「関与」やハイデガーの「気遣い」、デューイの「質的経験」という概念に連なるものとして「先行的承認」という概念を形成したのであるし、同時にそれは例えばメルロ＝ポンティの前述定的な「コミュニケーション」という名前も持つ。我々の議論に即せば、それは加えて、カッシーラーの「表情体験」、ブーバーの「我‐汝」、あるいは「ケア」といった名前もやはり持つのである。

これらの術語がすべてイコールでつながるとは思っていない。それぞれの術語はそれぞれの関心のパースペクティヴから提示されているし、したがってそれぞれ強調点なども違う。しかし、ホネットが示そうとしたように、そして本節で我々も一部その敷衍を試みたように、これらの概念は基本的な理論的関心を共有しており、その限りで一つの事態を様々な角度から描こうとしたものと理解できる。私はこれらの概念によって描かれ得る一つの領域を今後「原コミュニケーション（Urkommunikation）」という一つの名前で呼ぼうと思う。前述の諸概念によって描かれたのはいわば、主観‐客観図式からではなく、したがって対象化する形式からではなく、それに先行する形で他者との、世界との、そして自己との間に結ばれる根源的なコミュニケーションの形態であった。私はこのようなコミュニケーションを、「原コミュニケーション」として、非物象化の人間学的モデルとみなすことができると考えている。人間をモノであるかのようにみなし、扱うことを物象化と呼ぶとき、では人間とはモノではなくてなんなのかという問いが提示され得る。この問いに答えるためには、物象化されていない人間の状態、そして人間関係の状態を積極的に描くことができなければならない。そしてそれによって、そのような非物象化的な状態に対置される意味で物象化の輪郭もよりはっきりと描かれることになる。「原コミュニケーション」と呼ばれ得るものは、そのような問いに対する答えとしての資格を十分に有しているように思える。

第三節　ホネット物象化論の可能性と限界

以上の議論によって、物象化に対置されるべき非物象化の人間学モデルを探求してきた。非物象化の人間学的モデルとして提示されたのは、いわば「原コミュニケーション」と呼ばれ得るような、根源的な関係性の形態であった。物象化を探求する我々にとってとりわけ重要なのは、もちろんそのような原コミュニケーションの一つである先行的承認という概念に基づいて物象化を「承認の忘却」として規定したＡ・ホネットの議論である。しかし、このホネットの議論は適用範囲を限られている。我々の第一部での議論に即して言えば、ホネットが「承認の忘却」という物象化の規定から直接に論じ得るのは、第一部第一章で論じた人間の物象化のアスペクトだけである。社会の物象化と記号の物象化については、間接的には論じ得るかもしれないが、やはり直接には論じることはできないだろう。以上の点を踏まえて本節では二つの点から議論を構成したい。一つは、本論の第一部で論じた人間の物象化を我々の本章での議論によってどこまで説明し得るかを確認する。そしてもう一つの論点では、ホネットの議論の限界を検討する。

一　原コミュニケーションと症候的物象化

本論第一部では人間の物象化として二つの類型を検討した。一つは人間の商品化／道具化であり、もう一つは症候的物象化である。おそらく説明が容易なのは後者である。

離人症に現れた人間や環境や自己がまるで生命を持たないモノであるように感じられる症状は、他者、世界、自己に対する先行的承認が忘却されている状態として記述できるように思える。この点を理解するためには、木村敏の議論を参照するのが有益である。

木村は離人症そして統合失調症(精神分裂病)の症状の基礎障碍を、「個別化の原理の危機」とそれに対応した「接近拒否」との関係から考察する。「現実喪失感と自我喪失感」[29]をもたらす「接近拒否」については、木村は様々な論者の説明を援用する。例えば、V・E・v・ゲープザッテルの言う「人間と世界とのあいだの『共感的根本関係』」(自己論、七頁)、あるいはE・シュトラウスの言う「世界との共感的根本関係」(自己論、二六頁)の障碍、E・ミンコフスキーの言う「現実との生命的接触の喪失」(自己論、二六頁)、W・ブランケンブルクが言う「現存在が自己および世界に対して有する『親しさ、ふつうさ、自明さ、自然さ』などのありかたの基礎としての『親しんでいること(Vertraut-sein)』の喪失」(自己論、二六八頁)といった離人症、統合失調症の基礎障碍に関する議論である。

これらの障碍は、すでに述べたように、木村によれば、「個別化の原理の危機」(自己論、二六九頁)に対する「接近拒否」から生じるものである。「個別化の原理の危機」とは、木村によれば、自己と他者あるいは自己と環境、つまり自己と非自己とを分ける原理に障碍が生じることを言う。統合失調症の患者からは、しばしば自己と他者の区別が失われる、あるいは自己のなかに他者が現れる、自己が他者に操作されるロボットであると感じられるといった症状の報告がなされる。木村はこのような「個別化の原理の危機」を、「自己が自己として成立していない」(自己論、三二〇頁)事態と理解する。したがってR・D・レインが、スキゾイドあるいは統合失調症の根底に「根源的な存在論的不安」を見たのと同様に、木村は、統合失調症の発病には「必ず個別化の未成熟という要因が先行していなければならない」(自己論、九九頁)と考える。このような個別化の原理の危機から、患者には

「他者一般と彼との間の『近さ』への不安」が生じる。ここで言う近さとは、「ブランケンブルクのいう『親しさ』(Vertraut-sein)を基礎とした『近しさ』である。分裂病者は多くの場合、経験的次元においての接近を避け、孤立において自己の独立を守ろうとする」(自己論、二七五頁)。したがって離人症や統合失調症において現実喪失感や自我喪失感をもたらすところの「接近拒否」は、「病者が自らの脆弱な自己性を、不断に存立している個別化に対する危機から守るために、人と人との人間的な出会いにとって構成的である『接近』を不自然なしかたで否定しているありかたであって、これは治療者の側に生じる独特な接近不能の印象として端的に感じ取られる事態である」(自己論、二七五頁)。

以上簡単に、離人症あるいは統合失調症における現実喪失感と自我喪失感についての木村の説明を見てきたが、これは基本的には、我々が第一部第一章第二節で確認したレインの議論と一致するものである。レインもまた現実喪失感・自我喪失感をもたらす「石化」の根底に、「根源的な存在論的不安」を見ていた。他者や自己を生命を持たないモノやロボットとして捉え、周囲の環境を映画を見ているような感覚で捉える症候的物象化は、木村の議論に即すならば、いわばそこに本来あったはずの根源的な共感関係、生命的接触と親しさが失われている状態として描くことができるだろう。レインが「我 - それ」ならぬ「それ - それ」の関係として描いた関係は、そのような関係性の断絶として理解される。

さて、木村が参照したような、精神医学において様々に主張される根源的な関係性は、我々が「原コミュニケーション」と呼ぶものとつなげることができるものだろうか。おそらくそれは可能であるように思える。というのも、木村もまたそのような根源的な関係性を主客成立以前にある関係として、そして主客の分化がまさにそこから生じる関係として描くからである。例えば木村はそのような関係を、「主客の根源的同一の直観を根底として、むしろ反省的思惟における主客の分離対立の可能性を問題にした西田哲学」(自己論、六一頁)に依拠して考察する。例えば木村は西田幾多郎の「行為的事実(Tatsache)」という概念に依拠して次のように言う。「行為的事実においては、主観と客観、自己と世界は全く独特の関係にある。第一に、自己は行為的事実においてはじめて自覚され、疑いなく現存するものとして確認される。一方世界すなわち対象は、いわばその証明として存在しているにすぎない。ところが第二に、対象にはやはり行為的事実においてはじめてその意味が付与されて、対象はそこで現実に与えられたものとして世界のなかで確固とした位置を占め、一方自己は意味を付与するものとして背景に退く。第三に、自己と世界の両者とも完全に事実のなかに没入し、自己も世界もなく、見たり聞いたりしているという行為的事実のみが成立している。そして第四に、自己と世界、主観と客観の明確な対立もやはり行為的事実のなかではじめて可能となり、物はそこで真の意味で、自己にとっての対象(Gegenstand)となる。自己世界関係のこの四つの様態が完備し、矛盾なく成立しているところでのみ、行為的事実ということができるだろう。だから行為的事実とは、主観と客観の出会いの場であると同時に、分離の場でもある。主観と客観、自己と世界がこうして『分離しながら出会う』ことにおいて、はじめてこの両者が実存している証明が与えられる。自らの自己が現存している実感も、世界の現実性についての実感も、ただこの動的な出会いのなかでのみ可能となる」(自己論、一一頁)。木村がこのように説明する「行動的事実」あるいは「自己世界関係」は、一つには、それがそこからはじめて主観‐客観の分立が生じるところの関係として理解されている点、言い方を換えれば、主客の成立以前に、その成立のバックグラウンドとして先行的にそこにある関係として理解されている点、そこにおいてはじめて対象が「現実に与えられたものとして世界のなかに確固とした位置を占め」ることになる点、そして、そこにおいて自己と世界の両者が「実存している証明が与えられる」という点、これらの点から、相当程度我々は、精神医学によって「接近拒否」において否定されるものと理解されている根源的関係を、我々が「原コミュニケーション」と呼ぶものに近いものと理解できるのではないだろうか。

木村は同様の根源的関係を自己と他者という人間対人間の関係にも見ている。「絶対的に区別された自分と他人との間に、我と汝というごとき関係が生じるのは如何にして可能だろうか、人間がそもそも他人と意志を交流せしめ得るのは何故であろうか。あるいは意味の象徴としての言語のごときものが考えられるかも知れぬ。しかし言葉によって象徴される意味のごときものが各個人の間に共通に考えられるからには、それ以前のより根源的な疎通と言ったものがなければならぬ。[…]われわれの間には、言葉や表情(顔の表情——見附)以前のより根源的な疎通の可能性が存するのである」(自己論、六九頁)。木村はこれを「人間間の根源的な疎通」(自己論、七〇頁)と呼んでいる。ところで根源的な疎通とは我々の言い方で言えば「原コミュニケーション」である。木村が「自己世界関係」や「人間間の根源的な疎通」と呼ぶものは、我々が「原コミュニケーション」と呼ぼうとしているものと同じ事態を名指そうとしているように思える。

以上の議論から、我々は本章で獲得した「原コミュニケーション」という概念の下で、症候的物象化を捉え返すことができるだろう。その際、我々は必ずしも承認論の概念で語る必要はない[30]。我々は「承認の忘却」という物象化の規定をより一般化して、「原コミュニケーションの忘却」という規定によって書き換えることも可能である。もちろんその際「忘却」というのは、ホネットが述べていたのと同様に、いわば原コミュニケーションに対する「注意の減退」という意味である。ここでもやはり重要なのは、原コミュニケーションに対して「見通すことができるか見通すことができないか、接近可能か接近不可能か」という関係の二つの様態である。レインは症候的物象化の原因を「根源的な存在論的不安」に、そのメカニズムをその不安に対する防衛策としての「石化」に見たが、この「石化」というのは、いわば「原コミュニケーションの忘却」をもたらす、したがって原コミュニケーションへの接近不可能性をもたらす、他者、世界、自己への態度だったのである。それが「原コミュニケーションの忘却」をもたらす限りで「石化」は「接近拒否」の戦略として有効なのであり、症候的物象化というのはその戦略が成功したときの必然的な帰結である。「根源的な存在論的不安」を抱える人間が、防衛としての「接近拒否」のために、ますます深く「〈離間的〉非－関与的観察('detached', non-participant observation)[31]」のなかへと逃げ込めば逃げ込むほど、症候的な物象化が深まるのである。

二　原コミュニケーションと人間の商品化／道具化

この「原コミュニケーションの忘却」という概念によって、人間の商品化／道具化の問題についてもある程度の説明を展開することができる。例えばM・C・ヌスバウムはD・H・ローレンスの小説における性の物象化とポルノグラフィーにおける女性の物象化を区別していた。その基準とは、コンテクストの違いであり、つまり後者がセックスパートナーの代替可能性と商品化の下で成立しているのに対して、前者においては道具化が完全に欠如しており、相互的な尊敬が支配的であると理解されていた。また同様にM・J・レイディンは、「子売り」と「子の贈与」を分けていた。両者の決定的な違いはそこに利他主義があるかないかであった。これらの議論を見ると人間の商品化／道具化とそうではないものを分けているのは、まさにそこにおいて他者が「気遣い」や「承認」、あるいは「ケア」を与えられるものとして成立しているかどうか、そこに「我－汝」の関係があるかどうか、したがって我々の言い方で言えば、そこにおいて「原コミュニケーションの忘却」が生じていないかどうかという違いであることと理解することができる。

人間の商品化は他者あるいはその機能を貨幣で購入し、所有するか自由に使用することを可能にする。その意味で人間の道具化の一般的な形態である。レイディンの言葉を使えば、そこにおいては譲渡不可能なもの、したがって人格的関係性のなかでのみ受け取られるべきものが、貨幣化され、したがって一般化された代替可能なものとして扱われることになる。このような商品化という貨幣に媒介された他者関係においては、他者に対する原コミュニケーションがいわば忘却されるか、少なくともそれに対する注意が減退してしまうのである。ヌスバウムが挙げた物象化の七つの特性は、まさにそのような原コミュニケーションへの注意が減退してしまった他者関係の形態として理解することができるだろう。

さて以上の議論によって、承認の忘却あるいは一般化して原コミュニケーションの忘却と呼ばれ得る物象化の規定を、人間の物象化に適応することを試みた。しかし、すでに述べたように、このような物象化の規定を直接に社会の物象化や記号の物象化の問題に適用することはできない。ただし、それはまったく関係がないということではない。社会の物象化や記号の物象化を直接に「承認の忘却」あるいは「原コミュニケーションの忘却」という概念によって規定することは難しいのであるが、しかしそのような社会の物象化、記号の物象化が「承認の忘却」、「原コミュニケーションの忘却」をもたらす効果を持つということは論じることができるのである。つまり例えば社会の物象化が「承認・原コミュニケーションの忘却」をもたらすという論じ方をすることはできるのである。これはホネットが「社会的病因論」と呼んだ問題である。ホネットはそうは言っていないが、我々としては「記号的病因論」と言うことも可能なはずである。第二章と三章では、それぞれ社会の物象化と記号の物象化のモデルを探求するが、その際同時に、各章のまとめの個所で、そのようなモデルが「承認・原コミュニケーションの忘却」といかに関わるかという「病因論」の議論も展開しようと思う。しかし、その際私は、とくに社会の物象化と「承認の忘却」の関連について、ホネットの議論に反論すべきところがある。それを最後に見ておこう。

三　脱人格化／物件化

ホネットは著書『物象化』の最後の章で、Ｇ・ルカーチの社会学的な分析を批判しながら、その代案として、物象化の社会学的な原因を、物象化する態度をとるように仕向ける社会的実践あるいは信念体系（イデオロギー）のなかに探ろうとしている。これによってホネットが目指しているのは、物象化問題に関する「社会的病因論（soziale Ätiologie）」のスケッチである。そこでは主観的な態度の問題としての「承認の忘却」ではなく、社会的に要請される態度としての「承認の忘却」が議論の対象にされていると言えよう。

しかしながら、ホネットのこの議論はなんとも不十分なものである、と言わざるを得ない。というのも、そのような社会的実践やイデオロギーというのは物象化が生じる際の条件あるいは状況でしかなく、その背後にあり、そのような状況を生み出す社会的なメカニズムについては、ホネットはほとんどなにも論じていないからである。そのような社会的なメカニズムに対する視角の欠如の原因の一つは、おそらくホネットが貨幣に媒介された行為領域に承認関係を見出すヘーゲルの議論を生かすために[32]、Ｍ・ウェーバーあるいはＧ・ジンメル由来の脱人格化（Entpersönlichung）／物件化（Versachlichung）の問題を物象化論から除外しようとしていることにある。ここに、ホネットの物象化論の限界と弱点が端的に現れていると見ることができよう。それゆえ以下ではこの点を焦点に据えて議論を展開したい。その際、問題とされるべきは、ホネットが脱人格化／物件化と法的承認とを無条件に結び付けているということである。しかし、以下で論じることだが、脱人格化／物件化と法的承認は必ずしも無条件に結び付いているとは言えない。この点から、物件化の問題を物象化論から除外しようとするホネットのこの試みは批判されねばならない。

しかし具体的な議論に入る前に、まずは脱人格化あるいは物件化という概念の内容を明確にしておこう。とりわけここでは貨幣による社会的関係の脱人格化が問題になるのであるが、ホネットが参照するところのジンメルの議論においては、この問題は自由の獲得あるいは人格の解放の問題と関わっていた。ジンメルによれば、「あらゆる貨幣の本質はその無条件的な代替可能性、すなわち、一切の断片を一切の断片によって量的な比較考量に応じて取り替え得るものとする内的な同質性である」[33]。ジンメルによれば、貨幣はまさにこの抽象化する機能によって、支配者への人格的な従属から個人を解放したのである。つまり、例えば、封建的支配において現物納付が貨幣支払いに取って代わられることによって、領主と農奴の関係は人格的な関係から貨幣に媒介された物件的な関係へと変貌するのであり、それによって個人は具体的な人格的従属から解放され、自由な主体となる。「ある量のビールや家禽や蜂蜜を農奴に要求できる領主は、それによって農奴の活動を一定の方向に規定する。しかし彼がただ貨幣地代のみを徴収するやいなや、その限りにおいて農奴は養蜂や養畜や他の何を営もうと完全に自由である」(PG, S. 378, 16頁)。このような点で、なるほど社会的連関の脱人格化／物件化はたしかに個人を人格的な従属関係から解放し自由をもたらしたと言える。このような解放の過程が、個々人を自立した自由な主体として等しく承認する法的承認の原理と密接に関係することを考えれば、この点は過小評価されてはならない。

しかし他方で、当然ながら、この脱人格化／物件化された社会的連関においては代替不可能なものとしての個別的人格に対する「無関心」(PG, S. 396, 35頁)が生じる。というのも、そのような物件化された社会的連関においては個人は「機能の単なる担い手」(PG, S. 395, 34頁)でしかないのであって、その機能を担う者は誰でもよい、つまり代替可能だからである。我々はこの点をもやはり過小評価すべきではない。

ホネットの議論の主眼はこのような脱人格化／物件化と法的承認とを結び付けることにある。ホネットは次のように述べている。「貨幣流通を通じて脱人格化された連関において他者は、ジンメル自身が強調するように、およそ責任能力のある交換パートナーとみなされ得るためには、やはり一般的人格特性の担い手として現存し続けなければならないが、他方で、他の人間の物象化というのはその人間存在それ自身を否認することを意味するであろう。したがって社会的連関の脱人格化が、匿名的になった他者を人間的人格とみなす基本的な承認を前提しているとすれば、物象化はまさにこの先行的な所与(先行的承認――見附)の否認あるいは『忘却』を内容としているのである。その限りで、物象化の成り行きと社会的連関の物件化の一般的プロセスとは等置され得ないのである」(34)。

このような点からホネットは物象化と脱人格化/物件化とをはっきり区別し、後者を物象化論の枠組みから除外するのである。そしてこの観点から、物象化と脱人格化/物件化とを混同したルカーチが批判される。また同様に、この関連から、物象化の原因をもっぱら資本主義的な商品交換に求めるルカーチの議論も批判される。というのも「やはり経済的な交換においては、相互行為のパートナーは通常は少なくとも法的な人格としてそこに居続けるからである」(V, S. 94)。この問題は最終的に法的承認の問題に集約されると見てよい。経済的交換においては両関与者の法的身分が、単に物象化する態度から相互に両者を守るとホネットは考えている。ホネットはこの「法の保護機能」のなかに、「先行的承認という事実の翻訳、内容には乏しいがしかしその分いっそう有効な翻訳が見出され得る」(V, S. 101)と考えており、このような法の保護機能を適切に捉えなかったという点で、ルカーチは批判されるのである。以上のホネットの議論は四つの主張にまとめることができる。それを論理的な前後関係に沿って並べると以下のようになる。

(a)　法による保護(法的承認)は先行的承認の翻訳である

(b)　脱人格化/物件化された社会的連関においては法的承認が前提されており、対して物象化された社会

的連関においてはそのような承認関係が忘却あるいは否認されている

（c）以上の点から、物象化と物件化とは区別される

（d）したがって、物象化と物件化とを混同するルカーチの議論は批判される

我々の議論の関心にしたがって、（b）を主張するホネットの論理構成をおさえておこう。ここで重要なのはさきに第一節で示した先行的承認と客観化する態度の間の関係である。この両者の関係をホネットは「見通すことができるか見通すことができないか、接近可能であるか接近不可能であるか」という二つの性格に分けた。後者つまり不透明で接近不可能なのは物象化され承認が忘却された状態であり、前者は抽象化され客観化されてはいるが、先行的承認を見通すことができ接近可能であり、その限りで必ずしも物象化されてはいない状態である。この同じ区分が右に示した（b）の主張にも見出される。つまり、物象化においては先行的承認が忘却されているか否認されているが、対して脱人格化／物件化においては、抽象化され匿名化されてはいるが、しかし先行的承認の翻訳としての法的承認がそこに認められる以上、先行的承認に接近可能でありそれを見通すことができると理解されているのである。

四　ホネットへの批判——脱人格化／物件化と承認について

物件化を物象化論の枠組みから除外しようとするホネットへの批判を展開する私の観点から見れば、この（b）の主張、とりわけその前段がさしあたり議論の対象となる。つまり、脱人格化／物件化された社会的連関のなかに、ほんとうに無条件に法的承認が見出されるか、という問題である。実はこの点をホネットは必ずしも十分に

検討し論証しているとは言えない。もし、脱人格化／物件化された社会的領域のなかに必ずしも無条件に法的承認が認められるわけではないという結論が得られるとすると、畢竟、（c）と（d）の主張も論拠を失うことになる。

なるほどジンメルもそしてウェーバーもまた、経済的交換においては関与者の間に相互的な承認が認められ、その承認が法的に保障されていると述べている。しかし例えばジンメルは、脱人格化／物件化が、さきに見たように、個々の人格に対して敵対的とまではいかなくとも、きわめて非宥和的に作用することを論じている（少なくともジンメルの議論に関しては、ホネット自身もこの点を承知している）。また例えばウェーバーは、『経済と社会』の未完の一節「市場ゲゼルシャフト化」のなかで次のように述べている。「市場がその固有の法則性に委ねられるところでは、市場は、ただ物件（Sache）だけを見るのであって、人格を見ることはないし、友愛の義務や畏敬の義務、人格的なゲマインシャフトによって支えられる素朴な人間的関係のどのようなものをも知ることはない。［…］そのような完全な物件化は、とりわけゾンバルトがしばしば素晴らしい形で繰り返し強調したように、人間的な関係のあらゆる素朴な構造形態にそぐわないものである。利益布置と独占状況の有効利用や値切り交渉を伴う自由な、したがって倫理的な規範によって拘束されることのない市場は、どの倫理にとっても、同朋の間では非道のものとみなされる。つねに人格的な親交と大抵は血縁関係を前提する他のあらゆるゲマインシャフト化とは正反対に、市場はどのような親交に対しても根本的に疎遠である」[35]。物件化のこのような傾向のゆえにこそ、「交換パートナーによって期待され、市場倫理の内容を成す一つの特質」としての「合理的な合法性」が、いわば市場を拘束するものとして必要とされるのである[36]。その意味では法的な保護は、市場における物件化に対する一つの制限なのである。法の保護機能とか保障という言葉自体が、脱人格化／物件化された市場が本来人格を顧慮しないものであることを物語っている。以上の点から、脱人格化／物件化とは原理的にはそもそも、個別的であろうと一般的であろうとおよそ人格的特性といったものとは相容れないものとみなされ得る。そうであるならば、ホネットが述べたように、物件化された社会的連関のうちに法的承認が認められることを理由にして、直ちに物象化論の枠組みから物件化の問題を排除してよいとは主張され得ないだろう。というのも今見たように、ジンメルやウェーバーの議論を参考にする限りは、脱人格化／物件化は人格への無関心を伴い、その限りでおそらくは承認の忘却を、したがって先行的承認に対する注意の減退を伴うものとみなすほかないからである。

この点を具体的に見てみよう。脱人格化／物件化された社会的連関においては、我々は人格に対して無関心に振る舞う。このことはかなりの程度、我々に対して物象化効果をもたらす。例えば電車に乗る際、我々は改札において切符を切る駅員が何者であるかを問うことはないし、そのものの人格的特性を顧慮することもない。他方、その駅員もやはり乗客が何者であるかを問うことなく、出された切符を切るという行為をひたすら繰り返す。このような代理貨幣である切符を媒介にした脱人格化／物件化された行為の理想とするところは、いわば合理化された機械的運動であって、実際切符を切る行為は、少なくとも都市部においては機械によって置き換えられた。つまり計算可能性と効率性を目指す合理化が、脱人格化／物件化によって目指すところは、偶然的・非合理的要素としての情動の排除なのである(この点は第二部第二章で詳しく論じたい)。その限りで、ジンメルが人格の解放とみなしたものは、しかしその反面では解放ではなく実は人格の排除を目指していたのである。そのような脱人格化／物件化された社会的連関のなかで、単に予算の都合上たまたままだ人間が行ってはいるが、原理的には完全に機械に置き換えることができるような労働に従事する人間は、物象化されているとしか言えないのではないだろうか。そして、そのような社会的連関のなかにいる人間、つまりあらゆる情動を抑圧・排除しなければならないその人間の自己関係もまた物象化されていると、つまり自己の内的状態を表現するに値しないと考え、その結果それに対する承認が忘却される自己物象化が生じているとみなさざるを得ないだろう。

はたしてこのような関係において先行的承認は接近可能で見通すことのできるものとなっているだろうか、あるいはそれが可能だとして、単に主観的な意識にとって見通しがきき接近可能であることにどれほどの意味があるだろうか。例えば右の例にもう一つの状況を付け足してみよう。この駅員がある乗客の実の父親だったとする。駅員とその子供である乗客は実存的な関心を持って相互に承認するだろう。しかしこの父と子は改札口においては、家庭で接するように接することは許されない。それを許さないのは、主観的な意識の問題ではなく、脱人格化され物件化された社会的機構そのものである。脱人格化された機構において匿名性を破るものは、まさにそれによって形式的普遍性を破ることを意味し、その限りで匿名的、形式的普遍性に依拠した他者の法的承認を阻害することになる。父と言葉を交わす子の後に、他の乗客たちが並んでいる。彼らは独立した自由な主体として、一般的な人格特性の担い手として切符を購入したのであって、みな等しくそれを駅員に切ってもらってホームに入り、電車に乗る権利を法的に承認されている。したがって個人的な関心から駅員と会話し、脱人格化されたプロセスを乱すものは、まさに匿名的、形式的に認められた他の乗客の権利を害することになる。脱人格化／物件化された連関においては、実存的関心、先行的承認に基づいた人格的連関はかなりの程度阻害要因になってしまうか、少なくとも一定の制限になってしまう。脱人格化／物件化された社会的連関は原則的にはそのような人格的な関わりを目指していない。したがって、ここで例に挙げたような状況においては、父と子の間で実存的な関心を持った相互の承認は主観的には接近可能なのであるが、しかしいわば客観的にはそれは接近不可能である。脱人格化／物件化された社会的実践がそれを許さないのである。

このように考えるとき、ホネットが物象化の原因をそこに帰する社会的実践やイデオロギーのまさにその背後に、我々はあらゆる情動の排除を要請する脱人格化／物件化のメカニズムを見ることができる。おそらく、物象化する態度を要求するような社会的実践や信念体系をもたらす主要な社会的メカニズムは、今見たような物件化のプロセスのうちに求めることができるだろう。少なくともホネットは、この物件化に代わる社会的メカニズムを提示できていない。脱人格化／物件化を無条件に法的承認と結び付けて、物件化の問題を承認論による物象化論の再構成の枠組みから除外しようとするホネットの試みは、ルカーチがウェーバー（あるいはジンメル、もちろんまたマルクス）から受け継いで物象化論のなかに組み込み、そしてJ・ハーバーマスが生活世界／システムの議論の内に再構成した社会学的あるいは社会哲学的な視野を、説得的な議論も生産的な見通しも示すことなく切り捨てるものではないだろうか。まさにこの点に、我々はホネット物象化論の大きな問題点を見ることができるのである。

ところで我々はこれによって第一節で確認した客観化に関するホネットの議論が無効だと言っているのではない。問題はもっと単純であって、ここで私が反論を加えたのは、脱人格化／物件化された社会的関係における、いわば承認感受性に対する解釈の違いである。つまり私がここで論じたのは、脱人格化／物件化された社会においては先行的承認が「透明か不透明か、接近可能か接近不可能か」という点についての解釈の相違なのであって、この二つの軸を設定したホネットの議論自体を否定するものではないのである。この解釈の問題については、第二部第二章のまとめの個所でもう一度検討しようと思う。

（1）A. Honneth, *Verdinglichung: Eine anerkennungstheoretische Studie*, Suhrkamp, 2005. 以下Vと略記し文中に頁数を示す。

（2）L・ゴルドマン、川俣晃自訳、『ルカーチとハイデガー　新しい哲学のために』、法政大学出版局、一九七六年。L・ゴルドマン、川俣晃自訳、『人間科学の弁証法』、イザラ書房、一九七一年。

（3）この点をさらに敷衍して、この相互行為の性格についてホネットは発達心理学の議論に補足的な説明を求め、「認識（Erkenntnis）に対する承認（Anerkennung）の個体発生上の優位」（V, S. 48）を経験的に示そうと試みる。同時にまた他者との情動的同一化がコミュニケーション的態度の獲得においていかに重要な役割を果たしているかも確認している。

(4)　J. Dewey, "Qualitative Thought," in *The later works, 1925–1953*, vol. 5, Southern Illinois University Press, 1981, pp. 261-262.

(5)　J. Habermas, *Theorie des kommunikativen Handelns*, Bd. 2, Suhrkamp, 1981, S. 488. J・ハーバーマス、丸山高司・丸山徳次・厚東洋輔・森田数実・馬場孚瑳江・脇圭平訳、『コミュニケイション的行為の理論〔下〕』、未来社、一九八七年、三二四頁。

(6)　例えばホネットはあるインタヴューのなかで次のように述べている：「私の自己理解では、私はハーバーマスの人間学的直観を継承し変化した枠組みのなかで定式化し直すことによって後期ハーバーマスに対して部分的に初期ハーバーマスを擁護しているのです」。永井彰・日暮雅夫編、『批判的社会理論の現在』、晃洋書房、二〇〇三年、二〇二頁。

(7)　C. Taylor (et al.), *Multiculturalism: Examining the Politics of Recognition*, Princeton University Press, 1994. C・テイラーほか、佐々木毅・辻康夫・向山恭一訳、『マルチカルチュラリズム』、岩波書店、一九九六年。

(8)　A. Honneth, *Reification: A New Look at an Old Idea*, ed. M. Jay, Oxford University Press, 2008, p. 150.

(9)　この問題に関連したホネットのサルトル解釈については、以下の論文を参照のこと。A. Honneth, »Erkennen und Anerkennen: Zur Sartres Theorie der Intersubjektivität«, in: ders., *Unsichtbarkeit*, Suhrkamp, 2003. この論文におけるホネットの基本的な姿勢は次の記述に示されている。「このモチーフ(認識のパラダイムに対する批判――見附)がサルトルにとっていかに本質的であったかは、次の点に示されている。つまり批判の対象となる理論に対して、サルトルがいつも繰り返し「認識」モデルへの固定を非難するという点である。その限りで、「認識(Erkennen)」に対する「承認(Anerkennen)」の社会存在論的な優位を証明する試みが、サルトルの『眼差し』の章における一貫したモチーフを形作っているのである」(S. 76)。

(10)　M. Merleau-Ponty, *Phénoménologie de la perception*, Gallimard, 1945, p. 69. M・メルロ＝ポンティ、竹内芳郎・小木貞孝訳、『知覚の現象学1』、みすず書房、一九六七年、一一一頁。以下PPと略記し文中に頁数を示す。

(11)　身体の問題を重視するメルロ＝ポンティはカッシーラーの『象徴形式の哲学』における「主知主義」的な傾向には批判を向けるが、ただしその「現象学的な、それどころか実存的ですらある分析」(PP, p. 148, 216 頁)には一定の評価を与えている。

（12）メルロ＝ポンティは、カッシーラーのこの三つの区分を参照しながら、身体は「表情（Ausdruck）の現象の場」（PP, p. 271,『知覚の現象学2』、竹内芳郎・木田元・宮本忠雄訳、みすず書房、一九七四年、四七頁）であると述べている。

（13）E. Cassirer, *Philosophie der symbolischen Formen*, Teil 3., 9., unveränd. Aufl., Wissenschaftliche Buchgesellschaft, 1990, S. 78. E・カッシーラー、木田元・村岡晋一訳、『シンボル形式の哲学（三）』、岩波書店（岩波文庫）、一九九四年、一三八―一三九頁。以下PSF3と略記し文中に頁数を示す。

（14）M. Buber, *Ich und Du*, in: ders., *Werke*, Bd. 1., Kösel-Verlag / Verlag Lambert Schneider, 1962, S. 92f. M・ブーバー、田口義弘訳、『我と汝』、みすず書房、一九七八年、三二頁。以下IDと略記し文中に頁数を示す。

（15）E. Lévinas, *Noms Propres*, Fata Morgana, 1976, p. 35. E・レヴィナス、合田正人訳、『固有名』、みすず書房、一九九四年、三〇頁。

（16）M. Buber, »Elemente des Zwischenmenschlichen«, in: ders., *Werke*, Bd. 1, S. 277f. M・ブーバー、佐藤吉昭・佐藤令子訳、『対話的原理II：ブーバー著作集2』、みすず書房、一九六八年、一〇〇頁。以下EZと略記し文中に頁数を示す。

（17）もちろん、ホネットとブーバーの議論には相違する部分もある。重要な論点だけを挙げれば、なによりも宗教哲学的な背景の有無がある。つまり周知のとおり、ブーバーの「我‐汝」はその成立のために最終的に「永遠の汝」たる神の存在を要請するが、他方でホネットは、そのような神を要請することはせず、「先行的承認」という概念を例えば発達心理学などの研究に基づいて経験的に基礎付けようとする。

（18）C・ギリガン、岩男寿美子監訳、生田久美子・並木美智子共訳、『もうひとつの声』、川島書店、一九八六年。

（19）このケア‐正義論争は、しばしばギリガンの議論を引き継いで女性原理と男性原理の対置として描かれた。H・L・ドレイファスとS・E・ドレイファスは、このように二つの原理をジェンダー化し対置する議論の構成をニーチェにも見出している。H. L. Dreyfus and S. E. Dreyfus, "Towards a phenomenology of ethical expertise," in *Human Studies*, 14, Kluwer Academic Publishers, 1991, p. 249. 我々は同様の議論の形態をさらにショーペンハウアーの議論、つまり理念的な普遍的原則に基づく「公正」を男性の徳、具象的な状況に即した同情に基づく「人間愛」を女性の徳とみなすその同情倫理にまで遡って確認することができる（もちろんどちらにおいてもその女性蔑視的な表現は評価できないが）。

（20）例えば、S. Benhabib, *Situating the Self: Gender, Community and Postmodernism in Contemporary Ethics*, Routledge, 1992. また前掲のドレイファス／ドレイファスの論文も参照のこと。

(21) J. Habermas, *Moralbewußtsein und kommunikatives Handeln*, Suhrkamp, 1983. J・ハーバーマス、三島憲一・中野敏男・木前利秋訳、『道徳意識とコミュニケーション行為』、岩波書店、一九九一年。

(22) これまでのケア理論の展開については、以下に詳しく紹介されている。O. Hankivsky, *Social Policy and the Ethic of Care*, UBC Press, 2004. 品川哲彦、『正義と境を接するもの：責任という原理とケアの原理』、ナカニシヤ出版、二〇〇七年。

(23) N・ノディングズ、立山善康・林泰成・清水重樹・宮崎宏志・新茂之訳、『ケアリング　倫理と道徳の教育――女性の観点から』、晃洋書房、一九九七年。

(24) H. Kuhse, *Caring: Nurse, Women and Ethics*, Blackwell, 1997, p. 139. H・クーゼ、竹内徹・村上弥生監訳、『ケアリング：看護婦・女性・倫理』、メディカ出版、二〇〇〇年、一七六頁。

(25) H・L・ドレイファスの報告によれば、ハイデガーはSorgeをcareと訳すことに賛同している。H・L・ドレイファス、門脇俊介監訳、榊原哲也・貫成人・森一郎・轟孝夫訳、『世界内存在――『存在と時間』における日常性の解釈学』、産業図書、二〇〇〇年、二七四頁を参照のこと。

(26) P・ベナー、J・ルーベル、難波卓志訳、『現象学的人間論と看護』、医学書院、一九九九年。

(27) 例えば、A・ビショップ、J・スカダー、田中美恵子監訳、『全人的ケアのための看護倫理』、丸善株式会社、二〇〇五年。ノディングズの前掲書も参照のこと。

(28) 同情とケアとの比較については例えば以下を参照のこと。R. C. Solomon, *In Defense of Sentimentality*, Oxford University Press, 2004.

(29) 木村敏、『木村敏著作集1　初期自己論・分裂病論』、弘文堂、二〇〇一年、二九頁。以下「自己論」と略記し文中に頁数を示す。

(30) レインは「根源的な存在論的不安」の起源を母子関係における承認の失敗、つまり「誤った承認」に求めていた。この点を敷衍すれば、我々は、症候的物象化を承認概念によって説明できないわけではない。

(31) R. D. Laing, *The Divided Self: An existential study in sanity and madness*, Tavistock Publications, 1960, p. 154. R・D・レイン、阪本健二・志貴春彦・笠原嘉訳、『ひき裂かれた自己　分裂病と分裂病質の実存的研究』、みすず書房、一九七一年、一九四頁。

(32) この点については以下を参照のこと。A. Honneth, *Kampf um Anerkennung: Zur moralischen Grammatik sozialer*

Konflikte, Suhrkamp, 1992, S. 83ff. A・ホネット、山本啓・直江清隆訳、『承認をめぐる闘争』、法政大学出版局、二〇〇三年、六八頁以下。

(33) G. Simmel, *Philosophie des Geldes*, in: ders., *Gesamtausgabe*, Bd. 6., Suhrkamp, 1989, S. 588. G・ジンメル、居安正訳、『貨幣の哲学(綜合篇)　ジンメル著作集3』、白水社、一九七八年、二四〇頁。以下PGと略記し文中に頁数を示す。

(34) A. Honneth, *Verdinglichung: Eine anerkennungstheoretische Studie*, Suhrkamp, 2005, S. 96. 以下Vと略記し文中に頁数を示す。

(35) M. Weber, *Wirtschaft und Gesellschaft*, 5., rev. Aufl., Halbb. 1., J. C. B. Mohr, 1976, S. 383.

(36) そのような合法性についてウェーバーは次のように述べている。「交換パートナーの合法性の保障は、最終的には、当然ふつうは双方によって作り出された前提に基づいている。その前提とはつまり、両者のどちらもが、当の交換パートナーとであれ、あるいは将来の別のパートナーとであれ、交換関係を継続することに共通の関心を持っており、それゆえ、与えられた約束は守り、少なくとも誠実と信頼を明確に傷つけるようなことはしないであろう、という前提である」(*Wirtschaft und Gesellschaft*, Halbb. 1., S. 383)。ここには「強固な、そしてそれゆえ、倫理的な市場特性に関連した相互的な人格的な評価と結び付くことのできる顧客関係」(Ebd., S 383)を見出すことができる。このような点で、ヘーゲルの議論を引き継いで交換関係のなかに法的な承認関係を見るホネットの議論は、ジンメルだけでなくウェーバーのなかにも支持を見出すことができるだろう。ただしここで重要なのは、そうだとしてもウェーバーは、決して物件化と交換パートナーの法による保護とを無条件に相伴うものとは考えておらず、本文で論じるように、むしろ対立するもの、相互に制限するものとして捉えていた、ということである。

第二章　機械としての社会――物象化の社会的モデル

第一節　ルカーチの物象化論――「機械化」と「比喩としての機械化」

　ここでは物象化の社会的モデルを検討する。その際、まずはすでに古典といってもよいG・ルカーチの物象化論から始めるのが適切だろう。というのも、まさにルカーチはその物象化論において、マルクスとM・ウェーバーの学説を結び付けることで、物象化の一つの社会的モデルを構築したからである。ただし、ルカーチの物象化論自体はこれまでにも多々論じられているし、またその議論には必ずしも本論の関心とは直接に関係しないものも含まれる。したがってここでは、本論の関心、とりわけ物象化の社会的モデルを検討するここでの関心に即して、「物象化の基本構造(die Grundstruktur der Verdinglichung)」(1)を論じたルカーチの物象化論文の第一節「物象化の現象」を考察の対象にしたい。

　ルカーチは、一九二三年の著作『歴史と階級意識』の主要論文「物象化とプロレタリアートの意識」において、近代資本主義における商品構造とそこから生じる問題を分析したマルクスの議論と、より一般的な観点から合理化を分析したウェーバーの議論を接合・交差させることで物象化論を組み立てた。(2) そこにおいてルカーチが主題として設定した問題ついては、論文の冒頭を飾る次の言葉に、概略的にではあるが示されている。「[…]商品構造の本質は、諸人格(Personen)の間の関わり合い、関係が物象性という性格を持ち、こうしてまた『幻影的な対象性』を持つようになり、そしてこの対象性が、その厳密な、見かけ上は完結した、合理的な独自の法則性のなかで、みずからの根源的本質である人々(Menschen)の間の関係のあらゆる痕跡を覆い隠している、ということにある」(GK, S. 257, 162頁)。ルカーチの物象化論の要点は、――そして我々の物象化の社会的モデルの探求は――このような社会的関係の物象化の具体的なメカニズムを解明することにある。その際にルカーチが、マルクスとウェーバーの議論を引き継ぐ形で重視したのが、まさに合理化であり、つまり計算可能性の確立に関する問題であった。

一　計算可能性

ルカーチは「計算」について次のように述べている。「合理的計算の本質は、結局のところは、ある出来事の――個人の「恣意」から独立した――必然的‐合法則的な経過が認識され計算される、ということに基づいている。したがって、人間の態度が、この結末(その「法則」を人間は「既成のもの」として見出す)の生じてくる機会を正確に計算すること、そして防御装置や防御措置など(それらは同じような「法則」に基づく)によって、邪魔になる「偶然性」を巧みに避けることだけに向けられるということに基づいている。[…]事態をより立ち入って考察すればするほど、この計算をする人間の態度のうちには、労働者が操作し観察し、その機能に注意しつつ制御するところの機械に対する労働者の態度との構造的アナロジー(die strukturelle Analogie)がますます明瞭に現れてくる」(GK, S. 273, 184 頁)。この記述に確認できるように、ルカーチは計算可能性の成立要件を偶然的なものの排除に求め、そしてそのような排除の実現された姿として機械を一つのモデルとしている。あらゆる合理的計算がはたらく実際の場は――ルカーチによれば――「計算の基礎として、あらゆる現象が厳密な法則性を持つことを前提としている」(GK, S. 266, 175 頁)。あるシステムの作動に法則性ではなく偶然性が関与するとしたら、そのシステムの作動はまさに運に左右されるのであり、したがってその作動の結果を計算することはできない。したがって合理的計算を実現するためには、合法則的ではない人為的な恣意は可能な限り排除されなければならないのである。その際に機械がモデルとして挙げられるのは、まさに機械が物理的現象の自然法則性に則り計算可能な形で、したがってつまり一定の条件の下でつねに同じ成果を出すように組み立てられた合理的システムであるからにほかならない。この機械に適合する形で、労働における合理化は、計算可能性を実現するために、生産における「有機的・非合理的で、つねに質的な統一」(GK, S. 262, 170 頁)を分解し、個々の要素の部分法則を明らかにしたうえで、個々の要素を合理的に、計算可能な形で組みなおすことを必要とする。この結果として、「達成されるべき成果のすべてを前もってますます正確に計算するという意味での合理化」は、「労働過程の合理的・計算的分解」(GK, S. 263, 170 頁)をもたらす。つまりそれは、「経験的な労働体験の伝統的な結び付きに基礎を持つ生産の仕方を壊さざるを得ない」(GK, S. 263, 170 頁)のである。このことによってはじめて合理的な一つの機械的システムが出来上がる。

ルカーチはこのような合理化・機械化による生産過程の分解は、同時に生産の主体の分解ももたらすと考える。「労働過程の合理化のゆえに、労働者の人間的個性と特性は、この抽象的な部分法則の合理的に前もって算定される機能に対しては、ますます過ちの単なる源として現れるようになる。そこでは人間は、客観的にもまた労働過程に対する態度においても、労働過程の本来の担い手としては現れず、彼は機械化された部分として、一つの機械的システムのなかに組み込まれるのである。そして人間は、この機械システムをすでにできあがったもの、自分から完全に独立して機能しているものとして見出すのであり、この機械システムの法則に人間は意志を喪失して従わねばならなくなるのである。労働過程の合理化と機械化とが進むとともに、労働者の活動はますますその活動性を失い、静観的態度に陥るのであるが、このことによって、この意志の喪失はさらにひどくなるのである」(GK, S. 263-264, 171 頁)。ここでは、「[…]個々の労働主体を共同体へと結び付けていた紐帯」は引き裂かれており、労働主体は事態を傍観するだけの抽象的なアトムとなる。「このアトムたちは、もはや自分の労働活動によっては直接的・有機的に相互に結び付かず、むしろそのアトムたちの連関はますます、もっぱら彼らが組み込まれているメカニズムの抽象的な法則性によってのみ媒介されるようになるのである」(GK, S. 265, 172-173 頁)。

合理化とは計算可能性の確立であるが、そのためには合理的な機械化が必要とされ、実現されたその機械的システムのなかで人間は疎外される。右の議論はおよそこのようにまとめられるだろう。ルカーチが「計算可能性」という概念によって意味しているところは以上の点からおおよそ明らかになったと思われる。ルカーチはこのような合理化としての機械化の問題を、しばしばテイラー・システムを例として説明しているので、ここでもテイラー・システムを例にとって「機械化」についての議論をまとめておこう。ただし、この議論はテイラー・システムが合理化の内容のすべてだということを主張するものではない。そもそも「科学的管理」を目指すテイラー・システムは、しかし現実には純粋な姿で実現されることはない。我々がここでテイラー・システムを例にとるのは、あくまで合理化の一つのモデルとしてであって、それ以上の意味ではない。またその限りで、我々はここでテイラー・システムをめぐる解釈の論争に議論を費やすこともしない。テイラー・システムを例にとることで、ルカーチが理解するところの合理化を実現する重要ないくつかの契機を明らかにすることがここでの目的である。ここでは中川誠士の議論を参考にしてテイラー・システムについて見ておこう。(3) 少し長くなってしまうが、これによってルカーチが機械化と労働過程の分解と呼ぶものの具体的な姿が判明するだろう。

二　テイラー・システム

テイラー・システムは経営における労働の管理の合理化のために考案されたものである。しかしテイラー・システムのもとをなす機械化と分業はすでに一九世紀の中ごろから現れていた。そのような機械化は「労働者の自治」に対する使用者の側からの「侵蝕」という意味を持っていた。内部請負制度が採られていた一九世紀の工場においては熟練労働者の組織が作業過程に関して自立的な判断の権利を持っていた。なぜなら製品を作るための技能と知識(例えば製作図面の理解、工具の準備など)は熟練労働者の側に蓄積されており、その限りで使用者は製品の製造を熟練労働者に一任せざるを得なかったからである。(4) これに対して作業過程の機械化は、「労働者の作業過程の技術的支配への攻撃」(生成、八四頁)という性格を持っていた。しかしながら一九世紀の末においてはいまだ、機械によって作られた半製品は、次の機械に搬送され、そこで新たに「機械のセットアップ」が必要であった。「それゆえ機械は個々の作業スピードを統制することはできたかもしれないが、機械は労働者の知識・熟練によってはじめて結合されえたのであり、工場全体の作業スピードを統制するまでには至らなかった」(生成、七四頁)。その限りで、このような段階においてはいまだ「労働者の自治」は守られていた。これに対して「テイラーの非凡さは、労働者が基本的に作業を統制する限り使用者は思う通りに時間合理化と費用合理化を実現できないという認識の上に、権力の所在についての曖昧性の克服を明確に意図し、作業過程を指揮・統制する別の集団即ち経営者(manager)、技師、事務員を中心とする全く新しい作業組織の概念を提供した点にある」(生成、七四頁)。このようなテイラー・システムの本質は、計画と執行の分離であり、熟練労働者の側に蓄積されていた知識をすべて管理側に集めることにある。

それはまずは機械化と分業というプロセスを踏まなければならなかった。機械化に関して、「その明白で非常に重要な一つの経路は、低賃金の非熟練労働者でも操作することのできる機械を導入することによって、高賃金の熟練労働者の総量を減らしていくことである。例えば工具を研磨することだけを目的とした機械が発明されれば、非熟練労働者がこれに専従することによって、今迄労働時間内に工具の研磨を行っていた熟練労働者は彼本来の仕事に集中できるようになる。即ち機械化が直接職種から間接職種を分離し分業を推進したのである。と同時にこの様な機械化と分業の進展は『作業の客観化』を実現し、それは管理者が作業時間を記録することによって専従の非熟練労働者の研磨作業が直接労働時間をどの程度節約したかを計測することを可能にする」(生成、八五頁)。このような機械化に伴う分業の進展によって労務費が低減することになる。「例えば、一〇人の熟練工が一日(一〇時間労働)に三ドル支払われ、各々一日のうち一時間を工具の研磨に費やしていたとする。そこで熟練工を本来の仕事に専念させるために、一日一・五ドルで非熟練工を雇い、工具の研磨だけをさせたとする。そうすると、熟練工は研磨作業をしないことによって、本来の仕事を一時間余計にすることになるので、熟練工を九人に減らしても全体の作業量は前と変わらないことになる(一〇人×九時間=九人×一〇時間――見附)。そして賃金総額は非熟練工を雇う前の三〇ドルから二八・五ドルに減り、企業家は労務費を五%節約できることになるのである」(生成、一〇八頁)。

また機械化と分業は単に労務費を削減するだけではなく、使用者による作業過程の統制も可能にした。例えば半自動機械など生産プロセスのうちに操作者としての熟練労働者の作業を不可欠な部分として含む機械では、労働者の恣意に左右される部分が大きかった。しかし「これに対して完全自動機械(full-automatic machine tool)

が導入されれば、生産高はもはや操作者の『気紛れ』(whim)によって左右されないので、企業家は容易に反抗的な職人を従順な従業員と取り替えることができるようになるのである。要するに企業家にとって機械は、労働者から独立した生産の構造を提供し、そのことによって労働者の方を機械に適合させるという技術的統制に関しての利点を有している」(生成、八七頁)。

さてしかし機械化を通じた企業家による作業過程の統制のためには別の問題も生じる。それは管理の問題である。というのも「非熟練の工具運搬工や研磨工が、彼らの労働時間内を怠けずに働き続け、仕事を消化するとは限らないからである。[…]と同時にもはや研磨のような補助的作業をする必要のなくなった直接工が、持ち場を離れないとも限らない。それゆえ、第一の労働者が連続して持ち場を離れないようにすることが、その唯一の仕事である様な第二の労働者を雇用することが必要になる。こうして機械化の結果分業が進展するにつれて、管理者(第二の労働者)の重要性が、熟練労働の管理と非熟練労働の管理という二重の意味において増大する」(生成、一〇九頁)。

しかしすでに述べたように、このような機械化・分業・管理が進展しても、機械化が作業過程の部分にとどまる限りは、いまだ熟練労働者の裁量に依存する部分が大きかった。これを乗り越えるためにテイラーが重視したのが「科学」であり、その本質は計画と執行の分離にある。執行は課業(task)によって行われる。「『課業』は一般に、行うべき仕事の量とともに、その内容、質、それに要する時間、方法、必要とする工具・治具等を詳細に規定した指導票(instruction card)という形で、前もって個々の労働者に提示される」(生成、一五三頁)。このような課業においては、一日の適正な作業量の基準は、労使間の駆引きや談判、労働者の昔からの口伝えの知識、目分量などによってではなく、仕事に関する科学的研究に基づいて決定されるべきである。またそのような決定は、科学的知識と理解力を有する管理側(管理側における専門家)の責任において遂行されるべきである。このような課業によって作業の全過程がいわば使用者の統制の下に置かれることになるのである。

このような課業による執行には、計画を司る「計画部（室）(planning department, planning room)」が対置される。生産に関する事務的なことや頭脳的な仕事に属するものはすべてこの計画部に集められる。例えば「手作業の時間動作研究とそれに基づく各作業の所要時間の決定、計算尺による各種の工作機械の最善の作業方法の決定、手順の決定、指導票の作成、個々の労働者の成績の記録と給与の計算、工具・取り付け具・用具・方法の標準化とその維持」(生成、一五六頁)などである。これは「労働者の自治」に対する、科学的知識を持った専門家つまり「技師の自治」(生成、一五七頁)を意味している。またこれは同時に「意見」から「事実」への移行という意味を持っている。このようなテイラー・システムにおいて重要な意味を持つのはまさに、――中川が紹介するテイラーの言葉によれば――「意見を事実に替えることつまりある人の判断を正確な法則に替えることから生じた科学や工学によって先ず作業を分析し、次に作業の個々の部分をする様々なやり方にかかる時間を正確に時計で計測し、そして最後にどの方法が最小の労力と最速の時間で成果を達成するかを誰かの意見からではなくて正確な知識から知ることのできる、専門家の仕事」(生成、二三八頁)なのである。

さて、以上ルカーチが機械化と分業を伴う合理化の一つの例としたテイラー・システムについてごく簡単に見てきた。以上の議論を参考にして、ルカーチが合理化に見ていた具体的な内容がある程度判明したように思える。機械化と分業による合理化に見られる重要な契機をまとめておこう。

まず機械化は、徐々に作業過程における「労働者の自治」を奪っていった。労働者の自治は、熟練労働者が一連の作業過程の技能と知識を占有していることで実現されていた。しかし、そのような作業過程が科学的に分析され細分化され、新たに機械とそれを扱う非熟練工によって組み直されることで、次第に熟練労働者の熟練工としての意義が失われていった。作業過程が機械化され、また作業手順のすべてが科学的な分析に基づいた指導票に従うようになると、労働者は完全に作業過程における自治を失い、使用者が管理する機械システムの部分機能を担う単なる「歯車」となってしまう。しかしまさにこのことによって使用者は、作業過程を自身の統制の下に置き、合理的に労務費を削減することができるようになる。また管理においても労働者の恣意や気まぐれに煩わされることなく、合理的に、したがって計算に基づいて生産が遂行されることになる。

三　機械化と物象化

以上の点から、合理化が、作業過程の機械化、機械化による作業の分業化、分業化による労働者の部分的機能への還元、そして機械化、分業化、還元による作業過程の統制によってはじめて実現されるものであることが理解できる。そしてそのような合理化を可能にしたものが、個々の要素を分析することで意見を事実に替える、つまりローカルな知識と技能を客観化するところの科学なのであった。ルカーチはこのような合理化の事態に、有機的な労働過程の分解や労働者の機械システムへの従属、したがって労働者の客体化（逆の言い方をすれば、主体性の喪失）を見出したのである。合理化によって労働者は、あたかも科学的法則に従う物的客体であるかのように、合理化された、計算可能な、科学的法則性に基づいた機械的機能連関の下に従属するようになる。

このような機械化における人間の物象化の主要な点は、その主体性の否定にある。労働者のあるいは人間一般の主体性がどこにあるかと言えば、それは自身の行為を自身の意志によって決定することができるところ、そしてその限りで自然法則的な因果関係を乗り越えることができる、あるいは少なくともそこに一定の意志的な介入を行い得るところにあると言えるだろう。労働過程の機械化・合理化によって労働者の自治は奪われ、労働者は単なる機械の歯車に成り下がる。この人間の機械への従属は、人間を主体の位置から、歯車の位置へ、したがって意志を持たずにただ自然法則およびそれに準じた機械的機構に従うだけの物理的客体の位置へと追いやることを意味している。ここに人間があたかもモノであるかのように扱われる物象化が現れるのである。

ただし本章において重要なのは、ルカーチが、このような機械化を単に労働過程の合理化に特徴的なものとしてだけではなく、官僚制など直接の生産過程とは関係のない領域においても同じように見て取ることのできる、一般的な合理化過程とみなしたことである。しかし、例えば官僚制は制度であり組織であるのだから機械化というのは一種の比喩として理解しなければならない。この点は厳密に議論を展開する必要がある。物理的な意味での「機械化」は、官僚制のうちに見られる「機械化」とは直接に同じものではない。官僚制が機械化された組織といわれる場合、その「機械化」が意味しているのは、書類の作成がタイプライターで行われるとか、製品としての書類がベルトコンベアで運ばれるということではもちろんない。官僚制に関して「機械化」というのは、比喩以上の意味は持たないのであって、それはつまり機械のように組織が作動するという意味でしかないのである。

当たり前のことを殊更に強調しているように思われるかもしれないが、しかし従来の議論では実際のところ「機械化」と「比喩としての機械化」は区別されず、両者が同じことであるかのように議論されてきたのである。しかしこの二つの「機械化」の区別は重要である。むしろ、この「比喩としての機械化」のその比喩の意味、つまりその比喩が成立する意味を理解することが、物象化の社会的モデルを検討する本章の中心課題であると言うことさえできる。実際の意味での機械化つまり物理的な機械化が労働のプロセスにおいて人間の物象化をもたらすというのは間違いないのだが、しかしそのような物理的な機械化が関与する物象化というのは、物象化現象全体においては、工場における機械化された労働現場というごく限られた部分を占めるものでしかない。したがって我々は、物理的な意味での機械化によって生じる物象化をもって物象化の社会的モデルとすることはできないのである。その意味で、機械化－合理化の問題を物象化の社会的モデルの解明に役立てるためには、なによりもそれが比喩として用いられる意味を明らかにする必要があるのである。その意味を明らかにできれば、つまり官僚制に代表される合理化された組織のいかなる点に物理的な意味での機械化‐合理化と比せられる要素があるのかを理解できれば、ルカーチが労働過程の機械化‐合理化と合理化された組織である官僚制との間に探り当てた「構造的アナロジー」を、あるいは「物象化の基本構造」を明らかにすることができるだろう。そしてそれは同時に、物象化の社会的モデルを検討する我々の研究にも重要な知見を与えてくれるのである。そのためにもまずは、官僚制をやはり機械という比喩で表現したウェーバーの議論に立ち戻るのが有益であろう。

四　比喩としての機械化

ウェーバーは、知られているように、官僚制に代表される合理的生活態度の秩序を「鉄の檻」と呼んだ。当然これもまた比喩である。そしてウェーバーはさらに別の比喩として、「官僚制的機械化(die bureaukratische Mechanisierung)」、「人間機械(Menschenmaschine)」[(5)]などの表現も用いている。ウェーバーがこれらの比喩を用いるおおよその意味は、次の記述から明らかになるだろう。「生命を持たない機械は凝固した精神である。機械がそのようなものである限りで、機械は、人間にその職務を強制し、そして、工場において実際そうであるように、支配する形でその労働生活の日常を規定する力を持つ。訓練された特殊技能の専門化、権限の区画、規則と階層的に等級付けられた服従関係を伴う官僚制的組織が示す生きた機械もまた、凝固した精神である。この生きた機械は死んだ機械と手を結んで、未来の隷従の容器を作り出すことになる[(6)]」。作業過程が個々の専門労働へと分割される点、そして恣意や気まぐれではなく規則によってそれらの分業化された作業過程が一つの合理的な組織へと組み直されるという点、そして官僚はそのような組織化された階層構造に服従するという点に、我々はたしかに機械化によって合理化された労働過程と同じ構図を見ることができる。したがって官僚制において機械あるいは機械化という比喩が用いられる一つの意味は、工場において人間が合理的に組み上げられた素材からなる機械に素材の一つとして従属するのと同様に、官僚制においても人間は合理的に組み立てられた組織にいわば「歯車」(これも比喩である)として従属するということである。したがって工場において人間が主体の地位を失って機械に従属する客体になるように、官僚制においても人間は組織に従属する客体になるということである。有名な「精神なき専門人」というウェーバーの言葉は、この側面を捉えたものであり、さきに見た「人間機械」という言葉は同じことを指している。

しかし単純な事実だが、生きた機械としての官僚制と死んだ機械には決定的に異なる点がある。それは死んだ機械が自然法則に従属する物質的な素材によって組み立てられるのに対して、生きた機械はそうではないという点である。では生きた機械はなにによって組み立てられているのか。それはまさに生きた人間である。したがって、物理的な機械化の問題とは違って、官僚制には実質的には二つの物象化現象が関与しているのである。つまり、工場において物理的な機械に人間が従属する場合は、「人間の客体化(主体性の喪失という意味での客体化)」という一元的な物象化が問題になっているとしたら、官僚制においては、まず人間によって構成されたはずの組織が、人間性を失ってあたかも機械のように作動しているという「組織の物象化」と、加えて人間が歯車のようにそこに従属するという「人間の客体化」の二元的な物象化現象が生じているということである。したがって、「比喩としての機械化」も本質的には二つの意味を持つことが分かる。つまり組織が「機械のように」作動するということと、加えてその物象化された組織のなかで同時に人間もまた「機械のように」行為するという二つの意味を持っている。ところでこの物象化現象の二元的構成は、まさしく社会の物象化の問題それ自体ではないだろうか。我々は、「比喩としての機械化」の解明が物象化の社会的モデルの探求にとって重要性を持つことの理由を、ここに求めることができる。工場における物象化現象については「人間の客体化」だけを論じればよいが、社会の物象化モデルを構築するためには、加えて「組織の物象化」の問題も同時に論じなければならないのである。

本章の課題は、「組織の物象化」と「人間の客体化」という物象化の二元的な構成のうちに一つの統一的なモデルを得ることにあると言ってよい。その統一的なモデルは、「機械化」という比喩で表現されるものである。この「比喩としての機械化」を成す二つの物象化の関係についてはウェーバーの「物件化 - 合理化」の議論が基本的な図式を提供してくれるのであるが、しかしそれは一般的なモデルを形作るには議論がやや粗雑である。したがってこの点を補うためには我々は行為論の議論を加えて参照しなければならない。ウェーバーの議論については本節において検討し、行為論的な考察については第二節で扱うことにしたい。

五　物件化 - 合理化

社会的物象化とは、いわば人間の社会的世界のなかに物理的世界とおなじ構造を再現することだと定式化することができる。合理的計算が法則性を前提にすることはその端的な現れである。計算可能性を目指す合理化は、人間に物理的対象と同様の恒常性と一定の法則への従属を要求する。その際の法則は、物的な現象においては、端的にそうあるとしか言いようのない物理的な自然法則であるが、他方で人間的現象においては、法則性は、自由意志による主体的行為を一定の図式へと従わせる規則を通じてしか実現されない。合理性あるいは計算可能性を実現するためには、物理的対象がまったく受動的に自然法則に従うように、主体的な意志を持つはずの人間も一定の規則によって構成される行為図式に従わねばならない。ここに第一の物象化の性格、つまり主体的な意志を持った人間が主体的な意志を持たない物理的客体のように、外的な法則に従わねばならないという性格が見て取れる。

しかし、我々はこのような人間の客体化をもたらす、他方での「組織の物象化」についても検討を加える必要がある。その際に我々の議論に重要な知見を提供してくれるのは、「物件化／脱人格化‐合理化」に関するウェーバーの議論である。ウェーバーの議論において、計算可能性を実現する合理化の重要な構成契機と考えられているのは、物件化／脱人格化である。この物件化／脱人格化は「組織の物象化」と「人間の客体化」の両方の物象化現象に関わる基本的なメカニズムと理解できる。

まずは「組織の物象化」に関するウェーバーの議論を見ておこう。ウェーバーは本来ある個人およびある諸個人の関係に属するものが、その個人や関係性を離れ客観的な規律や制度に委譲されることを物件化(Versachlichung)と呼んだ。これが「組織の物象化」に関わる物件化の側面である。例えばウェーバーは「支配の社会学」においてカリスマの物件化について述べている。「カリスマが、ある人的な天与の資質から一つの特質になる、つまり、(1)譲渡可能な、あるいは(2)人的に取得可能な、あるいは(3)一人の人間自身にではなく、人物の如何にかかわらずある官職の保有者またはある制度的な組織に結び付けられているような、一つの特質になる」[7]と、カリスマの物件化が生じている。このような類型の一つとして挙げられるのは、一つは、カリスマが血の紐帯を通じて移転し得る、つまり世襲され得るという信仰である。ここではすでに個人に属していたカリスマが、血のつながりを通じて伝わる物象的なもの、人間から引き離して他の者へと譲渡可能なモノとみなされている。さらには「血のつながり」よりも抽象的な形で、カリスマは人為的・呪術的方法で移転し得るという信仰も生じる。そしてさらに、資質としてのカリスマは人間を離れて、一定の条件を満たした者が持つところの官職そのものへと結び付けられる。ここにカリスマの制度化的変質、すなわち「社会組織それ自体へのカリスマの付着」に至る推移が見られる。これは権威の物神崇拝である。このような官職カリスマの段階においては、カリスマは完全に個人から引き離されている。

例えば官職カリスマと人間的価値との厳格な分離を主張するカトリック理論は、「純粋に個人的な、個人の実証に付着するところのカリスマ的召命を物件化し、呪術的行為によって官職ヒエラルヒーの中にその一員として採用されたすべての人に失われることなく付着するようなカリスマ的資格へと、その担い手たる人格の価値如何にかかわらず官職機構を聖化するようなカリスマ的資格へと転化させるもっとも徹底した形式である。このようなカリスマの物件化は、至るところで目の前に呪術的能力を見ていたような世界に、一つの教権統治的機構を植え付けていくための手段であった。司祭が個人的には絶対的な非難を受けるようなことがあったとしても、だからといって彼のカリスマ的資格が疑問視されるに至ることはない、というような場合にのみ、教会の官僚制化は可能であったし、また教会のアンシュタルト的性格は、そのカリスマ的価値という点で、あらゆる人的偶然性から解放されていたのである(8)」。

最終的に官僚制へと至るこのような物件化の本質的な意味は合理化にある。右に見たように、カトリック教会の官僚制化(制度化、機構化)においても重要な意味を持ったのは、やはり偶然性からの解放つまり計算可能性の獲得であった。「近代文化の特質、わけてもその技術的・経済的下部構造の特質は、まさにこの効果の『計算可能性』なるものを要求する。完全な発展を遂げた官僚制は、特殊な意味において、『怒りも偏愛もなく』という原理の下にある。官僚制が『非人間化(entmenschlichen)』されればされるほど、換言すれば、官僚制の徳性として賞賛される特殊の性質――愛や憎しみおよび一切の純粋に個人的な、とりわけ非合理的な、計算からはみ出る感情的要素を、職務の処理から排除するということ――がより完全に達成されればされるほど、官僚制は、資本主義に好都合なその特殊な特質を、ますます完全に発展させることになるのである(9)」。

この物件化された機構としての官僚制は、一度成立するならば堅固な機構となり人格に対立するものになる。というのも官僚は、彼がその官僚制の機構の一つの歯車と成る限りにおいて権限を持つのであり、それゆえに彼は個人としてはその機構を破壊する権限あるいは力のいかなる基盤をも持たないからである。他方で、その官僚制の被支配者(とりわけ自給自足の手段を持たない人々)の側に目を向ければ、彼らは一度成立した官僚制の下ではそれに対する依存度が高く、この官僚制の仕事を阻止したときに生じる混沌を克服するための代用物を持たないがゆえに、彼らにとってはこのような組織を排除する可能性を論ずること自体が空想的に思われるのである。

以上が「組織の物象化」に関わる物件化の側面である。ある特定の人物が持っていたカリスマの特性は、しかしその人物から引き離され、官僚制的な組織の特定の地位そのものに付着するものであるかのように物件化される。そのような権力のフェティシズムによって成立した機構に属し、ある地位に就くことではじめて、ある人間は権力を持つことになる。また権力が特定の人間ではなくある特定の地位に付着するものとみなされることによって、組織はその作動に関して、特定の個人の人間性に由来する偶然性を排除し、計算可能性を確立することができるようになる。言い換えれば、非合理な動きをした人間をすぐさまその地位から追い出し、新しい人間をその地位に据えることができることで、しかもその際その地位の権力が、その地位につく人間とは関わりなく揺ぎないものとして安定的・恒常的であることによって、計算可能性が確立されるのである。物件化は、以上のプロセスによって人間的現象のなかに、法則的な安定性と恒常性という機械の物理的な構造と同種の構造を出現させるのである。

さて、物件化はこのような「組織の物象化」だけではなく、他方の「人間の客体化」にも密接に関連する。この点をやはりウェーバーの議論に依拠して確認しておこう。ウェーバーは物件化 - 合理化された組織の特性を、しばしば「人格の如何を問わず(ohne Ansehen der Person)」という一語で表現する。さらにはこの「人格の如何を問わず」という言葉が表す事態には「怒りも偏愛もなく(sine ira et studio)」という態度が対応する。「形式主義的な非人格性(Unpersönlichkeit)の支配：怒りも偏愛もなく、憎しみも情熱もなく、したがって『愛』も『熱狂』もなく、単純な義務概念の圧力の下で、『人格の如何を問わず』、何人に対しても――すなわち同じ事実的(faktisch)状態にあるいかなる関係者に対しても――形式的に平等に、理想的な官吏はその職務をつかさどるのである」[10]。このような原則をウェーバーは市場および官僚制の両方に見ていた。例えば次のように述べている。「官僚制化は、専門的に訓練された、また不断の実習によってますます訓練しつつある職員に、個々の仕事を割り当てることによって、純粋に物件的な見地から行政における作業分割の原理を実行する最善の可能性を提供するものである。この場合『物件的な(sachlich)』処理とは、なによりもまず、計算可能な規則にしたがって『人格の如何を問うことなく』処理することを意味する。ところで『人格の如何を問わない』というのは、『市場』の、およびあらゆるあからさまに経済的な利益追求一般の合言葉でもある」[11]。

これらの記述からも明らかなように、物件化‐合理化された組織は、人間のあり方、したがって人間と人間のあり方としての関係性に影響を与えずにはおかない。一つには、「人格の如何を問わない」物件化‐合理化された組織においては、人間は人格であることをやめなければならない。少なくともその人間らしい情動は一切排除し、組織の作動の一翼を担う自身の働きに徹しなければならない。つまり組織が「人格の如何を問わない」という事態には、他方で、その組織に属す人間は自身の人間的な情動を排除あるいは抑圧しなければならないという原則が対応しているのである[12]。さらに前記の引用にはもう一つのことも言われている。それは、「人格の如何を問わない」という原則は、組織に属する人間の内面的なあり方だけでなく、外面的なあり方にも関係しているということである。つまり、物件化‐合理化された組織に属する人間は自身の人間的情動性を排除しなければならないだけでなく、その組織に属するあるいは関係しようとする他の人間をも同様に、人間的情動を伴う人格としてではなく、ある一定の働きと資格を担うところの物件としてだけ扱わなければならないということである。このようにウェーバーは、自身に関してもそして他者に関しても、非合理な情動性を排除し計算可能な形で物件として処理することが、組織の物件化‐合理化をはじめて可能にすると理解している。

まとめ

以上の点から、ウェーバーは物件化という現象のうちに、「組織の物象化」と「人間の客体化」をつなぐ要因を、そしてまたその二つの物象化の結果として実現される合理化のプロセスを見ていたと理解できる。またこれらの点から、ウェーバーが用い、そしてルカーチが引き継いだ「比喩としての機械化」の意味が明らかになっただろう。「比喩としての機械化」が意味するのは、物件化‐物象化(組織のそれ、人間のそれ)‐合理化という三つの契機からなる一つのプロセスである。組織が「人格の如何を問わない」物件化によって組織としての安定性を獲得し、他方でそこに属す人間は情動を排除することでいわば互いに「人間機械」となり、結果として組織の作動に合理的な計算可能性が確立される。我々はこれらの意味を踏まえてはじめて「機械化」という言葉を比喩として自由に用いることができるようになる。

また以上の点から本章の課題の具体的なテーマも明らかになったかと思われる。「組織の物象化」と「人間の客体化」は、いわば「物件化／脱人格化‐合理化」という一つのプロセスの二つの局面である。したがって、「組織の物象化」と「人間の客体化」という二つの物象化の相互連関を一つのモデルへと編成する本章の課題は、物件化／脱人格化‐合理化という一つのプロセスの解明へと収斂されるのである。ただしウェーバー＝ルカーチの議論は、そのような本章の課題を遂行するためのおおまかな見取り図を与えてはくれたが、しかしその分、各論については詳細な議論を展開しているとは言いがたい。したがって、詳細を明らかにするためにも、次節ではこの物件化／脱人格化の問題を行為論的な観点から、廣松渉の議論に依拠しつつ検討することにしたい。

第二節　役割行為と制度的物象化——廣松渉の役割存在論によせて

前節では、G・ルカーチおよびM・ウェーバーの議論に則って、本章における課題の設定とその中心テーマとなる官僚制的組織について考察を展開したが、この官僚制的組織は、いわば物件化／脱人格化によって成立するその抽象的形式性（「人格の如何を問わず」）のゆえに、合理的な機械装置として作動し得るのであった。本節では、この官僚制的組織に代表される機械的組織のメカニズムを行為論の観点から考察したい。私はここでは廣松渉の役割理論を参照しようと思う。官僚制的組織はいわば私情を挟むことなく職務を全うする、ウェーバーが言うところの「精神なき専門人」、つまり「人間機械」たちによって構成されているが、その職務を全うする人間はもちろん精神を持たないのではなく、精神を持たないかのように決められた合理的行為を行うことを職責としており、いわば組織の要請にしたがって動いているにすぎない。このような行為のあり方を考察するには、役割理論に依拠することが有益であるように思える。その際に、社会学における役割理論を念頭に置きつつも、独自の物象化論を背景にして役割行為と制度的物象化の関係について考察を展開した廣松渉の議論を参照することは、物象化の社会的モデルの構築を目指す我々にとって特別に重要な意味を持つ。なおここでの議論は、いちいちの論点について参照指示は示さないが、第一部第二章第一節で確認したP・L・バーガー／T・ルックマンの議論に対する具体的な肉付けという意味も持ち合わせている。

一　廣松渉の役割理論

廣松は母子のやり取りから交換行為に至るまで、相当に広い範囲の行為を役割行為として捉える。役割行為を構成するものとして、廣松は様々な問題を、主に発達心理学の知見などを踏まえながら論じるのであるが、我々としては二つの契機に関する廣松の議論を追うこととしたい。一つは、役割観念の獲得である。これはパターン化された行為様式の形成として考察される。もう一つは、サンクションである。これはルール・規範の遵守および再生産という観点から考察される。最低限この二つの論点をおさえておけば、我々は、役割理論のうちで展開された廣松の制度的物象化論を十分に理解することができるし、それを我々の議論につなげることもできる。

役割行為を行うためには役割についての一定の観念を持っていなければならない。例えばママゴト遊びをする際に「お父さん役」や「お母さん役」を果たすためには、父親が家に帰ってきてネクタイをはずすだとか、母親が料理をテーブルに出すだとか、それらの一定の典型的な行為の内容を知っていなければならない。ママゴト遊びをする子供たちは、このような一定の役割行為の内容を、いわば日常において反復される行為のなかから特定のパターンを取り出し、それを行為様式として形成することで獲得する。廣松はこのような行為様式は、「ゲシュタルト的同一態」として成立すると考える。

この「ゲシュタルト的同一態」という言葉の意味を十分に理解しようと思えば、我々は廣松の役割理論だけでなく、その意味‐存在論とでも言うべき議論の全体にまで参照先を広げなくてはならない。しかし、我々の議論が目指すところは廣松哲学の分析や解釈それ自体ではないのであるから、そのような横道にそれるべきではないだろう。したがって、ここではこの「ゲシュタルト的同一態」というものを理解するための必要最低限の枠に議論をとどめなければならない。

「ゲシュタルト的同一態」のもっとも分かりやすい例は、メロディーである。あるメロディーを、声の低い男性が歌おうと声の高い女性が歌おうと、あるいはバイオリンで弾こうとトランペットで吹こうと、我々はそこに同じ一つのメロディーを聞き取ることができる。なぜだろうか。音声そのものに、したがって例えばその物理的な特性を示す音の波形に着目するならば、我々はそこに同じものを見出すことはできない。そこにあるのは、レアールな同一性ではなく、イルレアール＝イデアールな同一性なのである。それはパターンであり、ゲシュタルトである。これを廣松は、「函数的」とも規定する。「ゲシュタルトは、メロディーの場合に典型的にみられるように、音質がまったく違っても、また音の高さや強さが全く違っても、同じ〈或るもの〉として覚知される。レアールな成分は全く相違してもゲシュタルトは〝一箇同一〟であり得る。ゲシュタルト自体なるものが独立自存するわけではない。現実に存在するのは、そのつどの具体的な諸〝成分〟によって〝充当〟されたゲシュタルトである。ところで諸〝成分〟はいずれも可変的であり、謂うなれば『変項』がそのつど特定値で充当されていると言うことができる。そしてゲシュタルト全体は $f(x, y, z, \ldots\ldots)$ という函数態的な在り方をしている〝変項値〟になぞらえることができる」(13)。このようなゲシュタルト的同一態は、それを構成するその都度のレアールな成分に依存しない範型（パターン）であるがゆえに、「不易的、超場所的、普遍的」な性格を持つ。他方、そこにおけるレアールな所与は、それ自体であると同時にその意味としてゲシュタルト的同一態を指示してもいる。したがって、ある歌はその歌い手の声であると同時に、あるパターンとしてのメロディーを表してもいる。廣松はこのようなあり方を「二肢的二重性」(14)（存在1、七七頁）と呼んでいる。

廣松が役割を「ゲシュタルト的同一態」と規定するのもこの意味においてである。役割行為はある人間の身体動作そのものであると同時に、一定の行為パターンとしての役割をそこに実現してもいるのである。そしてそれがパターンである限り、それは特定の人物だけではなく、他の人物の身体動作にも認められ得るはずである。「こうして、同じ行動様態(すなわち、『ゲシュタルト的に同一』な行動様態、この意味で同型的・同種的な『所作-結末』経過相)がいろいろな人物行動において、若干の個性的差異こそ伴いつつも、斉しく生起することが体験される。例えば食事とか入浴とか、嬰児の身辺の人物たちが皆、ほぼ同じように出現する行動が現に多数ある」(15)。しかしこのように行為のパターンがゲシュタルトとして成立し、それが特定の人物だけではなく他の人物たちにも認められるようになると、そこにはすでに廣松が言うところの「脱人化・脱肉化」――我々の言い方では「脱人格化」と呼ぶこともできるだろう――が生じている。役割はいまや特定の人物の行為パターンとしてではなく、様々な人間がそれを担い得る(廣松の言い方では「担掌し」得る)、そしてその限りで、逆にそれぞれの人間がそれを装束のように脱ぐこともできる一定の行為様式、つまり「役柄」となる。制度あるいは機構といったものは、行為論的に捉えるならば、いわばこういった複数の「役柄」が組織されることで成立している。役割のこのようなゲシュタルト的同一態としてのあり方を我々は認知心理学の言葉を用いて「スキーマ」あるいは「スクリプト」と呼ぶこともできるだろう。

ただしこの一定の行為図式としてのスキーマ/スクリプトは二人あるいはそれ以上の人間の行為図式が組み合わされて成立する場合がある。野球やサッカーなどのゲームが分かりやすい例である。ピッチャーの役割はただ単にボールを投げるということだけから成立しているわけではない。ピッチャーはバッターとキャッチャーがいるところへボールを投げなければならないし、キャッチャーはそのボールを受けるという行為を、バッターはそれをバットで打つという行為を行わなければならない。バッターはヒットを打てば、一塁、二塁、三塁を回りホームに戻るというスクリプトを実行する。ゲーム全体のスクリプトにそってそれぞれの人間がそれぞれのポジションで一定の行為スキーマを実行する。それぞれの役割を遂行するのは特定の人物に限られるわけではないので、例えばピッチャーやバッターは交代することが可能である。このような役割行為は、特定のルールの下に他の役割行為と密接に連関して、人間と人間との関係からなる一つの行為領域の全体を形作っているのである。

次に、ルールや規範(廣松の言い方で言えば「規矩」)を成立させるサンクションについても見ておこう。人間の行為は環境によって条件付けられるが、そこには、簡単に言えば物理的環境条件だけでなく、「規矩的・規則的な拘束の存在条件」[16]も含まれる。前者は「できる/できない(can/cannot)」、後者は「してよい/してはならない(may/may not, must not)」という形で行為を拘束する。できないことを規則で拘束する必要はないので(「鉄や銅から金を精製してはならない」という規則は必要ない)、通常は後者の方が前者よりも行為の許される幅が狭い。行おうと思えばできることのなかでとくに特定のものに行為を向けるのがサンクションの働きである。

サンクションには正のサンクションと負のサンクションがある。[17]子供にとって母親の認証を意味するその笑顔は正のサンクションとして作用し、叱責は負のサンクションとして作用する。子供はとくに母親から褒められることを行おうとし、叱られる行為は避けようとする。その結果、子供の行為は可能な行為の幅のなかの特定の行為へと差し向けられることになる。また次第にサンクションとその価値基準体系を内化することで、みずから自身の行為を律するようにもなる。ルールや規範などの社会的規則も同様に、サンクション(ただしとりわけ負のサンクション)によって行為を拘束する。ゲームにおいて、反則行為を行ったものは、退場させられる。そのような退場は、明確に規則で規定されているものもあれば、「仲間はずれ」といったレベルから「村八分」といったレベルまで様々な形態をとって遂行される場合もある。退場、つまりその場に存在することを許さないということは、それがどの程度のものであろうと、――廣松はとくにそうは言っていないが――究極的には「死刑」や「粛清」などの具体的な殺害へとつながる可能性を持った心理的な攻撃であり、その意味で苦痛・不快をもたらす負のサンクションとして作用する。

このようなサンクションによって成立するルール・規範は、約定的なものであり、たとえ成文化されているとしても、そのルール・規範自体は「人々の行動様式に体現されてのみ実在する」(存在２、四四〇頁)ものである。逆の言い方をすれば、ルールや規範は人々がそれを守らなくなれば、すぐにでも消滅してしまうものである。したがって反則者の退場は、ルール・規則の維持に必須の構成要件である。ルールはつねにサンクションによって人々の行為を拘束することではじめて維持されるものと言える。したがって「規範なるものが自存するわけではなく、人々のその都度の行為の在り方がいわゆる規範をその都度に生産・再生産する」(存在２、四四九頁)のである。この意味ではゲシュタルト的に同一なパターンとしての役割(あるいは役柄)は、その遂行によってルール・規範を生産・再生産するのであり、その限りでは同時に、それはルール・規範をその行為図式のうちに内在させていると言える。再び野球の例をとるならば、投げられたボールをバットで打つというバッターの行為スキーマには、暗にボール以外のものをバットで打ってはいけないという規範が実現されているのである。ボールを打ったならば一塁へ移動するという行為スクリプトには、三塁に進んではいけないという野球の暗黙のルールがすでに含まれている(廣松の言い方で言えば「ビルト・インされている」(役割、一九〇頁))のである。

以上の議論を廣松は「構造の安定化」という点からも考察している。分業的な協働連関態が一旦成立すると、人間にとって「それの維持(ということはつまり、一定の条件下では同じ役割行動がその都度に遂行されること)が生存条件になる」(役割、二四七頁)。つまり人間が依存する協働連関態の構造的安定性こそが、成員の安定的生活の条件となる。サンクションの動因はまさにここにある。成員にとっては、まさに「協働の円滑な進捗が関心事となる」(役割、二四八頁)のであって、「協働に齟齬を来たしめるごとき行為、すなわち、期待されている所定の様式的行動から逸脱した行為が出現すると、協働者たちは、常道から外れたそのような行為者に対して怒りを感じ、しかるべき負のサンクションに駆られる」(役割、二四八頁)のである。サンクションによって行為を規制するルール・規範は、まさにこのような成員の関心にそって構造を安定化させる機能を担っているのである。

以上の二点、ゲシュタルト的同一態として成立する役割あるいは役柄、およびサンクションによって行為を規制するルール・規範という、役割行為の主要な構成契機を確認したうえで、次に廣松渉の制度的物象化論に議論を移そう。

二　廣松渉の制度的物象化論

役割理論に基づいた廣松渉の制度的な物象化論は、比喩的な意味で「機械化」された組織(官僚制に代表される)について行為論の観点から考察する際に、重要な知見を我々に提供してくれるものである。廣松は『存在と意味』を完成させることができなかったので、制度的物象化論について十分な議論を展開することは叶わなかったのであるが、それでもこれまで見てきた著作集第五巻の『役割存在論』には、その骨子がすでに述べられているので、我々は廣松が考えていた制度的物象化論の主要な論点は知ることができる。

制度(あるいは機構)とは、いわば「役割行動編制態」(役割、二二五頁)である。「制度」という日本語の日常的な意味を廣松は四つの点にまとめる。「(1)『制度』は、人間関係的機構を含意するのであって、単なる個体的個人や、個体的人物の単なる複合体を意味するものではない。[…](2)『制度』はあくまで人間どうしの関係を不可欠の構成要因としており、個体的人間と物件だけとの直接的関係を表意するものではない。[…](3)『制度』は、人間関係機構を含意するとはいっても、生身のあれこれの人間を顕示的に含むものではない。[…]『制度』は、人間ぬきには存在しえないが、しかし、制度の構成要因たる人間は、あれこれの人物としての〝実体〟性を〝脱肉化〟され、〝没人称化〟=〝匿名化〟されている。[…](4)『制度』は、その全てがというわけではないが、往々にして、人間の相互的関係だけでなく、一定の事物的要因(正しくは舞台的・用具的な用在態)をも構造内的要因としている。ただし、この〝事物的〟要因も、あの生身の人間が〝脱肉化〟されているのと同様、〝脱肉化〟されており、しかるべき種類の用在であればどれであっても差し支えないのであって、特個的実体性は必要としない」(役割、二二八―二二九頁)。廣松によれば、このような制度は人間のアクチュアルな行為連関の「物象化の所産」(役割、二三〇頁)であるという。この点の解明が廣松の制度的物象化論の要点であり、それと同時に我々の関心が向けられる論点でもある。廣松によれば、アクチュアルな行為連関とは「分業的協働連関」(役割、二三〇頁)のことである。この分業的協働連関が被る制度的物象化を、三つの点から考察することができる。(一)「地位」の既成化、(二)「規矩」の外在化、(三)「機構」の自存化、の三つである。

すでに述べたように、嬰児は他者の行動のなかに「一定の舞台的情景で一定の道具的用在を使用しつつ恒同的に反復する行動様態」(役割、二三一頁)を見出し、ゲシュタルト的同一態を形成する。この役割の行為スキーマは脱肉化されて、「役柄」となる。この役柄は特定の誰かに属するのではなく、誰でもがそれを担い得るものである。したがって、「そこへと身を置き入れ、そこから身を抜け出させる〝装束〟的役柄が既在的＝自存的な相で覚識される」(役割、二三五頁)ことになる。加えてこの「『役柄』は、単に示差的な区別相で並存しているのではなく、ネットワークを形成している」(役割、二三七頁)。つまりそれは、「対他関係性において分節化されている」(役割、二三八頁)。役柄は、「一定の舞台的状況で一定の用在的配備において対向的当事者との共軛行動として遂行される」(役割、二三八頁)のである。このような他の行為との連関のなかで規定される役柄が「部署」であり「地位」である。それは本来役割行動から派生したものであり、したがってそこに実在するのは個々の他者からの役割期待とそれを実行する個々の役割行為だけであるが、しかししばしば「地位的役柄から役割期待が生まれるかのような倒錯視が形成される」(役割、二三八頁)。廣松はこのような倒錯視に「制度的物象化の『原基形態(Elementarform)』」(役割、二三九頁)を見出す。

「規矩」の外在化、つまり「規矩(norm)なるものが既定的与件の相で意識される」(役割、二三九頁)事態についても見ておこう。実はこの問題に関する廣松の議論はやや明瞭性を欠き、ひょっとすると成功していないようにも思えるのだが、最大限その意図するところを解釈しておこう。

役割行為においては、しばしば「習慣的常道」つまり既定の行為図式と「当為的正道」つまり規範とがオーヴァーラップしている。したがって習慣的常道からの逸脱が、即当為的正道からの逸脱を意味し、負のサンクションの対象となる。しかし、「省察がもう一歩深まると、習慣的常道性と当為的当然性との、斯かる単純なオーヴァーラップは維持されがたくなり、両者が二者分立相で意識されるようになる」(役割、二四一頁)。この省察は、いわゆるカルチャー・ショックのように、自分が当然だと思っていた常道＝正道という一致が必ずしも普遍的ではないということに直面する経験を通じた反省のことである。この場面において人は、行為を規制する規範が、自身の習慣的常道とは別様でもあり得るということを学ぶことになる。

このように習慣的常道は、それに必ずしも従わない行為者を見ることで、つまりそれとは一致しない行為があり得ることが知られることで、かえってなにか行為の外にある「既設的な路線とも謂うべき先与相」(役割、二四二頁)で捉えられることになる。習慣的常道Aに従う行為者aは、普遍的だと思えていた常道Aが、それに従わない行為者bに対しては、あたかもそのbの行為の外に成立しているかのようであることを知るのである。そしてそれを知ることで、その常道Aは行使者a自身の行為にとっても、もはやなにか行為の外にあるものであるかのように思われるのである。このように常道と正道が区別され、加えてその常道がなにか行為の外にあるかのように思われるのであるが、さらにここで次の段階として一旦区別された正道が、そのように外にあるかのように捉えられた常道とふたたび重ね合わせられることが生じる。このような常道と正道のふたたびのオーヴァーラップは、例えば常道から逸脱する行為をしたものが、たとえ心ならずとも負のサンクションのゆえに常道に合致する行為をするようになり、それがいつしか当人の規範として内面化されるときに生じる。あるいは、他の規範の存在を認識しつつも、やはり自身の常道が正道であると考える、つまり他の常道を正道と認めないというときにも、常道と正道のふたたびの一致が生じる。このように常道と正道が区別され、常道がなにか外在的なものと捉えられたうえで、さらにその常道に正道がふたたび重ね合わせられるときに、当為的正道つまり「規矩」の外在化が生じる。

以上が廣松の議論であるが、私としては、この「規矩」の外在化は「地位」の既成化と別のことではないと考えたい。正道とされる規範的行為図式も、行為図式であることにかかわりなく、だとすればこの外在化は、廣松が右に描いたような道筋をたどらなくとも、単純に規範がビルト・インされた行為図式が既成化されたことの別の側面として理解できるように思えるからである。ふたたび野球の例を用いるならば、行為の規範は各ポジションの行為図式のなかにすでに含まれている。野球のルールが行為者にとって「規定的与件」として捉えられる事態は、それらのルールを内在させた行為図式が既成化されることで成立しているのであって、カルチャー・ショックによる反省やふたたびの常道と正道の一致というプロセスは必ずしも必要ないように思われる。

最後に「機構」の自存化について見てみよう。制度的機構を構成する分業的協働においては、「夫々の役柄行為の機能的目的が協働の〝統一的目的〟を実現するための手段として位置づけられている」(役割、二五三頁)。このような協働的連関態においては特別に指揮という機能が必要とされ、それ自体一つの役割行動として実現される。そのような指揮を通じて統一されるそれぞれの役柄・部署は「特定の個体的人物によって固定的に担掌される必要はないし、現に輪番的交替といった形であれ、世代交替という形であれ、担掌する生身の人間は入れ替わる。が、それにもかかわらず、協働的連関態＝役柄編制態は〝同じ〟ままに存続する。ここにおいて、役柄的部署＝部署的地位の編制態なるものが恰も個々人の参入に先立って既存するかのように意識され、部署＝地位の編成体系が自存視されるようになる」(役割、二五五頁)。ここに示されているように機構は、脱肉化され、いわば着脱可能な部署・地位として考えられる役柄の編制態として理解されている。ところでこの部署・地位という役柄のあり方は、すでに見たように、物象化的倒錯視の結果であった。したがって、さきの引用も踏まえて言えば、廣松は制度的物象化の「原基形態」を、それ自体物象化的倒錯視の結果である役柄(部署・地位)に求め、機構の自存化をまさに、そのような役柄の原基的な物象化現象の一つの帰結として理解していると思われる。

廣松は、これらの点を踏まえたうえで、このような機構の具体的な機制として「権限＝権力」(役割、二五六頁)の分析を展開する。指揮者によって発せられる指令・命令が指令・命令として成立するのは、それを発した者が指揮者であったからではない。それが指令・命令として成立するのは、その組織の成員によって適当なものと認められること、つまり共通の上位目的に照らして的確なものと成員たちによって認められることによってである。したがって成立した指令・命令というのは、「何のことはない、部下からも更なる上位者からも殊更にクレームがつかなかった指令というにすぎない」(役割、二五七頁)。「だが、この条件が充たされる限り、受命者は、命ぜられた行動を遂行するよう、四囲の協働仲間および匿名的な協働者たちから、強烈な役割期待を身に蒙むる。協働者たちによるこの強烈な期待が指揮＝命令者において代理的に統合された相で覚識され、亦、抗命にさいしては、〝協働者たちの非難・糺弾が代理的に統合された相で覚識される〟ところの命令者による懲罰を蒙むるので、部下たちは命令者が特別な強制力をもつかのように覚識する次第なのである」(役割、二五七頁)。権力はこのようにして地位者に付属するものであるかのように物象化される。つまり言い換えれば、権力とは、組織が組織として自己の構造的安定性を維持するために必要とするサンクションの権限が、指揮者というある一定の役柄へと物象化された形で付与されることで成立するものなのである。したがって制度的機構においては、権力は、それを担う具体的な個人に属すのではなく、個人の特個性を問わない役柄自体に備わるものとみなされるのである。

まとめ

以上の廣松の役割理論と制度的物象化についての議論を踏まえて、ここで第一節で見た「物件化‐合理化」の、行為論の観点から見た具体的な内容について検討しておこう。「組織の物象化」の原基形態は、役柄の脱肉化にあると言える。組織は、特定の個人によらずに誰でもがそこに入り、また抜け出すことができるような役柄の編制態である。役柄がそのように「着脱」可能なのは、それがパターン化された行為図式として、つまりゲシュタルト的同一態として成立しているからである。しかし、そのような「役柄」は本来人々がそれを自身の行為として実現する限りで生産・再生産されるものであり、それが人々の役割行為を離れて自存するかのように捉えられるのは、たしかに廣松の言うとおり物象化的錯視である。しかし、それが人々の行為によってはじめて生産・再生産されるにもかかわらず、それを遂行する人間を選ばないという抽象性・形式性のゆえに、「役柄」はなにかそれを実行する人々の下を離れて自存するかのように思えるのである。

他方で、我々はこの「役柄」に、同時に「人間の客体化」の原基形態を見ることもできるだろう。我々は本来は自らがその役割行為を遂行することで「役柄」を生産・再生産しているのだが、しかし、「役柄」が自存するかのような物象化的錯視のゆえに、かえって自分がその「役柄」の行為図式に従属し、自身の主体性とは関係なしに、そこで求められている役割行為を行うという意識を持つ。このような「役柄」の自存的性格に加えてそこにサンクションが加わることで、「人間の客体化」が実現される。つまり自分が「役柄」という形で、つまりパターン化されたゲシュタルト的同一態という形で成立している行為図式に従わなかったときには、「退場」が命ぜられ、行為図式にきちんと従う人間が代わりに自身がいた立場に立つという可能性あるいは恐れが、役割行為を主体的に行うのではなく、その行為図式を決して逸脱しないようにそこに従属するという行為の性格を形作る。

ところで廣松はとくに論じていないが、このようなサンクションが成立可能なためには、「役柄」が脱肉化されているだけでなく、それが単純な行為ではないときには、加えて同時にその「役柄」に関わる技能や知識が客観化・脱人格化されている必要がある。例えば第一節のテイラー・システムを検討したところで見たように、技能や知識が特定の個人に属する場合には、容易にその人間を首にすることはできない。工場労働においては、機械と科学的知識がそのような客観化・脱人格化を実現したが、制度的組織においては、システム工学がその役割を果たす[18]。しかしいずれにおいても、技能がより高度になり、知識がより経験の蓄積に依拠するようになればなるほど、そのような技能や知識を身に付けた人間がサンクションに晒される危険は少なくなり、したがって組織の内部での行為の主体性も増す。

これらのサンクションが発動するのは、廣松が述べるとおり、構造的安定性の確保のためであり、結局は、そこにおいて関心が行為を行う人間ではなく、行為そのものに向けられているからである。子供に食事を作るという行為を母親が自身の役割行為とみなして遂行する場合でも、しかしもし母親の体調が悪ければその母親はその役割行為の遂行を、別の形、例えば出前をとるという別の行為に置き換えることもできる。役割行為が主体的に遂行される場合、役割行為は主体によって別の行為に置き換えられることが可能であるが、これに対して制度的物象化が生じる場面では、構造的安定性のために行為ではなくその行為を実現する人間の側が置き換えられるのである。

以上の議論から我々は、「組織の物象化」と「人間の客体化」とが「役柄」の自存化とそれを維持するサンクションという同じ一つの場面において成立する具体的な姿を知ることができる。根本にあるのは、役柄編制態である制度的組織において、人間が代替可能だということである。制度的組織に組み込まれた「役柄」は、それを担う人間の如何にかかわらずに自存するかのようであるから、人々は退場というサンクションを恐れて、決して自身の外に自存する(かのように思われる)行為図式から逸脱することなく、歯車のように組織が要請する(したがって組織を構成する)行為を遂行する。他方で、そのような制度的組織は、それを構成するそれぞれの役割行為を、その行為図式に従う人間ならば誰にでも担わせることが可能であることの帰結として、あたかも行為を遂行する人間から自立して存在するものと捉えられ、人的な偶然性を回避して合理的に安定して機械のように作動することができるのである。比喩的な意味で組織が「機械化」されるのも、比喩的な意味で人間が「人間機械」になるのも、行為する人間ではなく、行為そのものへの関心の集中の下ではじめて生じるのである。この行為への関心の集中の下で、「組織の物象化」と「人間の客体化」は互いに一方が他方を媒介し、互いに一方が他方を実現する関係にあると言える。行為論的な観点から見るとき、まさに物件化の本質はここにあると言えよう。

補論——身体の機能化

以上、「組織の物象化」と「人間の客体化」からなる制度的物象化の問題を主に行為論の観点から検討してきたが、さらにこの問題は行為の基礎となる身体に着目することでよりミクロの観点から考察することもできる。その点を最後に簡単に確認しておこう。役割行為を担うとき、「歯車」となるとき、人は己の身体とどのように向き合うのか、という問題である。

M・フーコーは『監獄の誕生』において、規律訓練(discipline)というテーマの下で、まさに「身体の機能的還元」(19)の問題を論じた。いわば規律訓練とは「役立つ個人を作り出す技法」(SP, p. 212, 212頁)である。しかしまた同時に規律訓練は、「人間の多様性の秩序化(ordonnance)を保障するための技法」(SP, p. 219, 218頁)でもある。身体の規律訓練は身体の機能化と秩序化という二つの目的を持つと理解できる。規律訓練によって身体は有用なもの、つまり機能し得るものとして形成されるのであるが、それは単に機能化されるのではなく、一定の秩序のうちへと機能的に組み込まれる形で機能化されるのである。「規律訓練は、《独房》・《座席》・《序列》を組織化して、複合的な、つまり建築的であると同時に機能的で階層秩序的な空間を作り出す。[…]規律訓練の主要な諸作用のうちの第一のものは、したがって、雑然とした、無用な、もしくは危険な群集(multitudes)を、秩序付けられた多様性へ変える《生きた図表(tableaux vivants)》を構成することである」(SP, pp. 149-150, 152-153頁)。

このような規律訓練された身体が作り出す、そしてそのような規律訓練を要請する秩序の具体的な所在をフーコーは、例えば工場や軍隊のうちに見出した。それはまさしく、我々の言い方で言えば、「組織の物象化」や「人間の客体化」が強く現れる行為領域である。フーコーの議論を通じて我々は、軍隊における兵士たちの一糸乱れぬ行進やあるいは工場における労働者たちの単なる「歯車」のような振る舞いの根底に、というのはつまりゲシュタルト的な同一性とサンクションからなる役割行為とその編制態の根底に、身体の規律訓練という問題が潜んでいることを知ることができる。我々の文脈から見るとき、規律訓練に関するフーコーの議論は、役割行為を通じて実現される制度的物象化の身体論的考察として理解することができる。

さて、ここでもう一つ同様に身体の規律訓練の問題を検討した岡田暁生の研究を参照したい。我々は岡田の研究を通じて、ピアノ演奏の訓練という具体的な問題に即して身体の規律訓練の詳細を知ることができる。岡田によればピアノそしてピアニストはしばしば機械に喩えられる。しかしそのようなピアノに対する理解は、「実は近代ヨーロッパという工業化社会の価値観が作り出した教条にすぎない」[20]のだという。そのような近代ヨーロッパの価値観のなかで、いつしか奏でる音楽ではなく、ピアニストの「技術」が評価の対象となる。一九世紀のピアノ練習曲においては、初期にはまだそれは「楽曲」であったが、「一九世紀も中頃になると、もはや音楽とはいえない、純然たる指体操のドリルが大量に出版されるようになる」(六七頁)。なによりも大事なのはピアノをパワフルにそして均質に弾きこなす指の訓練なのである。

加えて一九世紀には楽器にある変化が起きた。岡田はそれを「鍵盤化(キーボード化)」と呼ぶ。一九世紀になるとフルートやホルン、トランペットなどに「どんどんキーが取り付けられ、唇や指先の感覚による微妙な調整がほとんど不要となって、単なるオン/オフの操作で簡単に楽器が操れるように」(九九頁)なった。ピアノもそうだが、このような機械的な楽器操作と一九世紀の価値観が組み合わさるとき、身体の訓練はオン/オフの二進法的な単純な動作の反復という形を取るのである。しかし岡田の議論で興味深いのは、このような「単純動作の反復による部分の強化ならびに均質化」という「十九世紀のピアノ教育の思考回路の基本構造」を、「体操や兵隊の教練などとも通じる」(一〇一頁)ものとして捉えている点である。

一九世紀のピアノの練習においては「頭を空っぽにし、イチニイチニの号令に遅れないよう、まるで釘を鉄板に打ち込むようにして指を上げ下げする」(一〇六頁)。これは、ちょうど軍隊の教練と同じである。「自然な身体の流れるような動きを単純動作＝指/脚の上げ下ろしに分解し、それを不自然なまでにゆっくりと反復させることで、筋肉を鍛え強化する」(一一一頁)。このような傾向は最終的に、中指および小指とつながった薬指の腱を手術で切り離し、薬指を解放するという「人体改造」にまで行き着く。また、このような訓練はさらに「身体の自動化」をも可能にする。部分へと解体され二進法的な単純動作の反復に精神は必要とされない。そこにおいて身体は「オートマティックな存在」(一四五頁)となる。実際、「十九世紀には多くのピアニストが、譜面台に楽譜の代わりに新聞などをのせ、それを読みながら、ひたすら一日に何時間も音階や分散和音や練習曲をさらうということをやっていた」(二〇六頁)。一九世紀のピアノ学習者の多くは、自分の指が「自動機械」(二〇八頁)になることを望んでいたのである。

さてこのようなピアノを取り巻く一九世紀の動向は何を意味しているのだろうか。岡田の解釈は明快である。それは「身体の管理」を目指していたのである。工場システムや学校制度、スポーツ、軍隊教練に見られるのは、ピアノの訓練に見られるものと同じである。「軍隊／工場において何より求められたのは、司令官／管理者の号令によって一糸乱れぬ動きをするパーツとしての、従順な身体である。[…]ピアノ学習はこの軍隊／工場システムのいわばミニチュアであって、そこで目標とされたのは『管理者としての演奏家』の思うままに動く、パーツ＝兵隊としての一〇本の指だったのである。[…]動く部位は自分の意思を持たないほうが良い。命令を出すのは司令官であり、工場長であり、指揮者であり、ピアニストの『精神』であって、兵隊にも労働者にもオーケストラの楽団員にも指にも人格は要らない。これが十九世紀的アンサンブルというものである」(一八三―一八五頁)。

規律訓練を通じた身体の自動化と人格の排除、これこそが物象化を論じる我々の文脈において重視すべき問題である。興味深いことにフーコーは規律訓練によるこのような身体の自動化を信号化として捉えていた。「規律訓練の師からそれに服従する者への関係は、信号化(signalisation)である。重要なのは指令を理解することではなく、信号を知覚すること、あらかじめ作られた多かれ少なかれ人工的なあるコードにしたがって即座に反応することである。つまり身体を、諸々の信号、すなわちそのそれぞれに一つの必然的な反応しかも唯一の反応が結び付けられている諸々の信号の小さな世界のうちに配置するということである」(SP, p. 168, 168頁)。我々は第一部の第二章第二節において言語の信号化を確認したが、それと同じことがこの身体の規律訓練にも見出される。全体主義言語あるいは広告の言語において、反復が記号の信号化をもたらし人間の思考を自動化したとすれば、身体の規律訓練においては、分解された単純動作の反復のなかで身体が自動化され、コード化された信号への条件反射が身体の主要な振る舞いとなる。この信号化された振る舞いこそが役割行為とその編制態が目指すところである。言い方を換えれば、この身体の自動化のなかで、「組織の物象化」と「人間の客体化」が、したがって「生きた機械」が完成される。身体は意志を放棄させる規律訓練を通じて純粋な器官／機関となる。物象化において我々は身体へ還元されるのではなく、逆説的なことに、身体を喪失するのである。

第二章のまとめ

以上の議論から我々は物象化の社会的モデルを得ることができたと思われる。社会の物象化は二元的な構成をとっている。それは「組織の物象化」と「人間の客体化」である。組織の物象化とは、つまり本来人間の集まりである組織が、人間から自立し、まるで機械のように自動的にそして合理的に作動し、かえって人間が主体性を喪失してそこに従属することになるような事態である。人間の客体化とは、一つには工場などにおいて実際の物理的機械に人間が支配されることを言い、それとの類比から、人間の組織への人間の従属をも意味するものである。我々はこの二元的な物象化を社会の物象化の基本形態として理解することができるだろう。

我々はこの二元的な物象化を説明する統一的モデルとしてＭ・ウェーバーの物件化／脱人格化‐合理化に関する議論を見た。物件化の二つの側面、つまり「人格の如何にかかわらず」と「怒りも偏愛もなく」は、それぞれ組織の物象化と人間の客体化をもたらす原理であった。前者の原理に基づいて、組織はその組織の作動の一翼を担う地位や部署を、それを担う人間には依存させず、一定の資格を持つ者ならばまさに人格の如何にかかわらずその役割を担わせ、それによって人間的偶然性に左右されない安定性を獲得する。この人間的偶然性に左右されない安定性が、あたかも組織が人間から自立して存在しているかのような「組織の物象化」をもたらす。後者の原理は、まさにそのような組織における人間のあり方を規定するものである。組織に属する人間は、まさにこの原理にしたがって、不要な情動を一切排除し、精神なき専門人として、人間機械として職務を全うする。このような組織において人間は同時に、「人格の如何にかかわらず」という原理に則って他者をもその人間的情動を捨象して純粋に機能的なものとして扱う。そのような組織はまさに「人間機械」と「人間機械」の連結によって作り上げられており、その限りでそれは人間から自立し、人間的偶然に左右されない合理的な作動を果たす機械となるのである。

行為論的な観点から見れば、まさにこれらの事態の根底にあるのは、反復行為からのパターンの抽出であり、そのようなパターン抽出の結果構成されたゲシュタルト的同一態としての行為図式の脱肉化であった。重要なのは、この脱肉化のゆえに組織は構造的安定性を獲得すると同時に、この脱肉化のゆえに、その安定性を乱す逸脱行為に対して「退場」というサンクションを発動し得るようになるということである。組織の中心的な作動を担うある役割の知識と技能とがある特定の人物に依存している場合には、サンクションとしてその人間に退場を迫ることはできない。したがって、その人間はある程度の逸脱も許されるのであり、行為に自由の余地が残されることになる。しかし、そうではない場合、いつでも退場を迫られ得る場合、人間はサンクションを恐れて一歩たりとも既存の行為図式から出ようとはしないだろう。その人間は組織に要請されるままの歯車となるのである。役割が脱肉化・脱人格化され、加えて知識と技能が客観化されればされるほど、人間は取替えの利く存在となる。

では我々がこれまで確認してきた物象化の社会モデルによって描かれるような社会は、第一章で確認した「原コミュニケーション」に対してどのような影響を与えるだろうか。第一章ですでに述べたように、A・ホネットは物件化／脱人格化を物象化には含めずに、むしろそこには先行的承認が、より抽象的、匿名的な形においてではあるが、翻訳されていると考えた。また、これに対して、私は批判を展開した。そこでも述べたが、問題は物件化／脱人格化された社会において先行的承認あるいは原コミュニケーションが、見通せるか否か、接近可能であるか否かであり、物件化／脱人格化された社会に「承認感受性がある」か否か、我々の言い方で言えば「原コミュニケーション感受性がある(urkommunikationssensitiv)」か否か、という解釈をめぐる問題である。

ホネットが物件化／脱人格化された社会に承認感受性があると考えたのは、そこでは法的承認、あるいはもっと一般化して言えば、主体としての権利が保障されているからである。しかし物件化／脱人格化と法的承認は必ずしもイコールで結ばれるわけではない点を第一章第三節ですでに確認した。そこでは、そのようなホネットの解釈に代えて、物件化／脱人格化は物件のみを見ており、人格に対する「無関心」をもたらすという点を主張したのであった。いまやその具体的な側面を考察すべき段階である。

しかしそれにさきだって、物象化をやはり忘却という概念によって規定したP・L・バーガー／T・ルックマンの議論について少し触れておこう。バーガー／ルックマンは物象化を、人々が自分が自身の社会の作者であることを忘れている状態と規定した。他方でまた物象化を客観化の極端な段階と規定した。これらを言い換えれば、バーガー／ルックマンは、まず物象化を客観化と等置していない。客観化が極端な状態に至ったときに物象化となるのであって、そしてその極端な段階とは、つまりそこにおいてそれが本来人々の社会的実践によって生み出されているということが忘却されている段階である。もちろんバーガー／ルックマンは先行的承認や原コミュニケーションに類したことは語らない。しかし議論の構成としては、客観化が自身の成立の根拠を忘れるときに物象化が生じると述べている点に、我々はホネットの議論との類似性を指摘できるだろう。もちろん相違もあって、ホネットでは基本的には人間の物象化が問題になっていたのに対し、バーガー／ルックマンの議論では社会の物象化が関心の対象であった。しかし、我々が本章の物象化の社会的モデルで確認したように、組織の物象化と人間の客体化がいわばセットだとしたら、バーガー／ルックマンの議論も、同じ忘却の問題を人間の側からではなく社会の側から捉えているとも言えるのである。さて、この点は我々のこれまでの議論にとくになにか変更をもたらすものではない。しかし、この議論は客観化即物象化ではないという点について思い出させてくれるだろう。

本題に戻ると、私は、物件化／脱人格化も物象化に深く関わると主張するし、本章ではそのような観点から議論を展開してきた。しかし、ではどのような点に我々は「承認・原コミュニケーションの忘却」を見ることができるだろうか。言い換えれば、我々が確認してきた物象化の社会的モデルのどの側面に、単なる客観化ではなくいわば忘却的客観化としての働きを見出すことができるだろうか。最大の要因は物件化／脱人格化と合理化との接合にあると私は考える。

役割が脱肉化される事態は、中立的であると言える。つまり無害な単なる客観化ということも可能であると思われる。例えば子供が母親の普段の行動からある一定のパターンを抽出して、それを脱肉化して母親から分離し、その取り出されたゲシュタルト的同一態に自身の行動を当てはめることで、ママゴト遊びをするとしても、そのとき子供はなにか自身の主体性を放棄してその役割行為を行うわけではないし、そこにおいてはその役割図式のもととなった母親との結び付きは維持されている、あるいは同一化によってかえって強まっているとも言える。そこではいまだ行為ではなく行為者が関心の対象である。しかし、物件化／脱人格化された役割行為が合理化と結び付くときに、関心は行為者から行為そのものへと移っていく。というのも合理性にとって重要なのは行為の所産だからである。合理性つまり計算可能性の確立のためには、つねに計画に従った一定の所産あるいは成果が提出されなければならないのであって、そのような一定性がなければ、例えば電車が定刻どおりに来ないのであれば、我々の計画は崩れ、意味のない無益な時間浪費を強いられるのである。計算可能性を維持するためには、組織の安定的動作が重要なのであって、その組織の安定化のために行為者ではなく行為そのものに関心が向けられるのである。つまり、時間どおりに電車が来てくれさえすれば、運転手は誰でもいいのである。このような合理化の圧力の下で、物件化／脱人格化は関心が行為者ではなく行為そのものへ向けられるのを助けるのであって、つまり人格への「無関心」を醸成するのである。このような無関心の下で我々は、ある社会的コミュニケーション場面において関わる他者に対して、そのように顔を向き合わせてコミュニケートできている――たとえそれは物件化されているとしても――限りはそこに前もってあったはずの承認あるいは原コミュニケーションへの注意を減退させてしまうのである。

それはつねに主観的な注意の減退である必要はない。客観的な、したがって組織によって行われる行為要請(役割期待)に埋め込まれた形の注意の減退、もっと簡単に言えば注意の減退が客観的に要請されており、原コミュニケーションに対して客観的に接近不可能であるという形態でも同じことである。いずれにしろ、これらの点から私は、合理化をまさしく物象化の重要な構成契機であると考える。したがって、少なくとも合理化の圧力の下にある限り、物件化／脱人格化された社会的関係の領域は「承認・原コミュニケーション感受性」を失っているると、したがって物象化され、物象化させるものだと結論することができるだろう。

（1）　G. Lukács, *Geschichte und Klassenbewußtsein*, in: ders., *GEORG LUKÁCS WERKE*, Bd. 2, Luchterhand, 1968, S. 356. G・ルカーチ、城塚登・古田光訳、『ルカーチ著作集9　歴史と階級意識』、白水社、一九六八年、三〇八頁。以下GKと略記し文中に頁数を示す。

（2）　R・ダンネマンによれば、ルカーチによるマルクスとウェーバーの接合には、同時にG・ジンメルの議論による媒介を見る必要がある。「ルカーチはマルクスの価値理論をジンメルの還元テーゼの翻案によって暗黙裡に改作した。これに基づいてはじめて、ルカーチはウェーバーの合理化概念をそのように積極的に受容することができるのである」。R. Dannemann, *Das Prinzip Verdinglichung*, Sendler, 1987, S. 95.

（3）中川誠士、『テイラー主義生成史論』、森山書店、一九九二年。以下「生成」と略記し文中に頁数を示す。

（4）例えば、「Winchester Repeating Arms Company では、一八八六年に研究所が導入されるまで、起爆剤の調合(priming mixture)とその生産は、熟練労働者でもあった雷管部門の職長に任せられていた。彼は新しい調合法を見つけ出すために実験を繰り返し、その結果と処方を『小さな汚れた帳面』に記録した。それゆえに『この知識を利用できるものはその職長だけであり、彼はその知識を厳密に守った』ので、上級管理者は彼をどうしても解雇することができなかったという」（生成、五八頁）。

（5）M. Weber, *Gesammelte Aufsätze zur Soziologie und Sozialpolitik*, J. C. B. Mohr, 1924, S. 413. 中野敏男は、この言葉を含んだ一節全体を、ウェーバーにおける官僚制批判の論理が集約的に現れたものとして紹介しているので参照されたい。中野敏男、「社会のシステム化と〈人間〉からの問い」（『システムと共同性——新しい倫理の問題圏』、昭和堂、一九九四年、所収）。

（6）M. Weber, *Gesammelte Politische Schriften*, 2., erw. Aufl., J. C. B. Mohr, 1958, S. 320. M・ウェーバー、中村貞二・山田高生訳、「新秩序ドイツの議会と政府」、『政治・社会論集』、河出書房新社、一九八八年、三二九頁。

（7）M. Weber, *Wirtschaft und Gesellschaft*, 5., rev. Aufl., Halbb. 2., J. C. B. Mohr, 1976, S. 671. M・ウェーバー、世良晃志郎訳、『支配の社会学II』、創文社、一九六二年、四六五頁。

（8）M. Weber, *Wirtschaft und Gesellschaft*, Halbb. 2., S. 675.『支配の社会学II』、四八一頁。

（9）M. Weber, *Wirtschaft und Gesellschaft*, Halbb. 2., S. 563. M・ウェーバー、世良晃志郎訳、『支配の社会学I』、創文社、一九六〇年、九三頁。

（10）M. Weber, *Wirtschaft und Gesellschaft*, Halbb. 1., J. C. B. Mohr, 1976, S. 129. M・ウェーバー、世良晃志郎訳、『支配の諸類型』、創文社、一九七〇年、三〇頁。

（11）M. Weber, *Wirtschaft und Gesellschaft*, Halbb. 2., S. 562.『支配の社会学I』、九三頁。

（12）このような問題を社会学的な観点からうまく描き出したものとして以下を参照のこと。A. R. Hochschild, *The Managed Heart: Commercialization of Human Feeling*, University of California Press, 1983. A・R・ホックシールド、石川准・

室伏亜希訳、『管理される心――感情が商品になるとき』、世界思想社、二〇〇〇年。

(13) 廣松渉、『存在と意味　第一巻』(『廣松渉著作集　第十五巻』)、岩波書店、一九九七年、二二―二三頁。以下「存在1」と略記して文中に頁数を示す。

(14) 二肢的二重性は、行為にのみ関わるものではない。例えば役割行為が遂行される「ゴッコ遊び」においては、子供が父親役、母親役を遂行するというだけでなく、木の葉を皿、砂をご飯と見立てて遊んだりする。この「見立て」もまた二肢的二重性によって成立するものである。さらには、この二肢的二重性は、音声与件Aを意味Bとして捉える言語活動においても生じているのであって、その意味では二肢的二重性は人間の象徴化能力の基本的な現れである。

(15) 廣松渉、『役割存在論』(『廣松渉著作集　第五巻』)、岩波書店、一九九六年、二三二頁。以下「役割」と略記し文中に頁数を示す。

(16) 廣松渉、『存在と意味　第二巻』(『廣松渉著作集　第十六巻』)、岩波書店、一九九七年、四一七頁。以下「存在2」と略記し文中に頁数を示す。

(17) 廣松はこの正負のサンクションに「褒賞‐許容‐委棄‐懲罰」(存在2、四三五頁)というスペクトルを設定する。

(18) システム工学による技術と知識の客観化・脱人格化については、NASAを事例にして具体的に論じた以下の著作が興味深い。佐藤靖、『NASAを築いた人と技術　巨大システム開発の技術文化』、東京大学出版会、二〇〇七年。佐藤は次のように述べている。「(テイラー・システムにおける――見附)科学的管理法もシステム工学も、大事業を要素単位に分割し、合理的な分業を目指すものであるという点で共通している。また双方とも工程を脱人格化し、個別の人的・社会的事情に左右されない業務実施体制の構築を目指した。テイラーの信条は『これまでは人間が第一であった。これからはシステムが第一でなければならない』であったが、システム工学の基本的な考え方も同様であった。人的次元の排除を志向し、形式化され規格化された手続きが用いられた」(二四六頁)。

(19) M. Foucault, *Surveiller et Punir, Naissance de la Prison*, Gallimard, 1975, p. 166. M・フーコー、田村俶訳、『監獄の誕生――監視と処罰』、新潮社、一九七七年、一六七頁。以下SPと略記し文中に頁数を示す。

(20) 岡田暁生、『ピアニストになりたい!　19世紀　もうひとつの音楽史』、春秋社、二〇〇八年、v頁。以下文中に頁数を示す。

第三章　モノローグと距離化——物象化の記号的モデル

第一節　バフチンの物象化論

この節では第一部第二章第二節で検討したＭ・Ｍ・バフチンの物象化論を引き続き検討する。ただしここでは主に人間学的な観点から展開されたバフチンの物象化論が関心の対象となる。しかし、バフチンのこの人間学的物象化論は同時に、物象化論の記号的モデルを得るための基本的な前提を形作るものとして読むことができる。というのもバフチンはまさにその人間学的物象化論を小説という象徴秩序に現れる主人公のあり方として描くからである。この点を踏まえることで我々は、第一章で確認した原コミュニケーションの議論と本章で検討する物象化の記号的モデルとの関連をうまく示すことができるようになる。しかし、まずはバフチンの思想において人格とモノという物象化論を構成する基本的カテゴリーがどのように理解されていたかを確認することから議論を始めよう。

一　バフチンの対話理論における人格とモノの概念

『バフチン著作集』の編者はバフチンの論考「人文科学の哲学的基礎について」に付した注のなかで、ごく簡単にだが、バフチンの思想における人格とモノの概念に言及している(1)。実際、この論考は人格とモノという概念の対置が端的に現れているバフチンの人文科学の方法論の一部である。しかしここでは、この人格とモノという概念が、人文科学の方法論上の問題に関わるものである以前に、バフチンの対話理論全体の構成上の前提に深く関わる基本的な概念である点に着目したい。その際に重要な意味を持ってくるのが「物象化(овеществление)」という概念である。

バフチンの対話理論の全体像はその主著『ドストエフスキーの詩学の諸問題』において示されているが、バフチンはこの著作において目指したところを次のように述べている。

ここで強調しておくべきだが、形式面においても内容面においても、ドストエフスキーの全創作の主要なパトスは、資本主義という条件下における人間および人間関係、さらにはあらゆる人間的な価値の物象化との戦いである。[…]この用語こそまさに、彼の人間のための闘いの深い意味合いをもっともよく表すものである。ドストエフスキーはその優れた洞察力によって、同時代生活のあらゆる時点で、人々の思考の根底に至るまで、この人間の物象化的価値剥奪の作用が貫いている様を見抜くことができたのである。[…]繰り返して言うが、ここで我々にとって重要なのは、彼の批判の抽象的・理論的側面でもなければその時評ジャーナリズム的な側面でもなく、人間を解放し脱物象化しようとする彼の芸術形式の意味なのである。

このようなわけで、ドストエフスキーのポリフォニー小説における主人公に対する作者の新しい芸術的立場とは、すなわちひたむきに実践され、とことん推し進められた対話的立場であり、それは主人公の独立性、内的な自由、未完結性と未決定性を承認するのである。作者にとって主人公とは《彼(он)》でも《我(я)》でもなく、価値ある《汝(ты)》つまりもう一人の完全な権利を持つ他者の《我》なのである(《汝あり(ты еси)》)。(2)

この記述から、バフチンの対話理論が考察の対象にしているのは「汝」つまり「他者の我」の問題であることが分かる。「物象化」という概念はこのような対話の概念に対置されるものである。この点を同じく『ドストエフスキーの詩学の諸問題』における以下の記述によって確認しておこう。

しかし他者の意識というものは客体として、モノとして観察し、分析し、定義するわけにはゆかない。可能なのはただそれらと対話的に交流することだけである。他者の意識について考えるとは、すなわちそれらと語り合うことである。さもなければそれらはすぐさまこちらに客体的な側面を向けてよこすだろう。そして沈黙し、自己を閉ざし、完結した客体的な姿に凍りついてしまうだろう。ポリフォニー小説の作者は、極度に張りつめた大いなる対話的能動性を要求される。それが弱まるやいなや、すぐさま主人公たちは凍りつき、物象化され、小説中にモノローグ的に形式化された生の断片が出現することになる。(3)

また『ドストエフスキーの詩学の諸問題』以外の様々なテクストにもこのような見解のバリエーションを見ることができる。基本的にバフチンは物象化を、「人格としての人間(человек-личность)を貶める」(4)行為とみなしている。それは、「死せるモノ、物言わぬ素材に対する能動性」、つまり「非 - 意味的な論拠によって他者の声を完結させ、物象化し、因果論的に説明し、死滅させ、抑圧する能動性」[5]の下に遂行される。しかし本来、「人格は客体的認識に服さず(それに抵抗し)、ただ自由に対話的に(《我》にとっての《汝》として)開示される」[6]のである。

以上の点から、バフチンの対話理論の基本的な構図は明らかになっただろう。人格はただ対話という形式を通じてのみ「汝」として示されるものであり、そこにおいてのみその独立性や内的な自由が承認される。そしてそれに対して、人格を、つまり汝をいわば単なる客体として、モノとして扱うような物象化が批判されていることが分かる。バフチンの対話理論の根底にはこのように人格とモノという二つの概念の対置とそこに立脚した対話と物象化という概念の対置が見出されるのである[7]。

以上の議論を踏まえたうえで次のような記述を見れば、人文科学に対するバフチンの見解が右に我々が確認したような対話理論の基本的な前提から派生したものであることが分かる。「精密科学というものは知識のモノローグ形態である。知性がモノを観察し、それについて意見を述べる。そこにあるのはただ一人の主体、認識者(観察者)であり、語り手(陳述者)である。それに対置されるのは声なきモノのみである。認識の客体はどのようなものであれ(人間も含めて)、モノとして知覚され認識され得る。だが主体それ自体は、モノとして知覚され研究され得るものではない。なぜなら主体としての主体が、主体でありながら声なきものになることなどできないからである。したがって、それの認識は対話的でしかあり得ない。ディルタイと理解の問題。認識行為の様々な活動性。声なきモノを認識する活動性。他の主体を認識する活動性すなわち認識者の対話的活動性。認識される主体の対話的活動性とその度合い。認識の境界としてのモノと人格(主体)[8]」。ここでは自然科学と人文科学の本質的な違い、とりわけバフチンの対話理論の観点から見たときのその相違が述べられていると理解できる。人文科学とは、いわば人格としての人間(とその所産)に対して人間が構成する学問である。そこにあるのは人格と人格との関係であって、認識主体と声なきモノとの関係ではない。したがって、バフチンにとって、人文科学は人格に対するものとして対話的活動によって構成されるべきものなのである。構造主義（Ю・М・ロートマンに代表される）についてバフチンが、「構造主義にはただ一つの主体、研究者自身の主体しかいない[9]」と言うとき、おそらくバフチンは、人文科学であるはずの構造主義がモノを対象にするかのようなモノローグ的な態度を取っている点を批判していたのだろう。しかし、ここではこの人文科学の方法論の問題をこれ以上検討することはせず、バフチンのドストエフスキー論とそこで展開された対話理論において人格とモノ、対話と物象化が問題にされていたことの確認をもって議論を次の段階に進めたい。

二　バフチンの対話理論における存在論的前提

バフチンの哲学に第一章で論じた「原コミュニケーション」の理論と比較し得るものがあるとしたら、それは一つにはすでに見たバフチンもやはり用いる「我‐汝」の概念であり、もう一つは、そのバフチンにおける「我‐汝」概念のいわば前提をなすとも言える「責任」という理念である。ここではとくにこの「責任」の概念について考察しようと思うが、ただしこの概念の意味を知るためには、バフチンの初期哲学全体の概略を描いておかなければならない。

Ａ・ホネットは繰り返し「関与」あるいは「実存的関わり」ということを強調したが、バフチンもまた「関与（причастность）」（あるいは「参与（участность）」）を強調する。これは誤解を恐れずに言えば、初期バフチンの生の哲学的、実存哲学的な側面に関わる概念である。

バフチンは一般に二項対立的な思考法を取ることが多いが、初期の論考「行為の哲学によせて」においてもやはり、「文化の世界」と「生の世界」という二つの対立項を設定することで、ある種の理論的な客観主義への批判を展開している。前者は、「客観化された領域[10]」であり、「そこにおいて我々の活動・行動が客観化される世界[11]」である。それは「抽象理論の独自の法則を持った世界[12]」であり、「個としての責任を持った能動体としての我々は、そこにはもはや存在しない[13]」。これに対して「生の世界」とは、「我々が創造し、認識し、観察し、生き、そして死んでゆく唯一の世界[14]」であり、「行為がただ一回、現実に生じ遂行される世界[15]」である。最初期の論考「行為の哲学によせて」においてバフチンはこれらの間、つまり「文化の領域という客観的な統一と、体験される生という反復不可能な唯一性[16]」との間が没交渉であることを批判の対象としている。つまりバフチンは客観的な要素がまったく無意味だと言っているのではなく、それらが生の世界と交渉を持たずに自己完結し、存在の出来事の内に参与していないことを批判しているのである。それに対して、バフチンは「行為」こそが、存在の出来事、「現実のただ一つの生成[17]」への「関与」あるいは「参与」を可能にし、それ自身としての正当性を持つ抽象的な理論と我々がそこで生きる生の出来事とを媒介し、統一する原理になると考えている[18]。

このような「関与」の概念によってはじめて、「存在におけるアリバイ(不在証明)のなさ」という唯一性に基づいた存在論的な概念が現れ、それがバフチンの行為の哲学において重要な位置を占める「責任(ответственность)」の概念と関連付けられることになる[19]。しかし、この点を検討するためには、さらにもう一つのバフチンの初期哲学における重要な理念を理解する必要がある。それは「外在性(вненаходимость)」の理念である。「関与」の理念と「外在性」の理念の関係は、人間のあり方について述べたバフチンの次の記述のうちに述べられている。「私もまた、唯一の反復不可能な仕方で存在に関与しているのであり、唯一の存在のうちに、唯一の反復不可能な、代替不可能な、他者には入り込むことのできない位置を占めている。私が現在いるこの唯一の地点には、唯一の存在が持つ唯一の時間と空間の内にある他の何人も存在することはない。そしてこの唯一の地点のまわりには、あらゆる唯一の存在が、唯一の反復不可能な仕方で配置されている。私によって遂行され得るものは、何人によっても決して遂行され得ないものである。この現に在る存在の唯一性は、有無を言わさずに責任を負わされている(обязательный)。行為のまさに具体的で唯一の当為の基礎にある、存在における私のアリバイのなさ(не-алиби)というこの事実[…][20]」。ここでは個に定位した視点から存在が描かれていることが分かる。しかも単に存在の個別性ではなく、自身の肉体とともにそこに存在する一個の人間存在の代替不可能性、唯一性が描かれている。とくに「反復不可能」という言葉は時間的・歴史的唯一性を、「代替不可能」という言葉は価値的唯一性を、「他者には入り込むことのできない位置」という言葉は空間的な唯一性を意味している。この唯一性が「外在性」という理念の根拠の一つである。自身の立場には唯一自分だけが存在しており、誰もそこに同時に存在することはないのであるから、他のすべての人間は自身の外に存在していることになる。この点を、やはり最初期に属する論考「美的活動における作者と主人公」の記述のうちに確認しておこう。「いかなる他人に対してもつねに保たれる、私の視野、知識、所有のこの余剰は、世界における私の位置の唯一性と代替不可能性に起因する。そのとき、その状況の総和においてその位置には、唯一私だけが存在するのだから、他の人々はすべて私の外にいる[21]」。これが存在論的な文脈におけるバフチンの人間理解の基本的な立場である。

以上の議論をまとめると、人間はそれぞれ存在の出来事に関与し、そのうちに自身の唯一の場所を占めており、それゆえにそれぞれがそれぞれに対して外在しているということになる。このように「関与」と「外在性」はバフチンの初期哲学の存在論的な議論において重要な契機をなしている。

三　関与と責任

バフチンの言う「責任」は、まさに以上見てきた存在論的な前提に基づく理念である。存在の出来事への「関与」は、「存在におけるアリバイのなさ」という唯一性に基づいた一つの事態をもたらし、それが「責任」の根拠となっている。存在への関与において、したがって行為において、私はその唯一性に根拠付けられた責任を、つまりそのときその場所でその行為を遂行し得るのは私しかいないという責任を負わされているのである。例えばバフチンは次のように述べる。「私が存在における私の唯一の位置からたとえば他者を見、知り、その者について考え、その者を忘れないということ、あるいはその者が私にとっても存在しているということ――私だけが、そのとき存在の全体のなかでその者のためにこれを為し得る。それは、私の内部における実際的な体験の活動であり、その他者の存在を補完する、絶対的に有益で新たな、私にのみ可能な活動である。唯一の活動のこの生産性こそが、その活動における当為の要因である。当為がはじめて可能であるのは、唯一の人格の存在という事実がその内側において承認されている場合、この事実が責任ある中心になっている場合、私が自身の唯一性に対する、自身の存在に対する責任を引き受ける場合である[22]」。バフチンの言う責任とは、いわば存在の出来事に関与あるいは参与し、そこに自身の唯一の立場を占める人間が、まさにそのような代替不可能な唯一のものとして、つまり存在のなかでアリバイ(不在証明)を提示するのではなく、一個の実存として自己を引き受けるものとして他者と向き合うときに必然的に要請される理念、今日の言葉で言うならば、いわば一種の存在論的、現象学的倫理の理念である。

またここで「責任ある中心」といわれるのは、抽象的な意味での中心ではなくいわば価値的な中心である。バフチンは次のように述べている。「あらゆる考え得る空間的そして時間的諸関係は、能動的な出発点である世界における私の唯一の位置との関連のうちに、価値的な中心(ценностный центр)を獲得する。[…]私の能動的な唯一の位置は、ただ単に抽象的に、幾何学的な中心であるのではなく、世界の存在の具体的な多様性の中心、責任を伴う情動的‐意志的な(эмоционально-волевой)、具体的な中心なのである。[…]もし私が、存在への私の唯一の関与の出発点であるこの中心を抽象するならば、しかも単にその関与の内容規定（空間的‐時間的規定など）だけでなく、その関与が情動的‐意志的に、実際に承認されているということをも抽象するならば、不可避的に世界の具体的な唯一性と有無を言わさぬ現実性とが崩壊し、世界は、抽象的‐一般的な、ただ可能的であるだけの諸契機と諸関係へと、つまりまさに可能的なだけの、抽象的‐一般的な統一へと還元され得るような諸契機と諸関係へと分解される」。そのような統一とは、いわば「非時間的、非空間的、非価値的な、抽象的‐一般的諸契機のシステム的統一[23]」である。このような点から見ても、ここでバフチンが述べている関与が、まさに客観化された世界理解と対置される実存的な意味を持った関与であることが分かる。

我々は以上のような初期バフチンの議論のなかに、一つの原コミュニケーションの議論を見ることができるだろう。客観化された世界において他者を対象化するのではなく、まさに自身が「生の世界」へ、「存在の出来事」へ関与・参与し、代替不可能な唯一のものとして、同様に存在のうちに代替不可能な唯一の位置を占める他者と向き合い、自己の責任を引き受ける「情動的‐意志的な」実存的関係が論じられていた。これらの点から我々は、初期バフチンのこのような議論を、第一章で検討した原コミュニケーションをめぐる一連の議論につなげることができる。もちろん、第一章で扱った一連の議論とまったく同じ議論だと言うのではない。そうではなく、ただ第一章で扱った一連の議論と同様に、一つのテーマ、つまり非物象化の人間学的モデルに対して独自の視角から有益な議論を提供するものとみなし得るということである。

しかし、バフチンの特徴とその固有の意義は、まさにこのような一つの原コミュニケーションの要請を、記号論的な対話理論へと発展させた点にあり、同時にその過程で、いわばそのような原コミュニケーションが断絶される物象化の一つの様相を、やはり記号論的対話理論の観点から描いたという点にある。我々が、本節において注目するのは、まさにこれらの点である。

四　初期美学のモノローグ性

ところで、この「行為の哲学によせて」における存在論的な前提は、さきの引用に見たように「美的活動における作者と主人公」においても保持されていた。しかし、この「外在性」(およびそれに伴う「余剰」)という存在論的な概念は、「美的活動における作者と主人公」において美学上の構想へと翻訳される過程で、まったく別のものに書き換えられてしまう。この点についても、ここで確認しておこう。というのもこの初期美学において展開された議論は、バフチン自身がそのドストエフスキー論以降に批判の対象とすることになるモノローグ小説そのものを構成するものだからである。

初期美学におけるバフチンの基本的な見解は、次の言葉のなかに見ることができる。「作者とは、主人公の全体や作品の全体、作品の個々の要因に対して外在的な完結された全体を、緊張を持って能動的に統一する者である。[…]作者の意識とは、意識の意識、つまり主人公の意識とその世界とを包む意識である。主人公に対して原理的に外在的な諸要因によって、主人公の意識を包み、完結させる意識なのである[…]。作者は、それぞれの主人公が個別に、また主人公全員が同時に見、知ることのすべてを見、知っているばかりではない。かれら以上に見、知っているのである。そのうえ、作者は主人公たちには原理的に知り得ない何かを見、知っている。そしてまさに、それぞれの主人公に対する、作者の視野と知識とのこのつねに確固とした一定の余剰のうちに、主人公の全体と彼らが共にする生の出来事の全体、つまり作品の全体を完結させるすべての要因がある」(24)。ここで「外在性」は「完結」という美学上の作業を実現させる条件として規定されている。バフチンは、主人公とその生の出来事に対して外在する位置からそれらを完結させる作者の特性を、「作家の神性」(25)とも呼んでいた。「存在に対して超越的な(надбытийственный)作者の能動性——これが現にある存在に美的な形式を付与するための不可欠の条件である」[26]。

しかし、ここに見るような「外在性」の規定には、さきに確認した外在性(つまり相互的な外在性)と決定的に異なる点がある。それは、ここに述べられる外在性と余剰が、まさに相互的なものではないということである。つまり外在し余剰を持つのは作者だけなのである。美学的構想においては、主人公とその生の出来事を完結させるために、作者はそれらに外在し、しかも作者一人だけがいわば超越的に外在し、その一方的な余剰をもってすべてを見渡すと理解されているのである。であるとすれば、その限りで、我々はこのような非相互的、非対称的な外在性を「モノローグ的外在性」と呼ぶことができるだろう。ここで述べられる美学上の構想としての「外在性」は、「超越的」立場からの「完結(завершение)」という概念と不可分のものである。もちろん小説という芸術作品の創作という観点から見れば、このような非相互性、つまり作者の一方的な外在性はあたりまえのことのように思われるかもしれない。しかし、ドストエフスキー論においてバフチンは、ドストエフスキーが取る新しい作者の立場を、このあたりまえと思われるものを覆すものとして理解しているのである。この点を、「モノローグ的外在性」と「ポリフォニー的(ディアローグ的)外在性」に関するバフチンの議論に沿って確認しよう。

五　モノローグ的外在性とディアローグ的外在性

バフチンは自己と他者の関係を、その最初期から一貫してもっぱら小説論という形で作者と主人公の関係として描く。とりわけそれはドストエフスキー論において展開されたのであるが、ドストエフスキー論の改訂のためのメモ書きのなかで、バフチンは次のように述べている。

他者と融合するのでなく、外在性という自身の立場とその立場に結び付いた視野と理解の余剰を保持する。しかし、ドストエフスキーがこの余剰をどのように用いるか、という点に問題がある。物象化と完結のためではない。この余剰のもっとも重要な契機は、愛[…]さらには承認、赦し[…]、結局は、単純に能動的な(模写的でない)理解、聞き取られること。この余剰は決して待ち伏せとして、回り込み背後から襲う可能性として用いられるのではない。この開かれた誠実な余剰、他者に対して対話的に開示される余剰、本人不在の言葉ではなく呼びかけの言葉によって表現される余剰。すべて本質的なものは対話において開かれており、顔と顔が向き合う形に置かれている。(27)

ここで重要なのは、「外在性」や「余剰」という概念がもたらす結果として二つの可能性が挙げられていることである。一つは「物象化と完結」、「待ち伏せ」、「本人不在の言葉」などと表現されている。もう一方は、「愛、承認、赦し」などであり、「対話的に開示される余剰」をもって「顔と顔が向き合う」こととされている。この二つの可能性は、バフチン自身の言葉を使って、「モノローグ的外在性」と「ポリフォニー的(ディアローグ的)外在性」と規定することができる。やはり改訂のための草稿のなかに、我々は次のような記述を見ることができる。

人間の形象に対する作者の基本的な立場は、外在性の立場である。作品全体の統一も、その芸術的な完結(思想的な完結、および他のあらゆるもの、例えばテーマ上の解決、プロット上のおよび構成上の完結性、様式上の統一)も、内的および外的な外在性のこの包括的な立場からだけ与えられる。[…]ポリフォニー小説における作者の新しい対話的な立場は、作品の統一、その一体性と完成性――なるほど、それは新しいより複雑な種類ではある――を破壊することはない。というのも、主人公に対する距離と作者の外在性は十全に保たれるからである。しかし、この外在性(そしてまた主人公に対する、作者の視野と知識におけるしかるべき余剰)の内容が、そしてなんといってもその機能が変化する。［…］モノローグ的外在性とポリフォニー的(ディアローグ的)外在性の根本的な違いを、ちょっとした対比的な分析によって説明してみよう。人々が死ぬとき、トルストイの関心を引くのは死それ自体ではない。死が彼の関心を引くのは、生全体の結論として、最終的な特徴付けとしてである。［…］死は危機を解決することはない。死は人生の伝記的な諸々の点(誕生、幼年時代、少年時代、青春、結婚、子供、死)を終わらせるか、あるいは中断する。ドストエフスキーは人生の諸々の伝記的な点をそのように知ることはない。ドストエフスキー自身は自分自身について語った(私が人生を始めているのかあるいは終えているのかを私は知らない)。ドストエフスキー自身に対してこのことが正しいかどうかは伝記作者が判断し得ることであるが、しかし彼の主人公はつねに敷居の上にいるのである。［…］章の最後で、一つの意識の不可能性を。ここから、対話性。[28]

これは草稿における記述なので説明がやや分かりにくいが、ここで言われているのは、超越的な外在性の立場から死を含めた人生というものを捉えるか、それともそうではなく、死を知らない生の出来事へと参与するかという違いであると思われる。死に対するトルストイとドストエフスキーの態度の比較による外在性の説明は、『ドストエフスキーの詩学の諸問題』において実際に詳しく行われているので、それを見ればバフチンの意図していることがより明確になるはずである。

［…］それぞれに閉ざされた世界を持つこの三者(トルストイ『三つの死』における裕福な地主貴族婦人、御

者、樹木の三者——見附〕は、それらを包含する作者の単一の視野と意識の内において統合され、比較対照され、相互に意味付けられている。この作者こそが、彼らについてすべてを知り、三つの生と三つの死のすべてを比較し、対決させ、評価しているのだ。三つの生と死すべてが互いを照らし合うのはただ作者のみのためであり、その作者は、彼らの外に立ち、彼らを最終的に意味づけ、完結するために自らの外在性を利用しているのである。登場人物たちの視野に比べて、作者の包括的な視野は、巨大な原理的な余剰を持っている。［…］

このようにして、個々の登場人物の生と死を完結する全体的な意味は、作者の視野の中においてのみ解明されるのであり、ひとえに登場人物の一人ひとりに対する作者の視野の余剰のおかげで、つまり登場人物自身は見ることも理解することもできないということのおかげでそれは可能なのである。そこにこそ余剰を持つ作者の視野の、完結するモノローグ的な機能が存在する。（傍点による強調はバフチン、傍線による強調は見附）(29)

ここではトルストイの立場が、モノローグ的外在性として、つまり外在性を「作者のみのために」「利用する」立場として描かれている。したがって、「トルストイのこの短編は、多次元的であるにもかかわらず、ポリフォニーも対位法（我々が言う意味での）も含んでいない」(30)とバフチンは判断する。ここでは明らかに、初期美学において自身が語っていたところの作者の立場が、モノローグ的なものとして理解されている。

ではこれに対置されるところのドストエフスキーの立場を、バフチンがどのように理解しているかを見てみよう。もしドストエフスキーがこの短編を書いたならばという仮定のうえでバフチンは次のように述べる。ドストエフスキーは「作者である彼自身が見て知っている重要な事柄を全部、主人公たちに見せ、認識させせたであろう。

そして自分のためには（求むべき真実の観点から見て）本質的な作者の余剰をまったく残さなかっただろう。彼は地主貴族夫人の真実と御者の真実とを顔と顔が向き合う形に引き寄せ、両者を対話的に関わらせるだろう。［…］そして自身も両者に対して対等な対話的な立場を取ることであろう。作品は大きな対話として構成され、作者はその対話の組織者かつ参加者として登場し、自分に最後の言葉を留保することはしないであろう」(31)。これが「ドストエフスキーのポリフォニー小説における、主人公に対する作者の新しい立場」(32)である。さきの引用（一九四頁、注27）において述べられたのは、まさにこのような新しい立場における外在性の様態にほかならない。

以上の議論をここでまとめておこう。「外在性」という理念は、バフチンの初期から後期にかけて一貫して保持されている。その理念は初期の思想においてすでに、「行為の哲学によせて」において展開された存在論的な前提から導出される「相互的な外在性」とでも呼ぶべき意味と、「美的活動における作者と主人公」において美学上の理念として提起された「モノローグ的外在性」とでも呼ぶべき意味との二つの意味合いを有していた。しかし、バフチンは後には、初期美学で述べたような「外在性」をモノローグ的なものとみなし、ドストエフスキーの作者としての立場のなかに新しい「外在性」、つまり「ポリフォニー的（ディアローグ的）外在性」を見出した、と言えるだろう。ここに我々はバフチンの小説論におけるモノローグからディアローグへのアクセントの移動を見ることができる。この「ポリフォニー的（ディアローグ的）外在性」という理念は、「美的活動における作者と主人公」における美学的な理念ではなく、「行為の哲学によせて」における存在論的な理念（さきに便宜的に特徴付けたところの「相互的な外在性」）を発展させたものと見てよいであろう。というのも、存在の出来事がただ一つの超越的な外在性の立場から捉えられるのではなく、それぞれがそれぞれの唯一の立場から固有の余剰とともに向き合う相互的な外在性においてはじめて、ポリフォニーをなす多元的な構造が可能となるからである。したがって、バフチンの対話理論には、初期美学における「超越的」立場からの「完結」ではなく、初期の行為の哲学における「関与」(「参与」)の理念の方が受け継がれたのである。初期美学において、存在を超越しあたかも神のような位置にいた作者は、ポリフォニー小説においては地上に降り、主人公に対して対話的に応答することで「《大きな対話》[33]」に参与する。作者はたしかに小説の創作者である。しかしポリフォニー小説においては同時に「作者もまた対話の参加者にすぎない[34]」のである。

六　人格の内的な未完結性

以上の議論から、バフチンがその初期哲学において述べていた実存的関係性の理念が、その小説論とりわけドストエフスキー論において一つの対話理論として展開されていることが明らかになっただろう。

ところで、冒頭の引用で確認したように、バフチンは主人公の、つまり作者にとっての他者の「独立性、内的な自由、未完結性と未決定性」は、それに向き合う作者が対話的立場に立つことによってのみ承認され、他方で小説のモノローグ的構成においては、主人公は「沈黙し、自己を閉ざし、完結した客体的な姿に凍りついてしまう」と述べていた。つまり「ポリフォニー小説の作者」の「対話的能動性」が弱まるならば、「すぐさま主人公たちは凍りつき、物象化され、小説中にモノローグ的に形式化された生の断片が出現することになる」と。他の引用では「完結」と「物象化」が並列されていたことも思い起こされよう。バフチンにとって物象化とは、なによりもまず、内的に未完結な人間のあり方が外部から、いわばモノローグ的に完結されてしまうことを意味していたと言える。

ここには二つ目の意味での実存的性格がモノローグに対置されているのを見て取ることができる。第一の意味が、さきに見た世界における外在性に由来する人間存在の唯一性、代替不可能性という存在論的な側面を示すものだとしたら、第二の意味は、主観性と内的な超越という意識性の側面を示すものである[35]。バフチンの議論において、そのような人間の内的な未完結性、あるいは完結不可能性を根拠付けるのは、まさしく「自分にとっての私」という自己意識の形態である。バフチンは次のように述べる。「自分にとっての私は、外界にすっかり属してはおらず、私の内にはつねに、私が外界に対置することのできる何か本質的なものがある。ほかでもない、私の内的な能動性、私の主観性がそれであって、客体である外界にそれは対立しており、外界とは交じり合わない。私のこの内的能動性は、自然外的であり、世界外的であって、私はつねに、世界の〔原文判読不能――『著作集』編者〕の行為において、内的自己体験の方向での出口を持つ。いわば、抜け道を持つのであって、それによって私は、そっくり自然の所与たることから自己を救出するのである[36]」。我々はこの自己の所与の客体性を超える自己超越を、「自分にとっての私（я для себя: ich für sich）」という自己意識の表現形式それ自体のなかに見出すことができるだろう。この「私（я）」はいわば反省の対象となった「私（я）」であるが、しかしそのとき反省をする「自分 себя」はすでに「私（я）」のなかにはおらず、反省をするその行為のなかにある。そして、この「自分 себя」を再度捉えようとすれば、再びその「自分 себя」は反省の対象としての「私（я）」の位置に舞い戻ってしまい、同時に反省をする自分がその外に、反省の行為のなかに現れる。この自己反省は無限に前進していく。つまり、

［［［［я］для себя］для себя］для себя］для себя……

というこの自己意識の連続は精神が生きている限り永遠に続けられ、決して完結しない。この発想の基本的な部分は『ドストエフスキーの詩学の諸問題』においても、人格に対する同一性の公式の拒否として語られている。

「人間とは決して自分自身と一致しない存在である。人間には《A＝A》という同一性の公式を応用するわけにはゆかない。ドストエフスキーの芸術思想によれば、人格の真の生は、あたかも人間が自分自身と一致しないこの一点に生きられる。つまり当人の意志を無視して、《本人不在のまま》盗み見られ、決めつけられ、予測されてしまうような事物的存在の枠を、彼が抜け出そうとする点なのである。人格の真の生を捉えようとするなら、ただそれに対して対話的に浸透するしか道はない。そのとき、真の生それ自身がその対話的浸透に対して、応答的に自由に自己を開いてみせるのである」[37]。

しかし、他方で人格、人間の自己意識はそのような自分の対象化つまり「他者にとっての私(я для другого)」をひとまずの段階として踏まえなければ、自己を意識できない。それゆえ、そのような対象化はそれ自身同時に人格、自己体験、意識の構成要素となる。にもかかわらず人格はつねにこれを超えていく。この自己肯定と自己否定の運動のなかにだけ生きた人格の精神活動はあると言えるだろう。そのような運動の例を――バフチンによれば――我々はドストエフスキーの『地下室の手記』の主人公のなかに見ることができる。『地下室の手記』の主人公は、「自分についての他者の言葉の一つひとつに耳を傾け、いわば他者の意識の鏡のすべてをのぞき込み、ありとあらゆる形に歪められた自らの像を認識している。彼はまた自分という人間の客観的な定義、つまり他者の意識にとって、そしてそれと同様に自分の自意識にとっても中立的であるような定義についても、よくわきまえていて、《第三者の》視点をいつも考慮に入れている。だが彼は同時に、そうした定義は、偏ったものであろうと客観的なものであろうと、すべて彼の手の内にあり、彼白身がそれらを意識するというまさにその理由によって、それらは彼を完結させることができないのだということを理解している。つまり彼はそうした定義の枠を乗り越えることができ、それにより、それが不十分なものだということを示すことができるのだ。彼は最後の言葉は自分のものだと知っており、なんとしてでもその自分に関する最後の言葉、自分の自意識の言葉を自らに留保しておこうと努めている。それはその言葉によって、あるがままの自分から解放されるからである。彼の自意識は、その非完結的で非閉鎖的で未決定的な生を生きているのである」[38]。

以上のように、対話が要請されるのは、なによりも死んだモノとはちがう生きた人格の本質、すなわち存在の唯一性に由来する独立性と代替不可能性、および客体化する他者経験によっては決して捉えられない自己体験の未完結性のゆえであった。「人間の内には、本人だけが自意識と言葉の自由な行為のなかで解明することのできる何ものかが存在しており、それは人間の外側だけを見た本人不在の定義には屈しないものなのである」[39]。バフチンは他者の人格を、超越的な外在性の立場から完結したモノとして物象化し貶めるのではなく、まさしく関与的な外在性の立場から、決して完結しない人格として対話的に接することを、つまり対話の中で「我」と「汝」として向き合うことを要求するのである。

七　ディアローグとモノローグ

これまでの議論では、冒頭に見た人格とモノという概念的な対置が、ディアローグとモノローグという象徴秩序の原理といかに関連するかを見てきた。これを最後にまとめておこう。

人格‐人間は、それぞれ唯一の立場から存在の出来事に関与しており、決して他者には代替され得ない独自性を有している。こういった人間存在のあり様にふさわしい象徴秩序は、それぞれの存在論的な唯一性と独自性を尊重する多元的な、ポリフォニー的構成である。そのようなポリフォニー的構成の下で人々は自身の立場から自身の唯一の位置に固有の余剰とともに、互いに対話的に向き合う。そこにおいて人々はみな自身の「声」で語るのである。また人間‐人格は、その意識においてつねに自己を超え、決して完結するものではない。その意味で人間‐人格には、A＝Aという同一律を当てはめることはふさわしくない。人間‐人格はそれぞれがそれぞれの意識においてつねに自己を超える未完結性を有しており、決して完結することのない対話的応答のなかに生きているのである。したがってポリフォニー小説においては、「主人公の意識は、もう一つの、他者の意識として提示されているのだが、同時にそれは対象化され閉ざされた意識ではない。すなわち作者の意識の単なる客体ではないのである。［…］自分自身と世界についての主人公の言葉は、通常の作者の言葉とまったく同等の、十全の重みを持つ言葉である。その言葉は、主人公の性格造形の一つとしての彼の客体的イメージに従うわけでもなければ、作者の声のメガホンとして役立つのでもない。作品構造のなかで、主人公の言葉は特別な自立性を持っている。それはあたかも作者の言葉と肩を並べる言葉としての響きを持ち、作者の言葉および同じく十全な価値を持つ他の主人公たちの声と、独特の形で組み合わされるのである[40]」。バフチンは異なった計時システム同士が複雑な統一体にまとまったアインシュタインの宇宙に喩えるのであるが、まさにポリフォニー小説は多文体的で、多アクセント的で、価値論的矛盾を含んで、多世界性を持っている。「ポリフォニーの本質は、個々の声がそこでは自立したものになり、しかもそのようなものとして、それらがホモフォニー（単声学）よりも高度な秩序の統一のうちに組み合わされることにある[41]」。このような対話を、単一の世界観や意識を背景にして、モノローグ的に捉えた対象をその枠組みのなかだけで展開するモノローグ的対話と混同してはならない。それは「個別的な論点をめぐって行われるのではなく、つねに視点の全体をめぐって[42]」行われる対話である。バフチンがドストエフスキーの小説のなかに見た基本原理とは、他者の《我》の主体化にほかならない。「対話は、あたかもすでに出来上がったかのような人間の性格というものを解明し、暴き出すための手段ではない。そうではなくて、人間はそこで単に自分自身を外部に向かって呈示するだけでなく、そこではじめて、他者に対してだけでなく自分自身に対しても、彼がそうであるところのものとなるのである。存在するとは、すなわち対話的に交流するということである。対話が終わるとき、すべてが終わるのである。それゆえ、対話は本質的に終わり得ないし、終わってはならないのである」[43]。

これに対してモノローグ的構成においては、人々は自身の言葉を語ることはない。そこには存在の出来事に関与することなく、超越的な外部からすべてを見渡し、ただ一人作者だけがモノローグ的に語る。モノローグにおいては単一の主体のみが存在し、他のものはすべて客体となる。そこでは人間に対して(あるいは主人公に対して)「本人不在の定義」がなされる。それは主人公の側から言うならば、自身についての最終的な言葉、評価、真実が他者(単一の主体)の下にある状況、他者(単一の主体)の下で本人不在のまま自身が完結される状況である。「モノローグ原理の下では、描写の結論、意味上の総括としてのイデオロギーが不可避的に、描写された世界をその結論の物言わぬ客体に変えてしまう」[44]のである。モノローグ原理に基づいた象徴秩序において、人間 - 人格はA＝Aという同一律の下へと固定され、完結され、物言わぬ事物的存在に還元されてしまう。人間学的文脈でバフチンが物象化とみなしたのは、まさにこのような事態である。我々はこのような人間学的な意味での物象化をも、やはり「対話性の封殺」という言葉で表現することができるだろう。

第二節　象徴的距離化――眼差しと戦争について

ここではM・M・バフチンが述べたような、人格の唯一性とその内的な未完結性を尊重するディアローグ的な象徴秩序(それはポリフォニー小説に代表される)と同一律の下で他者を主体としてではなく客体として、完結した事物的存在に還元してしまうモノローグ的な象徴秩序の具体的なあり方を、物語(ナラティヴ)とパラディグマティックな思考様式という二つの象徴秩序のうちに探ることにしたい。ここではB・J・グッドの医療人類学のフィールドワークを一つの題材として取り上げたい。

一　疾患と病い

グッドはその医療人類学の研究において、病気を構成する二つの象徴秩序の形態について研究している。この二つは、それぞれいわゆる「疾患(disease)」と「病い(illness)」の区別に対応している。後者に対応する象徴秩序がナラティヴであり、前者に対応するのは、J・ブルーナーの言葉を用いるならば、ナラティヴに対置されるところの「パラディグマティックな(理論‐範例的な)思考様式[45]」である。グッドは、現実を構成する形成原理としての象徴形式というE・カッシーラーの考えを基本的なスタンスとして採用しつつ、この二つの象徴秩序のなかでいかにしてそれぞれ疾患と病いとが構成されるかをフィールドワークを通じて描き出している。この研究は、パラディグマティックな象徴秩序のなかで患者つまり他者に対する距離化が実現されていく過程についても描いており、加えてまた患者がパラディグマティックな象徴秩序に入ることのできなった苦悩あるいは否認されてしまった痛みを、それとは別の形でナラティヴとして対話的に象徴化する点を明らかにしており、これらの点でこの研究は我々にとってここで特別に言及する価値がある。グッドのこの研究から、我々はモノローグとディアローグという二つの秩序原理の具体的な姿を知ることができるのである。

まずグッドは、医学生たちの研修のフィールドワークに基づいて、医療においていかにして対象が構成されるかを描く。医療において医師たち、医学生たちが医学的対象を構成する際には、三つの要素が重要である。「見ること」、「書くこと」、「話すこと」の三つである。日常生活の世界とは大きく異なった独特の経験世界としての医学の世界は、この三つを通じて形成される。

「見ること」とは、つまり医学的な、解剖学的な視点から他者の身体を捉え、いわば医学的身体としてそれを構成することである。学生たちは解剖実習を通じて、他者の身体を医学的身体として構成することを学ぶ。グッドはある医学生の言葉を紹介している。

感情的に言うと、皮膚を取り除いた後には下肢の持つ意味はすっかり違ってしまいます。以前あった意味をまったく持たないのです。今や皮膚は、それは日常生活では他者と関わる手段で、つまり、皮膚に触れるということは、…その人と親密になるということですが、いまやそれが目の前で繰り広げられている出来事のごく一部になり、オレンジの皮みたいなもので、ほんのちっぽけな部分にすぎないものになるのです。そしてその皮膚を取り除いた瞬間、このまったく異なった世界にいることになるのです。(46)

この言葉は医学的な経験世界についての報告である。医学的身体とはつまり解剖学的、生物学的身体であり、そこにおいてはそれがかつて持っていたような人間的な「意味」がまったく別の意味に書き換えられてしまうのである。そのような意味の転換が起きるのは、医学生がまさに医学的世界を形成する象徴形式のなかに入ることを学ぶからである。そこには医学的な眼差しにふさわしい人間観がある。「つまり医学的な眼差しに適するように、人間を身体として、症例(case)として、患者として、あるいは解剖用の死体として再構成するということである」(MRE, p. 73, 125 頁)。

このような医学的な経験世界の構成には「書くこと」も重要な意義を持っている。患者について記述するということは、グッドによれば、「一人の人を患者として、記録として、研究課題として構成する方法」(MRE, p. 77,

132頁)であるという。他方でそこには、患者を「現実を少し歪めて、[…]ちょうどよいパターンに当てはめる」(MRE, p. 77, 131頁)という要素がある。さらにここには同時に、患者が語るストーリーに対する医師の無関心が関連する。医師同士がある患者について語る場合、「あなたが私に示さなければならないのは、我々がこれから取り組むことになっている素材なのです」(MRE, p. 78, 134頁)。患者の個人的なストーリーについて話すことなどは、「一種の道楽」でしかないのである。「書くことは患者との会話を反映しかつ形作る。書くことによって、それらの会話をカテゴリーに分けたり、その構造を明らかにしたりすることができるようになるのであり、また書くことは、関連性の構造を表していて、その構造が患者の語り(narrative)に重きを置かないということを正当化する。書くことは患者を一つの記録文書として、取り組むべき一つの研究課題として構成する。それは特定の読み手に向かって書かれる。そしてそれは、また別の一種の治療行為の基礎として役立つのである」(MRE, p. 78, 134頁)。

このような姿勢は、同時に「話すこと」にも関連する。医療における中心的な発話行為は、患者と話すことではなく、患者をプレゼンテーションすることつまり症例呈示である。症例呈示は一つのストーリーとして語られる。しかしそれは「書式のなかでステレオタイプ化された」(MRE, p. 79. 135頁)ものである。グッドによれば、ナラティヴに見られるようなストーリーとは「経験を組織し解釈する一つの手段であり、理想化され予期された経験を映し出す一手段であり、現実を定式化する独特な方法であり、現実と相互行為を行う理想化された方法」(MRE, p. 80, 138頁)である。「病い」のナラティヴにおいては、まさにこのストーリーが重要な意味を持つのであるが、症例呈示におけるストーリーは「病い」のナラティヴとは異なるものである。「症例呈示は疾患を医学的実践の対象として再現前化＝表象する。呈示された『ストーリー』は疾患過程のストーリーであり、空間的には損傷組織と障害された生理機能のうちに、時間的には抽象的な医学化された時間のうちに局在化されている。苦悩の主体である人間は、語りの主体としてよりもむしろ疾患の場(the site of disease)として表現される。患者は医学的な課題として定式化され、極度の時間的制約を考慮すれば当然だが、症例呈示は診断や治療に関わる判断を助けるもの以外のすべてを除外するように作られている」(MRE, p. 80, 138 頁)。

以上が、医学的経験世界を構成する象徴秩序の形態である。グッドのこの研究から、我々は医学的経験世界を構成する象徴秩序のモノローグ性の実態を知ることができる。医師たちはあるいは医学生たちは、病む人間を医学的眼差し、つまり解剖学的、生物学的な眼差しによって患者として、物質的身体として構成し、それによって病む人間の人間的意味は失われてしまう。そこにおいて他者たる患者は、もはやもう一人の人間というよりも、カテゴリーにうまく当てはまる症例あるいは「疾患の場」でしかないのである。医学的な象徴秩序においては、症例としての患者は、もはや語りの主体、苦悩の主体としては現れず、本当の意味で語るのは医師のみなのである。あるいは正確には、医学的な知の体系ひとりが語るというべきかもしれない。

さて、グッドは患者の苦悩の語りとしてのナラティヴを、このような医学的経験世界の象徴秩序に対置する。ナラティヴは患者がその痛みや苦悩を象徴化する形式である。これは医学の客観主義に対置されるものである。患者にとって痛みや苦悩は、物理的対象としての身体ではなく、経験の主体としての身体、いわば「生きられた身体(the lived body)」(MRE, p. 117, 200 頁)に存在している。重要なのは、しばしば身体の痛みが「標準的な医学的検査による客観化(objectification)に抵抗する」(MRE, p. 125, 216 頁)ということである。「痛みの計測器はなく、痛みの生化学的分析法もない。それは局在化に抗う。[…]もし医療の臨床実践において、可視化されたものと実在との間に密接な結び付きがあるとするならば、画像化への抵抗は、患うものの状態のリアリティーへの異議や、患うものの否認(disaffirmation)をもたらすことになる」(MRE, p. 125, 217 頁)。

患うものの語るナラティヴとは、いわばこのように医学のパラディグマティックな象徴秩序に入ることのできなかった痛みや苦悩の象徴化として成立する。「ナラティヴは一つの形式であり、そこでは、経験が再現され詳述され、出来事が意味のある一貫した秩序を持つものとして呈示され、そこにおいて活動と出来事とは、それらに伴う経験や、それらに意味――そこに関与した人間にとっての意味――を付与するところの重要性にそって描き出される」(MRE, p. 139, 241-242頁)。グッドはこのような病いのナラティヴを三つの分析概念を用いて考察する。「プロット化(emplotting)」、「仮定法化(subjunctivizing)」、「苦悩の定位(positioning of suffering)」である。以下では、この三つの点に即して、パラディグマティックな象徴秩序との対比とともに、ナラティヴの象徴秩序を確認しておこう。

二　ナラティヴの構成

「プロットとは、あるストーリーに秩序を与えるもののことである。それは、出来事の継時的な編成であり、それらを相互に結び付ける関係である」(MRE, p. 144, 251頁)。患う者は、自身の痛みや苦悩を、出来事や自身の経験のシークエンスのなかに位置付け相互に関連付けることでプロット化を行い、それによって形成される物語のなかで自身の痛みや苦悩に一定の意味を与える。パラディグマティックな形式との相違を言えば、ここでは痛みや苦悩の意味は患う者自身に取り戻されている。不要な情報をすべて捨象されたうえで、診断という形で身体のなかに「疾患」が局在化される、そしてそれによって医学的知の体系のなかに位置付けられ、意味付けられるのとは異なり、患う者は、ナラティヴのなかで自身の「病い」の自身にとっての意味を得るのである。

しかし、そのプロットは完結していない。これが「仮定法化」に関係する。仮定法化するとは、つまり物語を開かれた状態にするということである。言い換えれば、ナラティヴはつねに再解釈へと開かれている。[47] ストーリーには必ず「間隙(gaps)、つまり語られていないもの、説明されていないもの」がある。「それは、潜在的で利用されていない効果の源泉をまだ見出すことができるかもしれないという希望をもたらす、現実の知られていないあるいは知られ得ない側面を表すものである」(MRE, p. 157, 277頁)。ここにナラティヴは、再解釈へ開かれていることによって、「多元的なパースペクティヴや、多元的な読みの可能性を保持したのである。[…]ナラティヴは、このようにして、多元的パースペクティヴや、まったく異なる諸視点を保持したのであるが、これらはすべて、語り手の経験の様々な側面や、起こったこと将来起こるかもしれないことの多様な読みの可能性を表しているのである。ストーリーが有するこの暫定的な性質には、このように創造的な可能性が潜んでいるのである」(MRE, p. 153, 269頁)。このことは同時に、「苦悩の物語的定位」の対話性とも関連している。

「病い」をナラティヴのなかに位置付け意味を見出すというのは、患う者の単なる主観的な行為ではない。そこで用いられるプロットの形式は、しばしばその患う者が属する文化に固有のプロット形式をプロトタイプとしている。またナラティヴの多元性は、しばしばそのままその物語を語る人間の多元性に対応している。ある患う者が語る「病い」のナラティヴと、その家族が、その患う者が同席しない場所で語るその患う者の「病い」についてのナラティヴは、しばしば異なる形態をとる。またその患う者自身のナラティヴも同席する人物が違えば異なる物語になり得る。グッドがフィールドワークをしたトルコの患者のケースなどでは、ナラティヴの形成において「家族の政治学」が重要な働きをしていた。それらのケースにおいては――グッドによれば――、「物語は直接的かつ明白な仕方で間主観的であった。語りは、家族のメンバーによって共有された経験を描くために民衆的な文化的形式を用いたストーリーであった。そのストーリーは対話的に構築され、しばしば複数の人物の絡み合った会話によって語られた。それは、そのストーリーの指示する対象が多くの場合、語り手以外の人々の経験であったようなストーリーであった。そして、それは作者と語り手と聴衆(聞き手)のただなかに定位されるストーリーであった」(MRE, p. 158, 279頁)。いわば「病い」のナラティヴは、病いを物語りのなかに置きいれるとともに、病いを社会的関係性のなかにも置きいれるのである。つまり、「病い」はその「病い」についての様々な語り手たちの対話的関係のなかに置かれるのである。

さて、我々は以上見てきた象徴秩序としてのナラティヴの多元性と対話性という特徴についても、それらをパラディグマティックな象徴秩序と対比することができる。医学的な知の体系に裂け目と再解釈がないとは言わない。診断が書き換えられることもしばしばあるだろう。しかし、それらは疾患の定義に関する変更、つまりある病いがそこに帰せられる医学的な知の体系内でのカテゴリーの変更であって、体系の全体を書き換えてしまうような視点の変更を許すものではない。そこにはつねにモノローグ的な体系の一つの視点が維持され続けるのである。したがってまた、「疾患」は社会的、間主観的、対話的関係のなかに置き入れられることもない。疾患は、適切な診断名とともに、あらゆる人間にそれとして呈示されるか、あるいはそれがはばかられるならば、沈黙か、嘘の診断名で本当の診断名が隠されるだけである。疾患の意味は、対話的関係の外で完結し一義的に成立しているのである。

以上の点から、バフチンの言う象徴秩序のモノローグ的原理とディアローグ的原理を、この医学的な経験世界を構成するパラディグマティックな象徴秩序と、患う者の「病い」に意味を与えるナラティヴとしての象徴秩序という二つの形式に対応させることは、一定の説得力を持つと思われる。一方においては、診断のために必要な情報以外の患者の語りは一切考慮の外に置かれ、「病い」に対して「疾患」といういわば「本人不在の定義」が与えられる。それによって患者の意味は完結する。これに対して他方では、「病い」の意味は患う者自身を主人公とした一つの物語として描かれ、しかもそれはいわば患う者の意味世界の未完結性を、その再解釈へと開かれた多元的、対話的構成のうちに保持している。我々は、これらの点にモノローグ的な象徴秩序とディアローグ的な象徴秩序の二つの具体的な姿を見ることができるのである。

このようにディアローグとナラティヴをつなげる際に一番重要な意味を持つのは、主人公の位置付けであると思われる。バフチンの言うディアローグ的(ポリフォニー的)な小説において、主人公はまさにその唯一性と独自性、代替不可能性、主体性を保持し続け、その内的な未完結性も完結されることなく対話的関係へと開かれていた。ナラティヴにおいてもやはり主人公がいる。このナラティヴの主人公は、やはり同様に様々な対話的関係のなかに定位され、その中で自身の「病い」の意味を得ると同時に、他方で多元的な視点のなかで完結されることなく、つねにその意味の再解釈へと開かれている。

さて、私はどちらの象徴秩序がより好ましいかをここで論じているのではない。そうではなくて、ここでは二つの象徴秩序の違いを知ることが重要であった。またさらには、物象化の記号的モデルを探る我々としては、なかでも前者、モノローグ的な象徴秩序の作用に関する考察が特別な意味を持つ。次にこの点を、空間的距離化と比較され得る象徴的距離化の問題として論じようと思うが、ただしその前に、第一章とのつながりから、ナラティヴとケアの関係について少しだけ考察を加えておきたい。

補論――ナラティヴとケア

ナラティヴとケアについては、野口裕二の議論が参考になる。野口はケアを医療における科学的な、したがって我々の言い方で言えばパラディグマティックな側面に対置されるものと捉え、次のように述べる。「あらゆる慢性疾患のケアが、生物学的メカニズムを理解しただけでは始まらない。あるいは、終わらない。むしろ、ケアという行為は、そうした科学的説明が及ばない部分、そこから漏れてしまう部分を視野におさめなければ成り立たない(48)」。そして野口は、このようなケアの場面に、ナラティヴ・セラピーとの接点を求める。重要なのは、ケアは医療における補助的な技能などではなく、それは一つの関係、つまりケアする人間とケアを受ける人間との関係だということである。それは医師と患者の関係とは異なる、セラピューティックな関係である。

なぜそのような関係においてナラティヴが必要とされるのだろうか。それは、そのようなケアの関係において向き合う人間と人間が互いに自己をいわば物語を通じて構成する存在だからである。ケアにおいては二つの自己が出会う。自己は自己を語ることによって構成される。「自分はいままで、何に苦しみ、何に歓んできたのか。何に傷つき、何に感動してきたのか。誰と出会い、誰と別れてきたのか。何を手に入れ、何を失ってきたのか。そうした自分にとってのかけがえのない経験を綴った一つの物語、それこそが、ほかならぬ私らしさを構成するもっとも重要な要素となるはずである」(三八頁)。いわば我々は様々な出来事や体験をプロット化し、一つの物語として語り得るときに、はじめて自己を、意味的な統一性を持った自己同一的なものとして構成することができるのである。このような自己を構成するナラティヴも、しかし主観的な独り言として形作られるわけではない、ということを野口も主張する。自己を語るとき、我々は誰かに向けて語るのである。「もし、それを聞いてくれる人がいなければ、その語りは独り言と同じであり、その場限りで消え去ってしまう。確かに聞いてくれる人が存在することが、その語りを確かなものにしている」(四二頁)。したがって、自己を構成する物語は他者との関係においてはじめて構成されるものでもある。

したがって以上の点から、ケアが症例としてではなく、一個の人間として患者に向き合うのだとすれば、それはその患者の物語と向き合うことを意味するのである。野口によれば、それこそがまさしくナラティヴ・セラピーのアプローチなのである。「ナラティヴ・アプローチが主張するのは、専門家とクライエントが共同で同じ問題に取り組むという『関係』である。一方が他方を指導しないという『関係』である。一方が他方に何かを与えようとしたり、引き出そうとしたりしない『関係』である。このような『関係』こそが、ケア的な関係であり、同時に、セラピューティックな関係なのである」(一九〇頁)。したがって、ここで重要なのは、関係は一方向ではないということである。つまり患者のナラティヴのみが尊重されるのではない。同時に、ケアを与える人間自身を構成している物語も尊重されなければならない。つまりケアにおいては、一人の人間と一人の人間が出会い、そして一つの物語ともう一つの物語が出会うのである。「その二つの物語の出会いが、二人の関係をかたちづくり、ケアの具体的なかたちをつくっている」(二〇二頁)のである。

我々は第一章において、実存哲学的基底に基づいた原コミュニケーションの一つの形態としてケアについて考察した。そこで述べられていたことは、ここまで見てきた野口の記述ともちろん相違するものではない。野口は、我々が見てきたケアという原コミュニケーションの形を、ナラティヴという別の側面から描いているのである。我々は野口の議論から、ケアの関係に関わる象徴秩序の一つの形態であるナラティヴの働きを知ることができる。対話とナラティヴは、それぞれ原コミュニケーションを構成する象徴秩序の形態として理解することができるし、それだけでなく、本節で見てきたように、両者が密接に関連していると言うことも可能であろう。

三　空間的距離化と象徴的距離化

以上、パラディグマティックな象徴秩序とナラティヴの象徴秩序の、それぞれの具体的なモノローグ性とディアローグ性を見てきたが、物象化の記号的モデルの構築のためにも、前者、つまりモノローグ的象徴秩序における他者認知の問題を最後に検討しておきたい。私は、モノローグ的象徴秩序における他者認知の原理を、空間的距離化との比較から象徴的距離化と規定することができると考えている。まずは空間的距離化から検討してみよう。

ビルの屋上から下を眺めると、人が歩いている。右の方向からランニングをしている女性が走ってくる。左の方向から男性が自転車に乗って走ってくる。彼らはこのまま走り続ければ、この下の角でちょうど出会いがしらにぶつかるだろう。彼らはそれを知らない。しかし距離をとって上方から眺める私はこの二人にこれから起きることを知っている。ここにはちょうど存在の出来事を作者のただ一つの「美的な視野」におさめる小説のモノローグ的性格と同じものを見て取ることができる。上方から眺める者は、出来事に関与・参与せず、顔と顔を向き合わせることもなく、一方的にいわば観察者のパースペクティヴから世界を眺めるのである。重要なのは、このような観察者パースペクティヴにおいては、人間の人間的意味が失われる傾向があるということである。

誰しも飛行機に乗ったときに、窓から眺める眼下の街の景色に現実感のなさを覚えたことがあるだろう。まるでミニチュア・セットのような街が地面にへばりついていて、そこでは人間が生きていて、飯を食べたり寝転がってテレビを眺めたりと、それぞれの生活を送っているはずだが、その生活感がまるで感じられない。空港に近づいて高度が下がってくれば、例えば自動車らしきものが走っているのも見ることができるが、しかし、それは人間が操縦しているという感じがせず、むしろまるでおもちゃの車が決められたコースを電池で走っているような印象を与える(——これは離人症の症状に似ている)。航空機がもたらす距離化は、空間的距離化による人間的意味の喪失のもっとも先鋭化された形態ではないだろうか。人間の生活の場の全体を空の高みから眺めることで、生活の現実が失われてしまうのである。それはM・メルロ＝ポンティが言う「超現実(surréalité)」[49]である。

ここでこのような空間的距離化について論じるのは、それがもたらすある種の人間的意味の喪失が、しばしば他者認知において重要な帰結をもたらすからである。それは例えば戦争において現れる。人間からその人間的意味を失わせる空間的距離化は、すでに弓矢の時代から成立していたはずである。その特徴は相手の直接的な反撃が届かないほどに離れたところから敵を攻撃するということである。この空間的な距離化が銃や大砲など火薬を用いた武器の発達によってさらに広げられたことは、想像に難くない。これらの武器はすでにその空間的な距離化によって戦闘を非人格化することに成功している。拳や刀剣の類での戦闘においては、間違いなく相手は一個の血の通った生身の人間としてそこに存在している。殴ればこちらの拳も痛むし、切れば返り血を浴び、喉を絞るような怒声と苦悶に歪む顔を見ることになる。つまりそこでは戦闘は生きられた経験として成立している。弓矢や銃での戦闘では、このような他者の苦痛と死の経験が薄められる。太平洋戦争時に中国に出兵したある兵士は、その手記に次のような戦闘の描写を残している。

　つぎは誰言うともなく分隊全員いっせい射撃、これに応戦する。敵はパタパタと仆れる。反転して逃げ出すもの、傷つく者、まったく面白いほどである。こうして敵兵は、一目散に斜め右手の方向に逃げ出した。走り去る兵を狙撃すると、バタッと倒れる。命中して死んだかと思うと数メートル横の方からまたパッと走り出す。二、三発射つうちにすでに遠くへ逃げ失せ、結局殺せない。全速力で走っている敵にはほとんど弾が命中しないことを痛感する。(50)

　夜明け頃寺の屋根裏に上がり、薄明かりの中で見ると、彼らは八字橋の百メートルほど、寺から百メートル余り、ちょうど中間附近に陣取って、本部の方めがけて射撃している模様。これはしめたと、みんな屋根裏二階に上がり、踏み台を工夫して屋根瓦をめくり、銃眼をつくり、敵の後ろから狙撃した。眼下の敵をしっかり委托居銃して射つから、一発心中、じつに面白いほど命中して、敵は枕を並べて倒れる。もう寒さを忘れ、空き腹も忘れて、射って射って射ちまくる。そのうち弾薬が残り少なくなったと言い出し、誰かが戦死中国兵の小銃、弾薬を集めてきて、これで射撃を始める。（七一頁）

午後一時、いっせいに射撃を開始する。さあ敵の慌てふためいて逃げまどう姿、一発の弾も来ず、こちらの準備は完全、腕ききの狙撃手とＬＧとて、敵の仆れる者数知れず、じつに痛快無比である。（一七一頁）

みるみるうちにあちこちでやられ、悲惨きわまりなし。クソ！憎き敵！わが軍の山砲や飛行機は何をしているのか、気がいらいらしてたまらない。（一七二頁）

こうしたこと話ているうちに敵はじつに悠々と雲渓崖の山腹を行き来しており、ＭＧは傍若無人な振る舞いにてわが方を射っている。じつに癪にさわること、腹の立つこと、今に見てろと憤怒する。（一七三頁）

「そんならやれ！そのかわり、上の敵に気をつけ。」と言うが早いか、まず黒川が軽機で狙いを定めて目前の敵をバリバリバリと射ちだし、数十名のわが軍がいっせいに射ちだしたから、泡を食った敵兵は喚き叫び、キリキリ舞いするやつ、田圃へ飛んでいくやつ。向こうから一発の弾が来るでなし、痛快無比、面白く、アッというまに全滅的打撃を与え、助かったやつは命からがら北の方に向かって一目散に逃げた。（一七六頁）

ここに現れる「面白い」、「痛快無比」という言葉は、嘘偽らざる心情だろう。湾岸戦争のころ、よく戦争がテレビ・ゲームのようだと言われたが、そのようなゲーム感覚は、遠方の敵を銃で射撃するという戦闘にすでに現れているし、そうだとしたらそれは弓矢の時代にもあったはずである。重要なのは相手の死に直面しない、相手の苦悩を見ることのない距離なのである。敵がパタパタと倒れるのは、祭りの射的で景品が倒れるのと大差はない。空間的な距離化によって人間の人間的な意味が失われているのである。

この距離化による戦闘の脱人格化は、弓や銃による敵への攻撃であろうと、大砲であろうと、ミサイルであろうと、市街地への絨毯爆撃であろうと、原子爆弾の投下であろうと変わるところはない。この空間的距離化の距離そのものの差異ではなく、その距離化のメカニズムが問題なのである。

空間的な距離化のうちで人間に起きているのは、一つには縮小である。人間は存在としてのボリュームを失い、距離化されたパースペクティヴのなかの小さな部分にまで縮小されてしまう。このことは差異の消失をもたらす。顔は見えない。したがって表情も見えないし、声も聞こえない。およそ人間の個性を形作っている差異のほとんどは距離化によって消失してしまい、敵の人間はみなどれも区別がつかない。したがって彼らはすべて同じ「敵兵」としてしか認識されなくなる。したがって、敵から攻撃された際の怒りや憎しみは、誰か特定の敵兵に向けられるのではなく、「おのれ敵め」という形で「敵」という集合全体に向けられることになる。

これらのことは結局、マス化として規定することができる。人間たちは空間的距離化の下で眺めるとき、差異を持たない個物の集合になってしまうのである。蟻の行列を眺めるときの眼差しに似ている。蟻の一匹一匹を、顔を近づけてよくよく眺めると実はそこに個性があることに我々は気づく。一匹一匹の体の大きさは結構ちがうものである。また、例えば足の運びの速さなども固体によってちがう。しかし、相対的に空間的な距離化をもたらす蟻の小ささのゆえに、我々は行列のなかにいる蟻たちを差異のない集合としてしか眺めない。

さて、戦争においてはもう一つ別の距離化も生じている。それは私が象徴的距離化と呼ぶものである。「ロボット症」というSF的な概念で物象化の問題を論じたL・ヤブロンスキーは、ベトナム戦争においてソンミ村の虐殺を指揮したカーリー中尉の次のような言葉を紹介している。

私はじっくり腰を据えて、男、女、子供について考えたりしなかった。彼らはみな同じ部類であったのであり、それは我々が扱った分類作業(classification)でしかなかった――まさしく敵兵として。私は指示された通りに行動し、与えられた命令を実行したのだと、そのときは思っていたし、今でもそう思っている。それをして悪かったとは思っていない。(51)

これはさきに見たのと同様に銃による他者の殺害の事例であるが、ただしここに空間的距離化はない。男も女も子供も、目の前にあり、悲鳴を上げていた。彼らを撃てば、その場に倒れ、苦しむ姿と血、内臓が見えたはずである。しかし、カーリー中尉にとってソンミ村の住人は男も女も子供も、すべて「敵兵」というカテゴリーへと同一化されている。カーリー中尉はソンミ村の住人を殺したのではなく、「敵兵」という抽象的な対象に向き合い、そこに銃を向けただけなのである。いわば男も女も子供も、彼らは単なるカテゴリーの範例とみなされることで彼らの人間的な意味が失われてしまったのであり、殺す側からすれば、その限りで虐殺が可能になったと言えよう。

他者をカテゴリーへと包摂し、その単なる範例にまで還元してしまうこと、ここにパラディグマティックな思考様式の特性が現れている。そこにおいて他者は、もちろん対話的に向き合う相手ではなく、いわば一方的にしたがってモノローグ的に一つのカテゴリーに同一化され、その身体も主体性も精神性も心情もおよそ人間的意味を持ったものはその意味を奪われてしまう。このような事態を私は象徴的距離化と規定する。そこでは視覚的にではなく、意味的に、他者の差異は縮小している。そのような差異の意味的な縮小のなかで人間の人間的意味が失われ、人間は一個の存在としてのボリュームを欠いた存在に還元されている。また、その限りで、ここには象徴的な意味でのマス化が生じている。空間的距離化によってもたらされる他者認知と同じ形態のものが、この象徴的距離化においても生じているのである。

ところで、こういった事態は、戦争において先鋭化されて現れるとはいえ、このメカニズムに依拠するパラディグマティックな思考様式自体はむしろ一般的なものである。グッドの研究に見たように、医師や医学生たちは、他者の身体の人間的な意味をもはや見ることはなく、それを医学的、解剖学的な眼差しをもって物質的な身体として構成した。それはつまり医学的な知の体系に則して、他者の身体を単なる症例、疾患の場としてしか見ないことを意味していた。またそのような経験世界の構成にあわせて、彼らは患者に語りの主体であることを認めなかった。いわば患者の医学的対象としての身体が解剖学的な眼差しのなかで拡大するのと反比例して、身体の、あるいは主体としての患者の人間的意味は縮小したのである。医者の眼差しにとって、患者たちは症例に還元され、ある同一のカテゴリーに属する集合として捉えられる、つまりマス化されているのである。

さらに、この他者をあるカテゴリーの範例という単なる記号にまで還元してしまう現象は我々の日常生活にも見られるものである。我々は街中を歩くときすれ違う人間一人ひとりの顔を見て歩くだろうか。仮にすれ違う人の顔が目に入ったとしても、それが知らない人であったならばまったく関心の対象にはならない。また都会のラッシュ時であれば日に何百という人間とすれ違っているかもしれないが、彼らはすべてふつう「通りすがりの人」というカテゴリーの単なる範例としか捉えられていない。あるいはもう少し詳しく、男だとか女だとか、サラリーマンだとかOLなどとカテゴリー化されているかもしれないが、関心の対象にならないという点ではそれほどちがわない。一日の終わりに今日街ですれ違った人間の顔を思い出せと言われても、我々はほとんど一人も思い出せないのである。彼らは記号的な意味しか持たず、個性を表す顔はそこでは捨象されてしまっているからである。

日常生活にも見られる、というよりも我々の日常生活のかなりの部分を構成するこのような小さな思考原理が、物象化の記号モデルにおいて中心を占めるものである。この小さな思考原理は、単に日常を構成するだけではなく、しかし歴史的な悲劇をも構成する。我々はホロコーストを知っている。Th・W・アドルノが述べるように[52]、そこでは一人ひとりの人間が「ユダヤ人」という単なるカテゴリーに包摂されて、その範例にまで還元されてしまったがゆえに、「ユダヤ人」の排除と虐殺はいかなる心理的な動揺も国民の間に引き起こすことなく執行され得たのである。

まとめ

以上の議論によって人間の物象化をもたらすモノローグ的な象徴秩序の特徴が明らかになったかと思われる。それを一言で言うならば「脱主人公化」という言葉で表すことが可能であるように思える。モノローグ的な象徴秩序においては、人間は主体としてではなく、客体として扱われる。これはバフチンが言うところの「本人不在の定義」という形をとるものであり、例えば医学的な経験世界の構成に即して言うならば、患者の苦悩や苦痛の患者にとっての意味——これは患者を主人公にしたナラティヴによって構成される——は一切関心の外に置かれ、患者は疾患の症例にまで還元される。そこにおいて患者は完結した客体として扱われ、自身の言葉を語るすべを奪われている。患者の存在の意味は、対話的に開かれることはなく、与えられた座、つまりカテゴリーの範例という身分に封じ込められる。

このようなモノローグ的な象徴秩序には象徴的距離化が働いている。ナラティヴが患者の苦悩と苦痛の患者にとっての意味を構成するために、患者を中心として、すなわち主人公としてその周囲に様々な人間の言葉を対話的に集めるとしたら、モノローグ的な象徴秩序においては、ちょうどビルの屋上から下界を眺めたときのように、存在における人々の間の差異、それぞれの唯一性、独自性、代替不可能性、したがってその主人公性が失われて、モノローグ的な視野の下で記号的風景の一部へと埋め込まれてしまう。そこにおいて人間は脱中心化され、脱主人公化される。これはマス化の別の側面である。人々の固有の視野の余剰は、存在の出来事に決して関与することのない超越的な視野の下でその固有の意義を奪われてしまう。そこでは眼差す者の「存在におけるアリバイ（不在証明）」が成立し、責任が消失するのである。

モノローグ的な象徴秩序の特徴は以上のように描くことができるが、ところで最後にこのようなモノローグ的秩序と第一部第二章第二節で確認した記号の物象化との関係を確認しておこう。結論から述べれば、このような象徴秩序のモノローグ的な構成を可能にするのは、まさに記号の物象化である。バフチンによれば、記号の意味は本来対話的応答のなかで構成され、生成していくものであるが、その場合モノローグ的構成は成立し得ない。モノローグ的象徴秩序はそれ自体完結し閉ざされている必要があるのであって、ナラティヴのように多元的な再解釈へと開かれていてはならない。モノローグ的な象徴秩序を構成する言葉は、対話的な応答の連鎖のなかに入ってはならず、全体主義社会の「権威主義的な言葉」のように、対話性が封殺され、いわばそれ自身の意味が固定された石のような姿をとらねばならない。

このような記号の物象化の下で象徴的距離化も固定され、それが人間の人間的意味を完全に喪失させることになる。しかしもちろんその記号の物象化が対話によって解かれる事態は想定できる。例えば、パラディグマティックな思考様式の例として医学的な経験世界を取り上げたが、しかし、この医学的経験世界はおそらくは完全にモノローグ的に閉ざされているわけではない。医者はたしかに患者を症例として見るが、しかし、現実的にはそれがすべてではない。患者が医者の事務的である意味では威圧的な物腰に負けずに、せっせつと語れば医者もむげに会話を拒否することはなく、話を聞くかもしれないし、その対話のなかで「疾患」に「病い」としての意味がとりもどされ、患者の意味規定上の主体性が、つまり主人公性がある程度回復されることもあるだろう。そこでは象徴的距離が縮められることで、病いの苦悩と苦痛に対するモノローグ的な規定が多少とも緩み、対話のなかへと開かれ始めると理解できるだろう。しかし、虐殺を行ったカーリー中尉の場合はどうだろうか。その虐殺の現場において、どんなに人々が逃げ惑い、命乞いをし、また小さな子供たちが敵ではあり得ない眼差しでこちらを見てきたとしても、その現実は、あるいは少なくともその現実の意味は経験から失われてしまっている。そこでは「敵兵」へと還元された差異のない、声を持たない人間たちからなる記号的現実は決して揺らぐことはなく、対話のなかでその意味が変容されることもなく、いわば完全に物象化されている。カーリー中尉の現実認知とそこに依拠した思考は、固定された象徴的距離を通じて記号的に構成され人間的意味の失われた現実のなかで既定の命令を実行するための単なる殺人装置として成立しているのである。先ごろカーリー中尉がソンミ村虐殺について謝罪したというニュースが流れた。その謝罪の意味が何であるかは分からないが、もちろん長い月日のなかで、その出来事の意味が反省的対話のなかで変容していったことは容易に推測できる。しかし、重要なのは、その虐殺の現場、その時点では記号の物象化が、虐殺を可能にする現実認知の思考を作り上げていたということである。記号的視野のなかで、一人ひとりの命の喪失は反復される死の演目としてしか現れない。今日の戦争はこの点を強化している。人々は空間的距離化と象徴的距離化のなかで、そこで起きていることの本当の意味を見失う。「私の死、他人の死、身近な者の死の価値的、情動‐意志的な意味、あらゆる現実の人間の死という事実は、それぞれの場合において深く異なる。というのも、そのすべては、唯一の存在の出来事の別々の契機だからである。具体的な肉体を欠いた非参与的な主体にとって、すべての死は等しいものであり得る。だがすべての人が価値的に等しく死すべきものであるその世界には、誰も生きていないのである」[53]。

第三章のまとめ

本章では物象化の記号的モデルを考察してきた。その際、重要な意味を持ったのはM・M・バフチンの物象化論であった。バフチンの議論の根底には人格とモノという対立項が見出された。この人格とモノとの対置は、基本的にはカント的な意味で理解して問題ない。しかしこの人格、「汝」あるいは人間‐人格という概念は、バフチンの思想において独自の存在論的背景を持つものであった。人間‐人格は存在に関与する。関与する限りで人間‐人格は存在のうちに唯一の独自の、代替不可能な、価値的中心としての位置を占める。バフチンの言うディアローグはこのような人間‐人格のあり方に「我‐汝」という関係を通じて向き合う象徴秩序であった。

これに対してモノローグとは、そのように存在の出来事に関与するのではなく、超越的な外在の立場からそれを捉え、意味的に完結させてしまう象徴秩序であった。モノローグにおいては、人間の物象化が生じる。モノローグにおいては、人間‐人格は、その価値的中心としてのあり方を奪われて完結した客体へと還元される。その存在の意味は本人不在のままに定義されてしまい、自身の声を奪われ作者つまり超越的に外在するもののメガホンになり、さらには対話的応答のなかに生きる自己意識の内的な未完結性は、そこでは封殺されてしまっている。

我々はこのようなモノローグとディアローグの具体的な姿をB・J・グッドのフィールドワークを参考にしてパラディグマティックな思考様式とナラティヴという、経験とその意味を構成する二つの象徴秩序に求めた。医学的な経験世界はパラディグマティックな思考様式の下で構成される。病いは疾患へと対象化される。医者は患者の語る個人的なストーリーには興味はなく、疾患の定義に役立つ情報のみに関心を向ける。本人不在のまま定義が、つまり診断が下され、患者はそこで意味的に完結される。定義された患者の身体はもはや疾患の場として以上の意味を持たず、患者は差異を失って単なるカテゴリーの範例、つまり症例に還元される。そのとき、患者の一人の人間としての存在のボリュームもその人間的な意味も失われている。

これに対して、病いのナラティヴにおいては、病む者が主人公となる。病いの意味は、病む者の固有の経験のシークエンスから作り出される意味的な秩序としての物語のなかでその意味を構成される。また病いのナラティヴは完結していない。それは様々な他者との対話的応答のなかで形成され、その多元性のなかでつねに再解釈へと、意味の変更へと開かれている。

このように本章ではモノローグとディアローグという二つの構成原理、パラディグマティックな思考様式とナラティヴという二つの具体的な象徴秩序の形態を検討してきた。さて、以上に見た物象化の記号的モデルによって描かれる象徴秩序は、我々が第一章で考察した原コミュニケーションとどのように関わるだろうか。我々はバフチンの対話理論に現れる「我‐汝」、またその前提をなす「関与‐責任」の概念を原コミュニケーション概念と比較し得るものと理解した。また加えて、そこで語られるディアローグ的、ポリフォニー的な象徴秩序の具体的形態としてナラティヴを検討し、それをケアとのつながりにおいて理解した。これらの点を踏まえたうえで、私はディアローグ的(あるいはポリフォニー的)、あるいは物語的象徴秩序の形態を、承認・原コミュニケーション感受性のあるものと理解したい。

対話やナラティヴは、汝たる他者を主人公として形成される。他者の唯一性、独自性、代替不可能性を尊重し、他者を価値的中心として認め、超越的な外部から完結するのではなく、関与の立場から責任を持って顔と顔を向き合わせて他者と対面する、そのようなことを可能にする象徴秩序は、まさに原コミュニケーション、つまり「実存的関心」あるいは「結び付きの感覚」をもって他者の態度表明を直接に自己の応答を要請するものとして理解する、そのようなコミュニケーションへと開かれた象徴秩序として理解することができるはずである。

これに対して我々は、モノローグ的な象徴秩序を、逆に承認・原コミュニケーション感受性のない象徴秩序として理解することができるだろう。本章では、モノローグ的な象徴秩序において人間がどのように現れ、どのように経験されるかを詳しく検討した。モノローグ的象徴秩序においては、まず人間はその者として現れるのではなく、モノローグ的な象徴秩序に合致し得る限りで、したがって、対話的にではなく一方的に規定され完結された定義に一致する限りで存在することを許される。つまりモノローグ的なパラディグマティックな思考様式においては、他者はただ範例としてのみ経験されるのであった。ある医学生が述べていたように、そのような経験世界においては人間からその意味、いわば人間的意味が奪われている。ところでこの人間的な意味とはなんだろうか。我々はこれを原コミュニケーションにおいて現れる他者の姿と理解しても差し支えないと思われる。解剖学的眼差しの下で失われてしまう人間的意味とは、つまり部分機能の集合体として捉えられた身体において失われている意味とは、いわばそういった部分機能へと分化されるのに先立ってそこにあったはずの他者の身体の全体的な質的経験、J・デューイの言葉を借りれば「客体」に対置されるところの「状況(situation)」、あるいは端的に「主題の全体としての質(the quality of subject-matter as a whole)」と考えることができるだろう。

デューイはこの「状況」に関して次のように述べている。「この関連において状況という言葉で示されているのは、ある事実、つまり究極的には存在命題において参照されるところの主題は、それがある単一の質によって隅々まで覆われ性格付けられていることによって、その内的な複合性にもかかわらず統合されているような、そういった複合的存在だという事実である。『客体』ということで意味されるのは、そのような複合的全体のある要素、つまり全体――要素はこれの分立である――からの抽象・分離(abstraction)によって定義される要素のことである」[54]。他者を、とりわけその身体のある部分だけを関心の対象とするような解剖学的な眼差しの下で失われた意味とは、このような状況的全体において捉えられた他者の質的経験であろう。ふたたびA・ホネットの論法にもどれば、そのような眼差しにおいては、例えば筋肉や血管、リンパ節など医学的な知の体系に記されたカテゴリーを実際に体現している身体の部分とそれらの客観的なつながりに関心が寄せられることで、それらの部分がそこから分立したところの人間の存在のボリューム、人間の状況的全体としてのあり方に対する注意が減退しているのである。

我々はこのような、他者を質的全体としてではなく、単なる疾患の場としてだけ捉えるようなパラディグマティックな思考様式の問題、あるいはモノローグ的な象徴秩序一般に生じる人間的意味の喪失の問題を、象徴的距離化という点からも考察した。空間的距離化においては、その距離による認知上の限界として直接に他者の人間的意味が失われる事態が生じた。その意味では空間的距離化自体も原コミュニケーションの忘却に一役買い得る。しかし我々が着目したのは、そのような空間的距離化と同じ事態がモノローグ的象徴秩序においても、まさに象徴的な形で実現されているということであった。存在の出来事に関与しない超越的な外在性の視点から構築される象徴秩序においては、空間的距離化の下でそうであったように、人々の間の差異は縮小し、人々はいわばその価値的中心としてのあり方を奪われて脱主人公化され、そして差異的な意味を持たない限りで代替可能なマスへと変えられてしまうのであった。モノローグ的なパラディグマティックな思考様式の下での経験世界において、他者への原コミュニケーションに対する注意が減退してしまうのは、いわば空間的距離化においてそうであるように、象徴的な距離化の下でも、他者の存在のボリュームが経験の意味というレベルで縮小してしまっているからだと我々は理解できる。

ただし、最後にもう一点述べておこう。第二章で我々は、物件化を中立的なものとみなしつつも、しかし合理化の圧力の下にあるときそれは物象化作用を持つと論じた。これと同じことを我々は象徴化についても言うことができる。象徴化は中立的である。というのも、それはモノローグ的象徴秩序だけでなく当然ディアローグ的象徴秩序においても働いているからである。しかしこれまでの議論を踏まえるならば、モノローグ的象徴秩序の圧力の下にあるとき、象徴化は象徴的距離化をもたらす形ではたらき、物象化作用を持つことになると言えるだろう。

（1）*Бахтин М. М.* Собрание сочинений. Т. 5. М., 1997. С. 389-390.

（2）*Бахтин М. М.* Проблемы поэтики Достоевского // Собрание сочинений. Т. 6. М., 2002. С. 73-74. M・M・バフチン、望月哲男・鈴木淳一訳、『ドストエフスキーの詩学』、筑摩書房、一九九五年、一二九－一三〇頁。この「物象化」という言葉は、初版『ドストエフスキーの創作の諸問題』においてはまだ用いられていなかったが、同趣旨の議論がすでに「客体化(объективировать)」「対象化(опредмечивать)」という言葉を用いて展開されていた。また、この引用に見られるような、物象化をもっぱら資本主義下における現象と捉える議論にはG・ルカーチの影響を見る必要があるかと思われる。ルカーチとバフチンの関係については以下を参照のこと。G. Tihanov, *The Master and the Slave: Lukács, Bakhtin, and the ideas of their time*, Clarendon Press, 2000. ただしバフチン自身はこの「物象化」と「資本主義」との関係について具体的に議論を展開することはない。

（3）*Бахтин.* Проблемы поэтики Достоевского. С. 80, 140 頁.

（4）　*Бахтин М. М.* 1961 год. Заметки // Собрание сочинений. Т. 5. С. 355. М・М・バフチン、伊東一郎訳、「ドストエフスキー論の改稿によせて」、『ことば　対話　テキスト　ミハイル・バフチン著作集8』、新時代社、一九八八年、二六九頁。『ドストエフスキーの詩学の諸問題』においても同様の表現が用いられている。Т. 6. С. 72, 126頁を参照のこと。

（5）　*Бахтин*. 1961 год. Заметки. С. 342, 247頁.

（6）　Там же. С. 357, 273頁.

（7）　ただしバフチンがこの「人格」と「モノ」という対置を絶対的なものとして見ていたわけではないことは確認しておく必要がある。バフチンは「六〇年代から七〇年代初めの作業メモ」のなかで次のように述べている。「忘れてはならないことは、モノおよび人格は境界であって、絶対的な実体ではないということである」(*Бахтин М. М.* Рабочие записи 60-х—начала 70-х годов // Собрание сочинений. Т. 6. С. 427. М・М・バフチン、新谷敬三郎訳、「人文科学方法論ノート」、『ことば　対話　テキスト』、三三三頁。

（8）　Там же. С. 423, 327頁.

（9）　Там же. С. 434, 342頁.

（10）　*Бахтин М. М.* К философии поступка // Собрание Сочинений. Т. 1. М., 2003. С. 7. М・М・バフチン、佐々木寛訳、「行為の哲学によせて」、『ミハイル・バフチン全著作　第一巻』、水声社、一九九九年、二〇頁。

（11）　Там же.

（12）　Там же. С. 12, 26頁.

（13）　Там же. С. 11, 26頁.

（14）　Там же. С. 7, 20頁.

（15）　Там же.

（16）　Там же.

（17）　Там же. С. 7, 19頁.

（18）　したがってバフチンは、思考に関しても、生の世界から遊離した抽象的な思考ではなく「参与的思考(участное мышление)」を重視するが、「行為の哲学」の英訳者は、バフチンのこの議論とキルケゴールの「関心(Interesse)」に関する議論との類似性を指摘している。M. M. Bakhtin, (trans. V. Liapunov), *Toward a Philosophy of the Act*, University of

Texas Press, 1993, p. 86, note 29. キルケゴールとの関係については、バフチンの伝記を書いたK・クラークとM・ホルクイストは次のように述べている：「また、オデッサに来てしばらくのころ（バフチンの十代後半のころ――見附）、バフチンはキルケゴールを読んで魅了され、原典で読むためにデンマーク語を学ぼうとしたが、とてもそんな時間がなかったので、この計画を断念し、ドイツ語訳で甘んじなければならなかった」（K. Clark and M. Holquist, *Mikhail BAKHTIN*, The Belknap Press of Harvard University Press, 1984, p. 27. K・クラーク、M・ホルクイスト、川端香男里・鈴木晶訳、『ミハイール・バフチーンの世界』、せりか書房、一九九〇年、四六頁）。クラークとホルクイストはこの記述の具体的な典拠を示してはいないが、バフチンが若いころキルケゴールに親しんだということは、一九七三年に行われたB・Д・ドゥヴァーキンとの対談におけるバフチン自身の証言によって裏付けることができる。「非常に若いころ……ロシアにおける誰よりも早く、私はセーレン・キルケゴールを知った」（Беседы В. Д. Дувакина с М. М. Бахтиным. М., 1996. С. 36）。ここでドゥヴァーキンがキルケゴールを知らなかったのでバフチンはさらに次のような説明を加える。「彼（キルケゴール――見附）はヘーゲルの生徒であり、まさにヘーゲルに……シェリングに学んだ。しかし後には、彼はヘーゲルと、ヘーゲル哲学と戦い続けた。彼は、実存主義の初期の創始者であったが、往時、存命中にはまったく知られることはなかった。［…］ドストエフスキーは彼については、もちろん、何の知識も持っていなかったが、しかし、ドストエフスキーに対するキルケゴールの近さは驚くべきものであり、問題構成はほとんど同じだし、深さもほとんど同じである」（Там же. С. 37.）。バフチンとキルケゴールについては注35も参照のこと。

（19）この意味でT・B・シチッツォヴァはバフチンの思想を「関与の存在論」と規定している。*Щитцова Т. В.* К истокам экзистенциальной онтологии: Паскаль, Киркегор, Бахтин. Минск, 1999. С. 18.

（20）*Бахтин.* К философии поступка. С. 38-39, 66 頁. シチッツォヴァはこの引用にも現れている「存在におけるアリバイのなさ」を、実存哲学（とりわけキルケゴール）の言う「現存在（Dasein）」に対応する概念として理解している。*Щитцова Т. В.* К истокам экзистенциальной онтологии. С. 23. ただし、他方で、『バフチン著作集　第1巻』に所収の「行為の哲学によせて」へのコメントのなかで、Л・А・ゴゴティシュヴィリはこの「アリバイのなさ」という概念を、M・ハイデガーが言う意味での「現存在」の概念よりもむしろ、例えばフォイエルバッハにおける我と汝の思想などと関連付けるべきだと述べている。さらには我と汝の相互的な外在という点で、我々がここで検討するバフチンの「外在性」の理念もまたこのフォイエルバッハの議論に関連付けることができると述べている。*Гоготишвили Л. А.* Преамбула к 〈К философии Поступка〉// *Бахтин*. Собрание сочинений. Т. 1. С. 395. ただし「現存在」という言葉を単純に、「現にそこに実存する」という程度の意味で理解すれば、それは「我と汝の外在」という理念と矛盾することはないだろう。この点はバフチンの「関与」(あるいは「参与」)の概念に関する以下の考察のなかで明らかになる。

(21) *Бахтин М. М.* Автор и герой в эстетической деятельности // Собрание сочинений. Т. 1. С. 104. M・M・バフチン、佐々木寛訳「美的活動における作者と主人公」『バフチン全著作　第一巻』、一四六頁。ちなみに、この引用に現れた「余剰(избыток)」という概念は、「関与」と「外在性」から帰結するものである。この言葉が意味するのは、私は私以外の誰にも立つことのできない唯一の位置から世界に参与しており、それゆえに私はまさに私の唯一の位置から、私以外の誰も見、知ることができないものを見、知っているということである。もちろんこれは他者についても、その固有の余剰を想定できるであろう。つまり、私と他者はそれぞれに対して相互に外在しながら、それぞれがそれぞれの余剰をもって存在の出来事に参与しているということである。

(22) *Бахтин*. К философии поступка. С. 40, 68 頁.

(23) Там же. С. 53. この部分は『著作集』で新たに加えられた部分なので既存の邦訳には訳出されていない。

(24) *Бахтин*. Автор и герой в эстетической деятельности. С. 95, 132 頁.

(25) Там же. С. 248, 348 頁.

(26) Там же. С. 203, 277 頁.

(27) *Бахтин*. 1961 год. Заметки. С. 358, 274 頁.

(28) *Бахтин М. М.* Дополнения и изменения к «Достоевскому» // Собрание сочинений. Т. 6. С. 319-320 頁.

(29) *Бахтин*. Проблемы поэтики Достоевского. С. 82, 143-144 頁.

(30) Там же. С. 83, 146 頁.

(31) Там же. С. 84-85, 148 頁.

(32) Там же. С. 88, 154 頁.

(33) Там же. С. 84, 146 頁.

(34) *Бахтин*. 1961 год. Заметки. С. 355, 270 頁.

(35) この二つ目の議論の背景にもやはりキルケゴールの影響を見ることができるかもしれない。この点については以下の拙論を参照のこと。見附陽介、「M・M・バフチンとS・キルケゴール——対話と実存について」、『ロシア語ロシア文学研究』、第四二号、日本ロシア文学会、二〇一〇年、四一―四八頁。

(36) *Бахтин.* Автор и герой в эстетической деятельности. С. 199, 166-167 頁.

(37) *Бахтин.* Проблемы Поэтики Достоевского. С. 70, 122-123 頁.

(38) Там же. С. 63, 109-110 頁.

(39) Там же. С. 69, 121 頁.

(40) Там же. С. 11, 16 頁.

(41) Там же. С. 28, 45 頁.

(42) Там же. С. 110, 198 頁.

(43) Там же. С. 280, 528 頁.

(44) Там же. С. 94, 169 頁.

(45) ここで言う「思考様式(a mode of thought)」とは、「経験を整序し現実を構築する仕方」としての「認知作用様式(a mode of cognitive functioning)」のことである。「一方の様式、つまりパラディグマティックないし論理‐科学的な思考様式は、記述および説明の形式的な、数学的な体系の理想を実現しようと試みる。それはカテゴリー化ないし概念化を用い、また諸カテゴリーを確立し、例示し、理想化し、互いに関連付けて一つの体系を形成するという手続きを用いる。[…]物語の様式(the narrative mode)の想像力に富む適用は、それとは違って、みごとなストーリー、人の心をひきつけるドラマ、信ずるに足る(必ずしも「真実」ではないとしても)歴史的説明などをもたらす。それは人間の、ないしは人間的な意図および行為、そしてそれらの成り行きが示す変転や帰結を問題にする。それは、時間を超越した奇跡を経験の特殊なものの下に置きいれ、その経験を時間と場所のなかに位置付けようと奮闘する。[…]これとは対照的に、パラディグマティックな様式は、ますます高度の抽象に達することによってその特殊者を超越しようとし、結局はその特殊者に関するいかなる点についても、原則としてどのような説明的価値をも認めない」。J. Bruner, *Actual minds, Possible worlds*, Harvard University Press, 1986, pp. 12-13. J・ブルーナー、田中一彦訳、『可能世界の心理』、みすず書房、一九九八年、一八―二〇頁。

(46) B. J. Good, *Medicine, Rationality, and Experience: An anthropological perspective*, Cambridge University Press, 1994, p. 72. B・J・グッド、江口重幸・五木田紳・下地明友・大月康義・三脇康生訳、『医療・合理性・経験　バイロン・グッ

ドの医療人類学講義』、誠信書房、二〇〇一年、一二三頁。以下MREと略記し文中に頁数を示す。
(47) ナラティヴが再解釈に開かれているということは、ナラティヴ・セラピーをめぐる議論においてもドミナント・ストーリーとオルタナティヴ・ストーリーの転換として論じられている。
(48) 野口裕二、『物語としてのケア　ナラティヴ・アプローチの世界へ』、医学書院、二〇〇二年、二八頁。以下文中に頁数を示す。
(49) 「日常の現実は、[…]人間的現実である。人間的刻印を持った使用の対象――手袋、短靴――が自然の事物のなかに置かれ、最初にモノ(choses)として観照されるとき、また街の出来事――人だかり、事故――が、喧騒を遮る窓ガラス越しに眺められ、純粋な光景の地位にまで引き下げられ、一種の永遠を授けられるとき、我々は別の世界へ、超現実へ来たという印象を持つ」。M. Merleau-Ponty, *La structure du comportement*, Quadrige/Presses Universitaires de France, 1942, p. 181. M・メルロ＝ポンティ、滝浦静雄・木田元訳、『行動の構造』、みすず書房、一九六四年、二四八頁。
(50) 山本武、『一兵士の従軍記録――つづりおく、わたしの鯖江三十六聯隊』、しんふくい出版、一九八五年、五九頁。以下引用は文中に頁数を示す。なおこれはあえて戦闘に関する記述だけを選んで引用している。山本武氏の人間性はむしろ次のような記述に現れている。「ああ、人の命はなんとはかないものか。戦場の常とは言いながら、ほんの先ほどまでいっしょに談笑し、行動していた者が、一瞬にして消えて行く。他人事ではない。わたしもまた寸刻の後、いかなる運命にあるかわからない。お月様は、何かしら物思わせるお方か、十二月の寒空に皎々と照る。天井から見れば、虫けらか蛆虫のごときわれわれの争いを、生を、死を見つめておいでになる」(九五頁)。
(51) L. Yablonsky, *Robopaths*, The Bobbs-Merrill Company Inc., 1972, p. 35. L・ヤブロンスキー、北川隆吉・樋口祐子訳、『ロボット症人間』、法政大学出版局、一九八四年、四一頁。
(52) 「何百万もの人間に対する管理された殺害によって、死は、いまだかつてそれほどまでに恐れられることのなかったなにかになってしまった。死が、なにか人生の流れに沿うものとして、一人ひとりの経験豊かな人生の一部になるということは、もはや不可能である。個人は彼に残された最後の、もっとも惨めなものさえ収奪されてしまった。収容所において死んだのは個人ではなく範例(Exemplar)であった」(Th. W. Adorno, *Negative Dialektik*, in: ders., *Gesammelte Schriften*, Bd. 6, 4. Aufl., Suhrkamp, 1990, S. 355. Th・W・アドルノ、木田元・徳永恂・渡辺祐邦・三島憲一・須田朗・宮武昭訳、『否定弁証法』、作品社、一九九六年、四三九頁)。

（53）　*Бахтин М. М.* К философии поступка // Собрание Сочинений. Т. 1. М., 2003. С. 44-45. M・M・バフチン、佐々木寛訳、「行為の哲学によせて」、『ミハイル・バフチン全著作　第一巻』、水声社、一九九九年、七六頁。

（54）　J. Dewey, "Qualitative Thought," in *The later works, 1925-1953*, vol. 5, Southern Illinois University Press, 1981. p. 246.

第四章　象徴機能と物象化

第二章、第三章ではそれぞれ物象化の社会的モデルと記号的モデルを考察してきたが、物象化の一般的モデルとしてその理念型の構築を目指すこの第四章の議論においては、さしあたりこの二つのモデルを総合する必要がある。そのためには、まさに社会的物象化と記号的物象化を「同一化原理」という共通のメカニズムにまで還元し、根本的な批判を展開したTh・W・アドルノの議論を参照するのが有益である。

第一節　アドルノの同一性批判——社会的モデルと記号的モデルをつなぐ同一化原理について

一　アドルノの言語論的物象化論

アドルノがM・ホルクハイマーとともに『啓蒙の弁証法』において言語の記号化、物象化、信号化について論じていたことは第一部第二章第二節において確認した。ここではまず、その議論がアドルノの認識批判といかに関わるかを検討しておこう。すでに確認したように『啓蒙の弁証法』においてホルクハイマー／アドルノは言語を記号と形象という二つのタイプに分けていた。記号的言語にはおいては、固定され反復される判断図式が経験にとって代わり、抽象的に反復する同一なるものだけが現実の存在となるのであった。したがってそこでは、非同一的なものは現実認識において排除されている。

C・デマーリンクが述べるように『啓蒙の弁証法』における記号的言語の批判は(デマーリンクは記号と形象という『啓蒙の弁証法』において述べられた言語の二つのタイプの差異には注意していないが)、普遍と特殊の同一化の媒体である概念的言語の批判という形で『否定弁証法』に引き継がれた(1)。そこにおいて問題となるのは、同一性の物象化とそれに伴う非同一的なものへの暴力である。「非概念的な全体に対して概念は、ひとえに自身の物象化によって自身の隙間を閉じるのである。まさにこの物象化が概念を概念として成立させる(2)」。これによって概念は自身の志向より外に抜け出すことはできず、その同一化から漏れたものはことごとく排除される。そして概念が物象化されている限り、つまり不動の立脚点として固定されている限り、概念によって成立するところの思考は、決してその同一性から抜け出すことはできない。主観はいつまでたっても自身のトートロジカルな影ふみ遊び、つまり「巨大な分析判断」(ND, S. 158, 189頁)から抜け出すことはできないのである。否定弁証法は、そのような物象化を解除して、概念をその非同一的なものへと向けて運動させることを究極の目標とする(3)。

しかし、否定弁証法が一つの思考であろうとする限りは、概念に依拠しないわけにはいかない。したがって否定弁証法は、概念に依拠しながら概念を超えるという道を取らざるを得ないのである。アドルノが、L・ヴィトゲンシュタインの向こうを張って、哲学とは語り得ないものを語ろうとする努力である、というのはこの意味である(――この方法論がコンステラツィオンであるが、これについては補論を参照のこと)。

このようにアドルノの言語論的物象化論は、「概念フェティシズム」(ND, S. 58, 64 頁)の下で成立する同一性に対する批判へと展開されたのであるが、我々はここに、第三章で検討した物象化の記号的モデルとの理論的な連続性を見ることができる。アドルノが概念の物象化に見ていたのもやはり、特殊者が普遍者の単なる範例へと還元され概念に同一化されてしまうことだった。この点はすでに『啓蒙の弁証法』の言語論においても論じられていた。第一部第二章第二節ですでに引用した文章だが、もう一度確認しておこう。ホルクハイマー／アドルノは次のように書いている。「純化された言葉は対象を経験へともたらす代わりに、それをある抽象的契機の事例として説明し、それ以外の一切は、無慈悲なまでの明白さへの強制をつうじて表現から――それとてもはや存在しないのだが――切断され、それとともに現実のなかでも萎縮してしまう」[4]。この問題は『否定弁証法』においても、やはり主要なテーマとなった。アドルノは非同一的なものの認識と同一化する思考を対置して次のように述べる。「この認識(非同一的なものの認識――見附)が言おうと欲するのは、あるものが何であるかということである。これに対して同一性思考が語るのは、それが何に属するか、何の範例ないし代表であるかということ、したがって、このもの自身とは別のものである。同一性思考は、対象を見境いなく責め立てれば責め立てるほど、その対象の同一性からますます遠ざかるのである」(ND, S. 152, 182 頁)。『否定弁証法講義』に残されたメモ書きの言葉を用いれば、「個別的なものが範例としてそこに帰属するところの分類的概念は、個別的なものを開示することはない」[5]のである。アドルノは以上の議論によって同一化によって非同一的なものに暴力を振るう概念システムに対する批判を行ったのであり、それに対置する意味で、自身の議論を「アンチ・システム」として性格付けた。

以上の文脈においてアドルノが批判の対象としている同一性思考と我々が第二部第三章で論じたパラディグマティックな思考様式とは、相当程度、共通した特徴を持っているように思える。対象をカテゴリーの範例としてだけ捉えること、そのカテゴリーに合致しないものは認識から排除されてしまうこと、こういったパラディグマティックな思考様式の特徴をアドルノは同一化という原理の下で理解したのである。アドルノはこのような同一化の枠組みから排除された非同一的なものとは、「抑圧され傷つけられたもの」(ND, S. 312, 385頁)だと言う。それはちょうどモノローグ的な象徴秩序のなかで声を奪われ、自己の物語を否認された人々の姿のように思える。

二　認識批判と社会批判

次にアドルノの社会哲学を検討したい。その際アドルノの次のテーゼにまず着目する必要がある。「社会批判とは認識批判であり、その逆も然り」(6)。アドルノのこの「社会批判 - 認識批判」テーゼに対する理解としては、およそ三つの形態を挙げることができる。一つは、M・ジェイの議論などに見られるような、A・ゾーン＝レーテルのアドルノへの影響を考慮した理解である(7)。肉体労働と精神労働の分離に応じて思考は抽象性を獲得し、その形式は商品形式を反映したものであるというのがゾーン＝レーテルの見解であり、実際アドルノはいくつかのテクストのなかでこのようなゾーン＝レーテルの議論を参照している。しかし、アドルノの次のような記述を見ると、単純に思考形式を商品交換という社会形式の反映として捉えているわけではないことが分かる。「交換価値、交換一般はそもそも、ただ概念が存在する限りで存在する。つまり概念の契機、したがって非物質的な契機が、諸概念の構成や観察者のうちにだけでなく、マルクスが分析しようとした社会的客観性の事態それ自身のうちにも同様に存在する限りで、それは存在する」(8)。このような点から、一方的な反映という議論ではなく、社会形式と思考形式の相互的な関係を重視する二つ目の理解の形態が提示される(9)。しかし、本論において重視したいのは三つ目の理解の形態である。アドルノは、この概念作用と交換行為の関係に着目しながら、さらにもう一つ別のことも言っているのである。「交換原理、人間労働の、平均的労働時間という抽象的普遍概念への還元は、同一化原理と同根(urverwandt)である。同一化原理は交換のうちにその社会的モデルを有し、そして同一化原理がなければ交換もないだろう(傍点は見附)」(ND, S. 149, 178頁)。この引用中に強調した「同根」という言葉に着目して、三つ目の理解の形態に議論を移したい。認識においても社会においても、アドルノが等しくそこに見出し、そして批判の対象としていたのは、まさしく「同一化原理」である。この引用に示されているように、アドルノにとっては、認識も社会もともにこの「同一化原理」によって成立するものとして理解されている。三つ目の理解の形態が着目するのは、この同根性、あるいはそれらがともに「同一化原理」によって成立しているという同型性である。「社会批判‐認識批判」のテーゼを字義どおりの意味で受け取るならば、認識が社会に媒介されているという点、あるいは社会が認識に媒介されているという点から議論を始めるのではなく、認識と社会それぞれを成立させているものが、一つの同じ原理(つまり「同一化原理」)だという点に我々は着目すべきだろう。というのも、そのような観点に立ってはじめて我々は、「同一化原理」を批判の対象としたアドルノの認識批判を社会批判として、つまり認識ではなく社会のレベルにおいてではあるが、やはり同様に「同一化原理」を批判するものとして直接に読み替えることができるからである。

さて、しかしこのようにアドルノが想定する認識と社会の同型性という問題は、すでにM. Tichyによって詳しく検討されているところでもあるので、ここでは我々の行論に必要な限りで簡潔に要点を確認することだけに議論をとどめておこう(10)。

認識と社会の間に見られる同型性は、右に見たように両者を成立させるところの「同一化原理」に求められる。アドルノの認識批判においては、同一化する体系とその下での普遍による特殊の支配、つまり特殊に対する普遍の暴力的な同一化が問題にされていた。すでに見たように、同一化する思考は、「自身の種や類の単なる実例(Exempel)へと事物を引き下げる」(ND, S. 149, 178頁)ことによって成立している。しかし、そのときカテゴリーの単なる実例とされた対象における非同一的な要素は捨象され、抑圧され、排除されてしまっているのである。それゆえ概念によって成立するところの思考は、対象のうちに己の「似姿(Abbild)」(VND, S. 231, 233頁)を見出すばかりで、自身の同一化する体系から抜け出すことができない。

アドルノが社会のうちに見出していたのもやはり、システム(体系)の問題である。「社会という概念自体を特徴付けようとするなら、全体性や有機体的なものといった概念よりも、システムという概念の方がずっと申し分ないと言える。システムというのは、ある仕方で課せられた秩序という概念、ある仕方で抽象的に課せられた秩序という概念だからである。ただしその場合にも、我々が社会というシステムについて語る場合、問題なのは観察者の立場からのシステム化(体系化)ではなく、事柄それ自体のうちにこのシステムの性格が潜んでいるということである[(11)]」。このように社会そのものにシステムの性格を付与するもの、つまり社会を抽象的な基準に従った秩序に仕立て上げるものとアドルノが考えていたのは、さきに見たように交換原理にほかならない。というのも交換原理の下で諸商品はその使用価値を捨象されて交換価値へと還元され、人間の労働もまた時間という量的基準によって測られる「抽象的人間労働」へと還元されてしまうからである。社会はこのように様々な対象(商品や人間さえも含めて)を抽象化、数量化し、それによって等価性を実現し、あらゆるものを自身の秩序の下へと同一化するのである。

このようなシステムとしての社会の下でもやはり、認識の体系において見られるのと同様に普遍による特殊の支配が見られる。アドルノが社会批判の文脈において普遍と言うときそれは社会であり、特殊とはそこに包摂される個人のことを意味する。そのような包摂は主に、個々人が自己保存のために社会へと同一化する、あるいはせざるを得ないということによって実現される。これは意識のあり様とは関係のないある種の強制的な事態である。「たとえ意識があり、普遍性を批判する能力を備えていても、人間は自己保存という不可避の動機によって、普遍者が盲目的に自己を保持するのを助けるような行動や態度を取ることを際限なく強要されている。意識の上で普遍者に反対していても、そうせざるを得ない。〔…〕この普遍者が配慮するのは、自身に服従する特殊者が自分自身よりもよくならないことである。これが今日までに生み出されたあらゆる同一化の核心である」(ND, S. 306, 377 頁)。

以上のように、アドルノは交換原理によって貫かれた社会に、認識におけるのと同様の問題、つまり同一化するシステムとその下での普遍による特殊の支配を見出していた。我々はここに、認識と社会の同型性を確認することができるであろうし、そしてまた、冒頭に見たアドルノの「社会批判 - 認識批判」のテーゼの意味を見出すことができるだろう。認識と社会の同型性のゆえに、アドルノが同一化原理や体系（システム）、普遍による特殊の支配などを批判するとき、それが認識批判の文脈でなされていたとしても、それは同時に社会批判でもあり、そして社会批判の文脈でなされていたとしてもそれは同時に認識批判なのである。しかし、そうは言ってもやはりアドルノの議論はもっぱら認識論に費やされている。したがって、そのような認識批判が社会哲学の文脈へとどのように読み替えられるかを具体的にアドルノ自身の議論に即して確認しておく必要があるだろう。

三　機能連関としての社会

右に見たように、アドルノは社会領域における抽象化の問題をもっぱら交換原理に見ていた。この交換原理の下での普遍による特殊の支配の具体的な内容を検討するために、まずはアドルノの次のような言葉から始めよう。「交換価値の抽象性は、あらゆる個々の社会的な階層化に先立って、特殊者に対する普遍者の支配、つまりその強制の一員に対する社会の支配と結び付いている。交換価値の抽象性は、社会的に平均的な労働時間のような諸単位への還元過程の論理性がそう装うように、社会的に中立的であるのではない。人間を商品交換のエージェントや担い手へと還元することのうちに、人間の人間に対する支配が隠れている。［…］全体的連関は、死にたくなければ、主観的に『利益動機』に導かれているか否かに関係なく、すべてのものは交換法則に服従しなければならないという形態を持つ」[12]。ここで着目したいのは、交換原理が単に商品としての対象だけではなく、まさに人間自身にも適用されており、普遍による特殊の支配、つまり社会による人間の支配の下では、人間はある社会的機能（単なる商品交換の担い手）へと還元されているという点である。この点をさらに詳しく検討するためには次のようなアドルノの見解も見ておく必要がある。「人間が役割を持つのは、社会の構造連関、つまり人間を純粋な自己保存へと仕立て上げもすれば、彼らに彼らの自己の保持を許しもしない、そういう構造連関においてである。すべてを支配する同一性原理、人間の社会的労働の抽象的な比較可能性は、人間を、彼らの同一性の消去にまで追いやる」(G, S. 13)。社会的労働の「抽象的な比較可能性」とは、人間自身に適用された「等価原理」である。アドルノはしばしば社会を「機能連関(Funktionszusammenhang)」として捉えているが、そのような機能連関は個々人の同一性を無視した「役割」の連関と言うことができるだろう。我々はこのような機能・役割連関のなかにさきに見た普遍による特殊の支配の具体的内容を見ることができる。機能あるいは役割とは、それを担うものの個性によらない抽象的・普遍的な労働（あるいは社会的行為一般）の形態である。個々の対象が概念へと包摂され、単なる範例・サンプルとみなされるのと同様に、個々の人間は抽象的で比較可能な機能・役割の担い手へと還元されてしまうのである。

以上の議論を踏まえて、もう一点確認しておかなければならない。それは非同一性の問題、つまりアドルノが社会批判の文脈においてその救出を試みている非同一的なものとは何かという問題である。非同一的なものとは同一的なものの他者である。認識においてそれは概念の他者であり、したがって個別の対象が有する、「そのクラスの定義には含まれない諸規定」(ND, S. 153, 184 頁) である。社会システムにおける同一的なものとは、社会的実践という観点から捉えるならば、いわば否応なく交換法則に服従する機能・役割の担い手のことである。しかし、さきの引用に見たように、アドルノはこのようなあり方を個々人の同一性とは異なるものと捉えている。したがって、社会における非同一的なものとは、個々の人間つまり我々のうちにある社会的な機能には還元され得ない「なにか(etwas)」である。この機能へと決して還元されない「なにか」をポジティブに名指すとすると、「実存」という言葉によってある程度それを言い当てることができるのではないかと私は考えている。なるほど、周知のように、アドルノは実存哲学を痛烈に批判した。しかし、アドルノの批判をよく読むと、アドルノは必ずしも「実存」と呼ばれるもの自体を否定しているわけではないことが分かる。むしろ、誤解を恐れずに言えば、アドルノはある面では主要な関心を実存哲学と共有している。ある面とは、つまり社会的な機能、普遍的なカテゴリー、抽象的な反復へと還元され得ない「なにか」に対する志向である。ではなぜアドルノは実存哲学を批判したのだろうか。アドルノは次のように述べる。「実存という語のまわりに集まっている様々な学派は、[…]概念には解消され得ないもの、概念と相反するものを、ヘーゲルのモデルにならって再び概念にもたらすことによって、哲学的に清算しようと欲している。彼らは、非概念的なものという概念が概念には解消され得ないものを思考に捧げてくれる、というのである。[…]概念から身を退けるものを、それ自身の概念に包摂することで同化させ、揮発させるのではなく、概念から身を退けるものに概念を用いて付き従うこと、この自らの課題からこれらの学派は逃亡しているのである」(VND, S. 256, 264 頁)。強調すべき点は二つある。一つは、アドルノが実存哲学の本来の課題とみなしていること、つまり「概念から身を退けるものに概念を用いて付き従うこと」が、実は同時にアドルノ自身の認識プログラムの主題でもあったということである。まさにアドルノは同一化思考に対置されるべき認識のあり方について次のように述べている。「認識のユートピアとは、概念を欠いたものを概念に同一化することなく、概念によって開示することである」(VND, S. 100, 115頁)。

もう一つの強調すべき点は、しかし実存哲学が、ヘーゲルが「特殊なもの」を「特殊性」という概念によって置き換えたのと同様に、概念には解消されないものをそれ自身の概念、つまりは「実存」という概念の下に抽象的に包摂してしまっていることが批判されているという点である。この二点から、アドルノは「実存」というもの自体を否定しているわけではなく、それに対する実存哲学のアプローチの方法を批判していることが分かる(ただしここではこの批判の妥当性については検討しない)。アドルノもやはり「実存」と呼び得る「なにか」を志向している。しかしそれを「実存」という概念によってポジティブに示すのではなく、「非同一的なもの(das Nichtidentische)」というネガティブな形で名指そうとするのである。以上の点から、アドルノの哲学は、少なくとも社会批判の文脈においては、「ネガティブな実存哲学」と呼び得るような性格を備えていると言えるだろう。それは「実存」をそれとして示すのではなく、それを否定し排除し抑圧する同一性原理の批判によってネガティブにそれを示そうとしているのである。

ただし、普遍と特殊、社会と個人というカテゴリーは、アドルノにおいては、まったく別個のそれぞれに自立したカテゴリーとして理解されているわけではないという点は注意しておかなければならない。アドルノはむしろこの両者の間には弁証法的な関係(単純に「相互作用」あるいは「相互媒介」と表現されることもある)があると考えていた。それゆえに「否定弁証法は、自己完結的な実存、つまり自我の固定した自己性の手前で停止することはないし、それと同様に、実存のアンチテーゼにして実存に劣らず硬直化した役割、つまり現代の主観的な社会学によって万能薬として用いられている役割の手前で立ち止まることもない」(ND, S. 274, 337頁)。しかし、にもかかわらず現実においてこの両者の相互媒介は断絶され、特殊したがって個人に対する、普遍したがって社会の圧倒的な優位が実現されている。認識においても社会においても、このような普遍と特殊の断絶をもたらすものは、もちろん、支配の原理としての同一化原理にほかならない。暴力的な同一化があってはじめて、「抑圧され傷つけられたもの」としての非同一的なものが生み出されるのである。

以上の点、つまり人間の社会的機能への還元と決してそこに還元され得ないなにかとの分裂という問題に着目することによって、社会批判としての同一性批判および社会における非同一的なものの救出というアドルノの社会哲学のあり得る具体的な内容が明らかになったと思われる。

まとめ

以上のアドルノの議論をもう一度我々の研究の文脈から捉え返そう。本節の冒頭で述べたように、我々はこのアドルノの議論を手掛かりとして、物象化の社会的モデルと記号的モデルの総合を行うことができる。というのも、アドルノがそうしたように、我々はこの二つのモデルの間に「同一化」という共通の原理を見ることができるからである。まずアドルノは、『啓蒙の弁証法』において展開された言語論を引き継いで、『否定弁証法』においては、概念的思考の下で対象がカテゴリーへと同一化されてしまう事態を批判した。なぜアドルノはそのような同一化を批判するのであろうか。それは、その同一化が、それが何であるかを語るのではなく、それが何に属するかを語るものであり、その限りで、その何かへの帰属つまり同一化の下でその帰属にとって不必要な部分がいわゆる非同一的なものとして排除・抑圧されてしまうからであった。まさに認識批判の文脈においては、その認識が、その認識が目指していた対象の認識として成立していないという点が批判されたのであった。

他方でアドルノは同一化を個人と社会との関係のうちにも見ていた。認識におけるのと同様に、やはり普遍としての社会への特殊としての個人の同一化のなかでも、その人間がなんであるかではなく、その人間が何に属するか、したがって社会の場面においては、その人間がどんな役割をはたし、何の機能をはたすかという点が重視されるのであり、そこに関係しない個人の特質は社会における非同一的なものとして排除・抑圧されてしまうのであった。まさに社会批判の文脈においては、その同一化が人間のいわば実存的あり方を否定し、人間をカントが言うところの手段へと、社会の機能へと還元してしまうという点が批判されたのである。例えばアドルノは次のように述べる。「各個人は、人間という社会化された類の代表者として尊重されるべきであって、決して交換過程の単なる一機能ではない。カントによって決定的な形で強調された手段と目的の区別は社会的なものであって、それは労働力商品としての主体と、そのような商品でありつつもなお自身のために機構全体を作動させるような主体であり続ける人間との間の区別である。［…］こうしたパースペクティヴがなければ、あの命法のヴァリアントは無意味になるだろう」(ND, S. 254, 312-313 頁)。

アドルノが同一化の問題として捉えたこのような点を、我々は第二章、第三章で考察してきた問題のなかにやはり見ることができる。社会の物象化においては物件化を中立的な問題として検討したが、そのなかで明らかになったのは、「組織の物象化」と「人間の客体化」という二元的物象化の帰結をもたらす物件化／脱人格化‐合理化は、まさしく人間が社会的構造のなかで一定の機能を担うある役割を、自身の役割行為として遂行することによって実現されるということであった。その際の役割とは、いわば行為の反復から抽出されたパターンとしてのゲシュタルト的同一態であり、またその脱肉化された形態である役柄あるいは組織の地位・部署といったものは、いわばそれを誰が担うかによらずに成立し続けるかのように捉えられる函数的性格を持った行為図式であった。したがって、我々が社会的構造においてある役柄を担うというのは、脱肉化された、脱人格化されたゲシュタルト的同一態として成立している役柄の行為図式へと自身の身体とその行為を同一化させるということである。しかも、その同一化は役割を担うものがみずからそれに従うという側面だけではなく、他方で構造的安定性の維持のために、そこからの逸脱がサンクションの対象になるということ、そして実際に逸脱するものは退場を命ぜられるということによっても実現されているのであった。重要なのはこのような行為図式への同一化が、一方で、組織が人間的偶然性に左右されずに合理的に、計算可能な形で、まるで機械のように作動することを許すと同時に、他方で、そこに属する人間の行為主体としての主体性を奪い、人間をいかなる情動も持たずにただひたすら定められた行為図式を反復するだけの歯車、あるいは人間機械に変えるということである。我々は、このような二元的な物象化としての社会の物象化を、最終的に同一化という問題へと還元することができるのである。

記号的モデルに関しても我々は、アドルノがその認識批判において論じたように、対象(人間)があるカテゴリーへと同一化され、その単なる範例になる事態に、人間の物象化の本質を見た。モノローグ的象徴秩序へと同一化されることで人間は、本来は対話的応答のポリフォニー的関係のなかに開かれてあるべきその独自性、未完結性を奪われ、つまり脱中心化・脱主人公化され、非関与的な、状況遊離的な高みからすべてを見渡す単一の眼差しの下で生活感を欠いた風景の一部へと埋め込まれてしまうのであった。そこにおいて人々のその個性を知らせるあらゆる差異は捨象され、人間の存在のボリュームもその人間的意味も縮小されマス化されてしまうのであった。ポリフォニー小説あるいは対話的ナラティヴにおいては、「価値的中心」としての主人公の周囲に主人公の固有の時系列にそって主人公の声と他者の声が配置され、その対話的応答のなかで主人公の主人公にとっての意味が構成されるのであったが、それに対して、モノローグ的象徴秩序は決して対話や再解釈には開かれておらず、意味を固定させたモノのような記号の完結した体系として成立しており、そこでは人々はＡ＝Ａの同一律による本人不在の定義によって、そしてまたある人間の意味はその人間以外の、というよりは存在の出来事にそもそも参与しないなにものかによって、外部から完結されてしまうのであった。そのようなモノローグ的な象徴秩序における物象化する／された同一化によって、人間から人間的意味が失われ、男、女、子供といった区別も関係なしにすべて敵として殺害処理することを可能にするような経験世界が構成されることになる。

　このように我々は最終的に物象化の社会的モデルと記号的モデルの間に同一化という共通の基本的原理を見出すことができるのである。同一化とは、いわば物象化の最小場面と理解することができる。我々はこの物象化の最小場面としての同一化の問題を、次節でさらに追求することにしたい。その議論を通じて我々は、象徴機能という物象化のいわば最小機能単位を知ることになる。

補論――コンステラツィオンについて

　アドルノが認識批判および社会批判において批判の対象としていたのは、同一化する体系の下での普遍による特殊の支配であった。最後に補足として、同一化の暴力を反省したうえでどのように振る舞えばその暴力を回避できるとアドルノが考えていたのかを確認しておこうと思う。アドルノはこういった我々が取り得るオルタナティヴをまとまった形で示すことはなく、諸々の文中に断片的な形で示すだけである。しかし認識論の文脈におけるこの断片的な記述は、先行研究においてかなりの程度拾い上げられ、まとめられている(13)。その際のキーワードを挙げるとすると、「コンステラツィオン／コンフィグラツィオン」、「ミメーシス」、「限定された否定」、「ミクロロギー」、「解釈(Deutung)」、「パラタクシス」などとなろう。これらの概念はそれぞれ個別的には、例えばベンヤミンとのつながりを見る思想史的な観点などからある程度検討されているが、しかしこれらの概念全体によってアドルノが示そうとしている非暴力的な認識形態の全体像は意外と論じられていないようである。したがってここでそれを簡潔に確認しておくことは無駄ではないだろう。

　右に示した諸概念はすべて「非同一的なもの」を認識し描くための方法論あるいは――アドルノが好んで用い

る言葉を用いれば――プログラムとみなしてよい。そのプログラムの目指すところはすでに引用した次のような言葉に見ることができる。「認識のユートピアとは、概念を欠いたものを概念に同一化することなく、概念によって開示することである」。このプログラムの具体的な内容を、簡潔に描いてみよう。同一化の暴力を回避する認識はまず微細な対象への沈潜、つまり「ミクロロギー」から始まると言える。ただしここで単にその個別的な対象を一般的なカテゴリーの下へと包摂してしまうだけならば、それは対象を既存の体系的な枠組みへと同一化し、非同一的なものを排除するという暴力を行使することになる。したがって、そのような概念による包摂ではなく、アドルノが言うところの「限定された否定」、つまり「概念をその対象と、また逆に対象をその概念と対決させることによって、内在的批判を行う」(VND, S. 44, 47頁)[14]ことにその具体的な作業内容を持つ批判的なアプローチが必要になる。しかし、概念的認識から、つまりその同一化のシステムから排除された非同一的なものは、まさに非概念的な対象である。それゆえに「非同一的なもの」へと認識を向かわせるためには、単に内在的な批判だけでなく、概念的認識とは別の認識形態つまり「ミメーシス」も同時に必要となる。ここでアドルノが目指しているのは、いわば概念的認識と非概念的認識の総合である。ではそのような総合はどのようにして実現し得るか。「概念がそれ自身の抑圧したもの、つまりミメーシスというものの代理をし得るのは、概念がそれ自身の振る舞いのなかで、このミメーシスのうちのなにものかを我がものとしながら、しかもそこに自己を失わないということによるほかない」(ND, S. 26, 22頁)。このような概念の振る舞いは「コンステラツィオン(Konstellation)」と呼ばれる。アドルノによれば、「なるほど、個別的なものが範例としてそこに帰属するところの分類的概念は、個別的なものを開示することはない。しかし、構成をこととする思想が個別的なものに持ち寄る諸概念のコンステラツィオンはそれを行う」(VND, S. 183, 198頁)。このコンステラツィオンの理念はアドルノにおいてはもっぱら言語のコンステラツィオンとして捉えられているので、その点を次に確認しよう。

言語には名というものがある。それは、「もちろん認識機能を代償にはするが、しかし事象をカテゴリーによって覆ってしまうことをしない」(ND, S. 61, 68 頁)ものである。アドルノが言うところの概念の振る舞いのなかに取り入れられる「ミメーシスのうちのなにものか」とは、言語に即して言えば、この名の機能のことである。アドルノにとって重要なのは、この言語における「名」の機能を保持しつつ、しかも同時に概念的な認識機能を保持する言語の形態である。それが言語のコンステラツィオンである。アドルノは次のように述べる。「あらゆる概念の規定可能な欠点が、他の諸概念を引き合いに出すことを強制する。そこに、名の希望からなにものかがただそこへとだけ移行した諸々のコンステラツィオンが生じてくる」(ND, S. 62, 69 頁)。概念の欠点、概念と対象の非同一性はミクロロギーと限定された否定の作業によってはじめて明らかにされるものであるが、そのような欠点、非同一性を補うために諸々の概念が呼び出され、コンステラツィオンが、つまり諸概念の星座的布置が形成されるのである。この星座的布置においては、対象は概念の下に包摂されるのではなく、その星座としての諸連関のうちに自身のミメーシス的な表現を見出すのである。しかし、そのような諸概念のコンステラツィオンが再び体系的な整合性の下に構築されるのであれば、それは再び非同一的なものを取り逃がしてしまうだろう。したがって「コンステラツィオンは体系ではない(15)」し、体系であってはならない。この点はアドルノのヘルダーリン論におけるパラタクシスの理念を見るとより鮮明になる。

パラタクシスとは辞書的には、論理的な従属関係を示す指標なしに並列される二つの文あるいは語の関係を言う。重要なのは、それらの意味のつながりが明示的に示されることはなく、文脈によって決定されるということである。しかし、アドルノはこのようなパラタクシスとしての後期ヘルダーリンの詩形式を、単なる統語論上の形態としてではなく、暴力的な統一をもたらす総合への抵抗という哲学的、認識論的な意味から理解している。アドルノにとってパラタクシスとは、「[…]精神の暴力行為に対する告発が一つの言語形式を探し求める(16)」ときに見出される一つの形式である。それは、「従属的な(subordinierend)統語論の論理的なヒエラルヒーを回避する」(PAR, S. 471, 186頁)ための形式であり、「精神に固有の総合原理の絶対的命令から逃れているような言語形式」(PAR, S. 472, 186頁)である。アドルノにとって、「[…]総合あるいは同一性は自然支配とほとんど同じもの」(PAR, S. 482, 192頁)であり、それは内容に対して強制的なもの、暴力的なものとしてある。言語はまさしくこの強制と暴力の器官として機能している。というのも、「言語はその意味作用的要素、つまりミメーシス的‐表現的契機の対極である要素によって、判断と命題の形式に、そしてそれとともに概念の総合機能につなぎとめられている」(PAR, S. 471, 186頁)のであるが、まさに「概念的、述語的なものとして、言語は主観的な表現を妨げ、その普遍性のゆえに、表現されるべきものをすでに前もって与えられたもの、既知のものへと平均化してしまう」(PAR, S. 477, 189頁)からである。この点に、概念的言語の判断形式における強制あるいは暴力のメカニズムがある。パラタクシスとはこのような言語の暴力に対する言語による抵抗の形である。そしてこの意味でコンステラツィオンは、体系的統一の下での同一化の強制に対する抵抗の形態として、非体系的なもの、「パラタクシス的なものへと移行する」(PAR, S. 473, 199-200頁)必要があるのである。アドルノはこのような暴力的に同一化するのではなく、その都度構成されるところの諸概念のコンステラツィオン(つまりそこにミメーシス機能を受け継いだ諸概念のパラタクシス的な振る舞い)のうちではじめて客観の経験が可能になると考えている。

さて、以上が同一化する概念的認識に対してアドルノ提示した認識のオルタナティヴである。このアドルノの言うコンステラツィオンは、相当に対話概念に近いように思える。対象を概念的体系の下へと包摂するのではなく、その対象を中心にして集められた離散的な諸概念の関係のうちにその対象を表そうとすることは、明らかにモノローグの拒否を意味する。この集められる諸概念がそれぞれ他者の視角であり他者の言葉だったとしたら、コンステラツィオンとしてそこに構成されるものはまさに対象を媒介にした他者たちとの対話関係だっただろう。

しかし、アドルノはそういう理論構成はとらなかった。そこにはやはりJ・ハーバーマスが言う意味での意識哲学の限界が現れていたのかもしれない。かくしてアドルノはコンステラツィオンの離散的照応という性格のモデルを、一人の主観の内部における多元性、つまり「思考の奔逸と幾人もの統合失調症患者の前形態がそこに育つ狂気の領域」(PAR, S. 479, 190頁)に求めざるを得なかったのである。

第二節　象徴的受胎——同一化と象徴機能について

前節までに我々はいわば様々な物象化現象に現れる基本メカニズムとして同一化の問題を検討してきた。本節では、その同一化という原理をさらに詳細に考察することで、いわば物象化の最小機能単位を析出したいと思う。その際、ここでは主にE・カッシーラーの議論を検討する。というのも、カッシーラーが提示する「象徴的受胎」という人間の精神活動の基本原理は、まさに同一化がそこによって立つメカニズムの内実を示してくれるからである。

しかし、その議論に入る前に、まずは象徴機能とは何なのかをある程度明らかにしておかなければならない。私は象徴機能という言葉を基本的には、『象徴形式の哲学』における議論に即して理解している。カッシーラーが「象徴機能」という言葉を用いるとき、当然文脈によって意味に揺れがあるが、しかし基本的な意味としては、「普遍的な象徴機能(die universelle symbolische Funktion)」が考えられている。それは、「芸術や、神話的・宗教的意識や、言語や認識において、それぞれの内在的法則性において展開されるもの」(PSF1, S. 134, 第一巻224頁)[17]である。カッシーラーは、これらのそれぞれの象徴形式においてそれぞれの特殊性を通じて現れる象徴機能の具体的な内容については定義らしいものを提示していないのだが、端的に言ってしまえば、それは単純に意味する機能である。あるいは、あるものが意味を持つ機能と言い換えてもよい。ただしその際重要なのは、あるものが意味を持つのは、そこに意識の働きかけ、意識による世界の分節化が深く関わっているがゆえに意味を持つということである。当然ながら、意識がなければ意味もないし、意味を問われもしない。意味はつねに意識にとってある。したがって、カッシーラーはしばしば「意識の象徴機能」(PSF1, S. 22, 第一巻 49 頁)という言い回しを用いる。そのように象徴機能には意識の能動的な働きが深く関わっているがゆえに、カッシーラーは「表情」、「表示」、「意味」の認識の三段階それぞれに象徴機能を認めつつも、やはり能動的に世界を分節化する「表示」段階以降の語と言語音声に「純粋に象徴的な機能」(PSF2, S. 304, 第二巻 471 頁)を見出し、そのもっとも完成した姿を記号の代理機能に見ている。

一　『象徴形式の哲学』の全体像

まずはカッシーラーの『象徴形式の哲学』における基本的な問題設定を確認しておこう。カッシーラーは『象徴形式の哲学』において、「思考と存在」という哲学の基本的問題に、意識の根本機能としての象徴的記号の問題を通じてアプローチする。カッシーラーは次のように考える。「記号は思考の単に偶然的な外皮にとどまるものではなく、その必然的かつ本質的な器官(Organ)である。記号は出来上がった形で与えられた思想内容を伝達するという目的に役立つだけでなく、この内容そのものが形成され、その十全な規定をはじめて手に入れるために働く道具なのである」(PSF1, S. 18, 第一巻 42 頁)。このような観点に立つ限り、しばしば哲学史のなかに現れる「感性的なもの(das Sinnliche)」と「精神的なもの(das Geistige)」との無媒介的、排他的な二元論は支持されない。「というのも、そこでは感性的なものと精神的なものとの間に、ある新たな形態の相互連関、相互関係が結ばれるからである。精神的なものの純粋な機能は感性的なもののうちに具体的な実現をもとめねばならず、結局そこにおいてしか具体的な実現を見出しえないのだということが示されるならば、この二つの世界の形而上学的二元論にも橋が架けられるように思われるのである」(PSF1, S. 19, 第一巻 45 頁)。カッシーラーがこのような議論のなかで重視するのはもちろん言語の問題であるが、そこにおいてカッシーラーは、今日の我々にはすでに馴染み深いものとなった言語の分節化機能、あるいは現実構成機能についての議論を展開している。「言語形成の過程は、直接的諸印象のカオスに我々が『名を与え』、それによってそのカオスを言語的思考と言語的表現の機能でみたすことによってはじめて、そのカオスが我々にとって明るく分節を持ったものになることを教えている」(PSF1, S. 20, 第一巻 46 頁)。

このような言語あるいは記号一般の働きによって、現実だけではなく意識もまた同じ理由から恒常性と同一性を獲得する。しかし、この現実(客体および自己)を構成する象徴形式という右に見てきた議論は、おそらくカッシーラーによらなくとも他のヴァリエーションを探すこともできそうである(例えばF・ソシュール以降の記号論など)。しかし、カッシーラーの議論の重要性は、シニフィアンとシニフィエの間の構造化された相互依存的関係性を論じるよりもむしろ、記号作用における感性的なものの地位を明らかにするという点にある。つまりそこではシニフィアンとシニフィエの関係ではなく、シニフィアンと物理的音声、シニフィエとレフェランの関係が論じられるのである。そのような感性的なものの地位をカッシーラーは「象徴的受胎」という言葉で表現する。この点の解明が本節での課題と言える。このようなカッシーラーの議論は、それ自体としては決して一般化され得ない差異を持った、あるいはその差異のなかに生きる我々一人ひとりの人間が同一化の下で範例へと還元されてしまう事態を考察する際に、とりわけ重要な意味を持つ。

二　分節化と同一性の成立

『象徴形式の哲学』におけるカッシーラーの議論の基本的テーマは、「意味」はいかにして成立するのかという問いに、つまり「いったいいかにしてある感性的な個別内容が普遍的な『意味(Bedeutung)』の担い手(Träger)となり得るのか」(PSF1, S. 27, 第一巻57頁)という問いに集約されることになる。つまり「感性的なもの」と「精神的なもの」の具体的な相互媒介の姿に関する問いである。

端的に言えば、「意味」とは感性的なもののうちに実現された精神的なものである。そのような意味を実現する感性的なものを、カッシーラーは「感性的な象徴」(PSF1, S 21, 第一巻48頁)と呼ぶ。ここにカッシーラーの象徴概念の本質がある。カッシーラーが象徴という言葉で意味していたのは、「いかなる種類のものであれ、一般に感性的なものの『意味充実』が見られるような現象、つまり、ある感性的なものが、ただ存在したり、しかじかのあり方をしたりしながら、同時に一つの意味の特殊化や具現化、その顕現や受肉としても現れてくるような現象の全体」(PSF1, S. 109, 第三巻191頁)のことである。この感性的なものに意味充実が見られるということ、感性的なものが「意味」を担うということ、ここに象徴機能の本質的な働きがある。ここで感性的なものというのは例えば物理的な音声であり、それが普遍的な意味の担い手になるというのは、その物理的な音が言語記号になることなどを意味している。そのようにある素材が意味の担い手になることは、カッシーラーによれば表出／再現前化(Repräsentation)、つまり「ある内容を他の内容のうちに、他の内容を通して表示すること」(PSF1, S. 41, 第一巻79頁)によって実現される。

ところでカッシーラーはすでに見たように、感性的なものが意味を担うというこの点について、感性的なものと精神的なものとがそれぞれ別個に存在しており、それが象徴化において重ね合わせられると考える二元論的な議論を批判する。例えばカッシーラーは、E・フッサールの志向概念を参照しながら、「質料的」契機と「ノエシス的」契機の抽象的な分離を批判する。「というのも、意識のいかなる内容も、それ自体で単に〈現前〉していることもなければ、それ自体で単に〈再現前的〉であることもないのであり、むしろ実際の体験はすべて、この両契機を分かちがたく統一して含んでいるものだからである。すべて現前的なものは、再現前化の意味で機能し、すべての再現前化は、意識に現前しているものに結び付くことを要求するのである」(PSF3, S. 232, 第三巻 390 頁)。にもかかわらず、これらの両契機が分離可能であるように思われるのは、そのような抽象的な分離が分析のために便宜上有益であるからというだけでない。それは、「質料」がある意味付与作用から別の意味付与作用へと移行し、いわば〈転化〉し得るからでもある。「例えば、単純な一本の線といった視覚的形象を、その純粋な表情意味に即して捉えることができる。我々がその図示された形に見入ったり、それを自分で作図したりしていると、そこから同時に、ある特有な相貌的〈性格〉が我々に語りかけてくる。その純粋な空間的な規定のうちに、ある特有の〈気分〉が醸し出されてくる。つまり、空間内での線の上下は、ある内面の働きを、ある力動的な膨張と収縮を、ある心的存在と心的生活をおのれのうちに含んでいるのだ。[…]だが、我々がこの線をある別の『意味』で受け取るや否や、つまりそれを数学的形象なり幾何学的図形として理解するや否や、こうしたすべてがすぐにも姿を消し、まるで雲散霧消してしまうかのように思われる。いまや線は単なる図式、つまり一般的な幾何学的法則性の表示手段になる。この法則性の表示に役立たないもの、その線のうち単に個別的な契機としてともに与えられているにすぎないものは、いまや一挙に、まったく無意味なものに転落してしまう。それは、いわば精神の視野から消えてしまうのである」(PSF3, S. 233, 第三巻 391-392 頁)。こうした空間形態は、いわば単なる「範例(Paradigma)」になってしまう。「それは、それ自体では直観され得ない数学的な思考内容がそこに表現される外皮にすぎないのである」（PSF3, S. 233, 第三巻 392 頁）。

このような感性的対象の範例化によって二元的な議論構成を許してしまうような意味付与作用の〈転化〉の発端を、カッシーラーは「表情」と「表示」の間に見ている。[18] すでに第二部第一章第二節でも確認したように、「表情」は体験の根源的な段階である。それはいわば認識の根であった。この表情の段階にも当然象徴機能は働いている。この表情段階に対応する象徴形式は神話である。この神話においては、表情体験と同様に、「変容（Metamorphose）」の動機が支配的であるとカッシーラーは言う。「神話にとっては、物体的な存在も心的な存在もまだ固定されておらず、それはある特有の〈流動性〉を有し、それを保持し続けている。現実は画然と確定した徴表を備えた明確な事物のクラスに分割されておらず、それに応じて様々な生の領域の間にも鋭い固定した境界線は引かれていない。『外的』知覚の世界に持続的な基体が欠けているように、それに劣らず、内的知覚の世界にも持続的な主体が欠けている」（PSF3, S. 83, 第三巻 146 頁）。したがって表情段階に属し、世界の明瞭な分節化がいまだ成立していない神話という象徴形式においては、世界もそしてそれと向き合う意識も、ともに安定性を得ておらず、絶え間ない変容のなかにいる。そこではいわば積極的に働きかけ現実を構成する形態化作用が、いまだ自発的に働いていないのである。「（「表情の世界」においては――見附）およそ体験するということはすべて――表情は、さしあたり被ることにほかならないのだが――捉えることであるよりも、むしろ捉えられている状態である。そしてまさしくその〈受容性〉は、あらゆる自己意識が自己意識である限り根ざしているような類の〈自発性〉とは明らかに対立するもの」（PSF3, S. 88, 第三巻 154-155 頁）なのである。

世界の安定的な分節化は、「人間がおのれを取り巻く現実をもはや単にそのまま受け入れるのではなく、その現実に能動的に対峙し、それを能動的に形成し始めるとき」（PSF3, S. 87-88, 第三巻 154 頁）にはじめて成立する。すでに見た象徴形式による現実の構成の問題である。たしかにすでに神話の段階においても、例えば「トーテミズム的世界観」(PSF2, S. 107, 第二巻177頁)におけるようなクラス形成を通じて、象徴形式を通じた世界への自発的な働きかけが現れ始めているが、真の意味でそれを完成させるのは、表示作用をもたらす言語である。というのも、「空間的・時間的に分離されたまったく異なる諸現象を同じ一つの主体の表出(Äußerung)として、つまりある特定の自己同一的な神的存在の示現(Offenbarung)として理解することを可能にする再発見と再認識の可能性を、言語がはじめて与えてくれる」(PSF3, S. 126, 第三巻217頁)からである。言語によって、神話において「表情」に基づいていた形象が「表示」となるとき、つまり様々な現象が「特定の自己同一的な神的存在の示現」として理解されるようになるときはじめて、「静止や内的恒常性という契機」(PSF3, S. 126, 第三巻217頁)が獲得される。「表示は、現前であると同時に再現前化でもある。いまここにあるものとして我々の前に存在しているもの、この特殊なもの、この特定のものとして与えられているものが、他方では、こうした特殊化のうちには決して完全には収まることのないある力の流出ないし表出としても与えられている。我々はいまや、形象の具体的な個別性を通してこの力全体を見やる。この力は、たとえどれほど無数の形式のうちに身を隠そうとも、やはり、そうした形式のいずれにおいても自己と同一であり続ける」(PSF3, S. 127, 第三巻218頁)のである。

もちろんこのような表出がつねに言語に備わっているわけではない。言語にも表情に対応する基層がある。カッシーラーは、例えば「擬声語」はこの層に属すと考え、また「詩的言語」もやはりまたこのような基層に深く関わるという。とはいえ、たしかに言語にはそのように「感性的な表情性格」も備わっているとしても、他方で言語は同時に「表示機能」も有しており、そこに「決定的な転換点」(PSF3, S. 130, S. 第三巻222頁)があるのである。「[…]およそ表示機能がそれとして現れてくるところでは、言い換えれば、感性的に直観的な内容が、その当のものの現在、その単純な〈現前〉に解消されてしまうのではなく、それをある他のものの表示ないし〈再現前化〉とみなすことがうまくできるようになったところでは、それによっていわば意識のあるまったく新たな高みが達成される。なんらかの個別的な感覚印象が象徴的に使用され、象徴として理解される瞬間は、かわらずいつも新たな世界の夜明けなのである」(PSF3, S. 131, 第三巻 223 頁)。

三　象徴的受胎

このように表情から表示の段階に至ってはじめて同一性と呼び得るものが確立される。しかし、このように感性的なものに対する意味付与作用が転化し得るからといって、そのような同一性の確立された段階においては、感性的なものと精神的なものが二元的に存立していると理解してはならない。あくまで両者は相互に媒介されているという点をカッシーラーは強調する。その点をカッシーラーもまた関数を例にとって説明する。「表示するものと表示されるもの、現前しているものと再現前化されたものとは互いに同一ではないにしても、やはり後者はつねに前者との関係においてしか、また前者は後者との関係においてしか理解可能な意味を生み出さない。関数が個別的な値に〈適用される〉のは、まさしく関数が個別的な値ではないからであるし、――他方、個別的な値が〈ある〉のは、それらが互いに関数によって表現される結合のうちにある限りにおいてでしかない。個別的でばらばらなものは、それ自体連関を顧慮してのみ存立しているのであり、その連関を一般者のなんらかの形態のうちに有している――一般者ということで〈概念〉の一般性を考えても、〈対象〉の一般性を考えてもかまわない、――そして同様に一般者は特殊者の下でのみおのれを示すことができ、特殊者のための秩序や規則としてのみおのれを証明し実証することができるのである」(PSF3, S. 381, 第四巻 92 頁)。確立された同一性の下における感性的なものと精神的なものとの関係とはこのようなものと理解される。

カッシーラーが「象徴的受胎」というのは、このようにある感性的体験が意味とともに体験されること、あるいは意味によってはじめて体験され得るということを述べるものである。つまり「象徴的受胎」とは、「『感性的』体験としてのある知覚的体験が、同時にある非‐直観的『意味』を自身のうちに含み、その意味を直接具体的に表示するようなあり方のこと」(PSF3, S. 235, 第三巻 394-395 頁)である。ただしここでは同時に、知覚自体がすでにある意味構造に属しているということも忘れてはならない。つまりある現象は、その現象のあり方においてすでに、それが所属している秩序に依存しており、その秩序に規定されているということである。「ここで問題になっているのは、まず単なる〈知覚的な〉所与があって、それにあとからなんらかの〈統覚的な〉作用が接ぎ木され、この作用によってそれが解釈されたり判断されたり変形されたりするといった事態ではない。むしろ、この知覚そのものが、それ自身の内在的な構造によってある種の精神的な『分節』を手に入れるのである」(PSF3, S. 235, 第三巻 395 頁)。つまり感性的な対象もそれが知覚的な所与として成立しているときにはつねにすでに精神的な分節を受け、関数における変数の位置に埋め込まれており、そしてそのとき、あるいはそのときに限り感性的なものは一つの「象徴」として精神的な意味をそのうちに受胎するのである。この意味で、「〈受胎〉という表現は、ここにいま与えられている個別的な知覚現象がある特徴的な意味の全体に理念的に折り合わされ関係付けられているということを名指そうとしているのである」(PSF3, S. 235, 第三巻 395 頁)。

象徴的受胎についてまとめておこう。それは「感性的なもの」と「精神的なもの」という不可分のものの間にある一つの関係である。そこにおいて感性的なものは、ある精神的なものを受胎し、いわばその意味の担い手として成立しており、精神的なもの、つまり理念的なものを表示し、代表している。他方で精神的なものは、その内容を感性的なものによって具現され、支えられることではじめて成立する。この両者の不可分のうちに知覚体験は成立するのである。カッシーラーは次のように述べている。「自我についての知や、実在的対象であれ理念的対象であれ、対象についての知は結局、『表示するもの』から『表示されるもの』へ赴き、ふたたび『表示されるもの』から『表示するもの』へと立ち返るということに帰結する。［…］すべての知覚はある特定の『指向性格』を持っており、それによっておのれの〈ここ〉と〈いま〉とを超えたところを指し示すのである」(PSF3, S. 236, 第三巻396-397頁)。また次のようにも述べる。「個別的に定在しているものは、その対象的意味に関しては、空間-時間的秩序や因果の秩序、物-属性の秩序に組み込まれることによって規定される。これらの秩序のそれぞれに組み入れられることによって、個別的に定在しているものは、ある特殊な指向-意味を、いわばある特定の目標地点を指示するベクトルを手に入れるのである」(PSF3, S. 236-237, 第三巻397頁)。したがって感性的なあるものがいかなる意味を担うか、いかなる意味において体験されるかは、それがいかなる象徴秩序のなかに組み込まれ、いかなる目標へと向けられているかによって決まるということである。こう言い換えることもできるだろう。感性的なものが意味を持つというのは、それがある目標地点を、ある秩序への帰属を示す指向性格、すなわち指向-意味を持つということなのである。

以上の議論を言い換えれば、現実は、意識の現実は、精神的なものがその内容をなすある感性的なもののうちに具体化され、他方でその感性的なものがその精神的なものを、その指向-意味のうちに表示するという相互媒介のなかで構成されるのである。象徴的受胎とはこの相互媒介のことである。最後にこれを、あえてシニフィアン-シニフィエという言葉を使って、再定式化しておこう。シニフィアンとは指示するもの、シニフィエとは指示されるものを意味する。この二つによって記号作用の全体が捉えられると考えるのは誤りである。なぜならそこでは感性的なものの地位が明らかにされていないからである。記号作用には二つの感性的なものが関与している。一つは、シニフィアンに対するその具体としての素材(音声、書字、ジェスチャーなど)、もう一つはシニフィエに対するその具体としての素材(したがって個々の指示対象)である。ソシュールの描いた記号のモデルを参考に感性的なものの地位を図式化すれば、図1のようになる(ところでこれはソシュールの理論の全体に変更

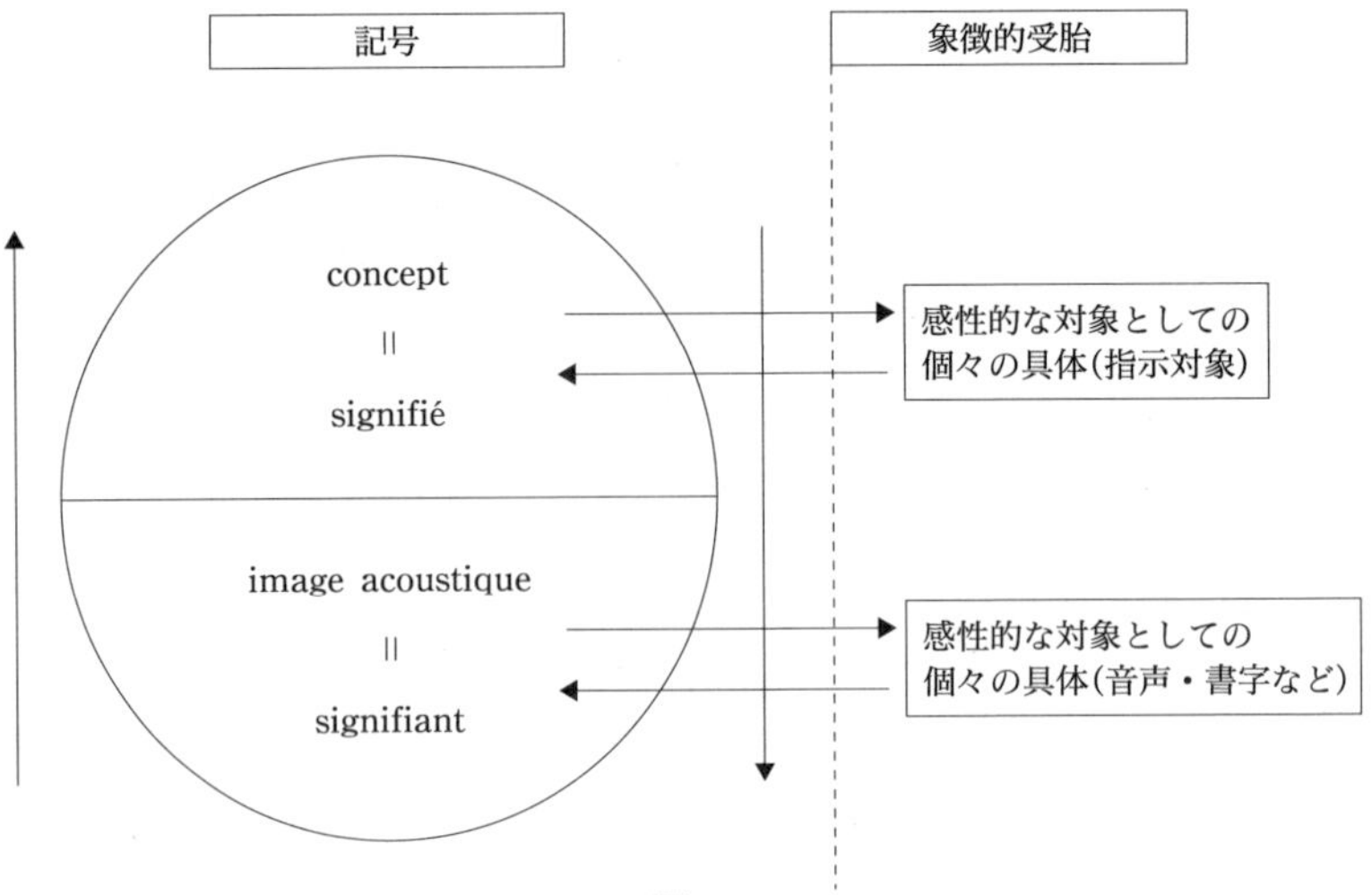

図1

注）ただしこの図は，対話的応答関係における意味の変化・生成の契機を考慮に入れていない。

を加えるものではない)。

この図の左半分はソシュール的記号論において主に議論の対象となる領域(「記号」)であり、右半分および左半分との間に引かれた相互媒介の矢印はカッシーラーが考察の対象とした領域(「象徴的受胎」)である。本来、この図の右側と左側は相互媒介の矢印をはなれてそれぞれ自存すると捉えてはならないが、ソシュール的な記号論では、左側が感性的なものをはなれて自存的に捉えられることがしばしばある。

「イヌ」という言葉の具体的な発声を聞けば我々はすぐさまそこにいるしっぽを振る生き物に目を向けることができ、他方でその動物を見ればすぐさまそれに関して「イヌ」という言葉を具体的に発声することができるが、このしっぽを振る動物と「イヌ」という個別的な音声が結び付くのは、図1に示されるような迂回路を通ってである。ソシュール的記号論においては、記号の領域におけるシニフィアンとシニフィエの関係、つまり一方の分節が即他方の分節を意味する、いわば切断される一枚の紙の表と裏のような関係と、その分節をもたらす構造化された対立的差異の関係が関心の対象になる。それに対して、我々はカッシーラーとともに感性的なものの象徴的受胎の領域を考察の対象にしてきた。そしてあるカテゴリーの下へと事物あるいは人間が同一化され単なる範例へと還元されてしまう事態を考察するとき、我々が解明すべきはこの感性的なものの領域でなにが起きているかなのである。シニフィエとレフェラン（指示対象）の間の象徴的受胎（そこにある相互媒介関係）とシニフィアンと音声・書字などとの間の象徴的受胎は別個のものとして扱うべきである。というのも、ある音声を意味を担った音声として聞き取るということと、ある対象をあるカテゴリーに属するものとして捉えることとは、それぞれ別の同一化の過程だからである。したがって一つの記号は、このような二重の同一化の関係と、シニフィアンとシニフィエの間の相互依存関係という三つの関係の契機から成り立っていると言うことができる。

すでに述べたように、カッシーラーは象徴的受胎における精神的なものと感性的なものの相互媒介関係を関数的なものとして表現していた。個々ばらばらな感性的なものは、関数的関係のうちに組み込まれ、そこに一つの値をとる限りで意味を担い、そしてその意味を通じて自身とは異なるものつまり概念であれ音声イマージュであれ、ある普遍者を指示する。他方でそのような関数的な存在としての普遍者は、その変数が個々の感性的なものによって具体的に値を与えられ、支えられることではじめてそれとして成立することが可能になる。カッシーラーは同一化の成立する「表示」の段階における象徴機能の様態をこのように理解した。ある感性的なものがある関数的なものの具体的な値としてそこに組み込まれ、いわばその内容になると同時に、その感性的なもの自体もその意味を通じてその関数的なものを自らのうちに宿す、この相互媒介関係こそが人間の意識とその現実を同一性という原理の下で構成するメカニズムなのである。

しかし、これらの議論は象徴機能とその効果の全体像を与えてくれるが、いまだ抽象的な議論にとどまっているように思われる。したがって、我々はさらにこの象徴機能がはたらく象徴的受胎の場面を具体的に分析しようと思う。その際、構造主義言語学における音韻論の研究を参照するのが有益である。[19] この音韻論の議論のなかに、我々は象徴的受胎の下で感性的なものになにが起きているかを、さらに具体的に見ることになる。

四　音声の記号的理解に関する音韻論の議論

まったく知らない外国語の会話を聞くと、それは我々にとってはほとんど雑音のようにしか聞こえない。その音声は言葉として発せられている以上、一定の形式を備えているはずであるにもかかわらずである。しかし、我々は音声が聞こえないというのではない。我々はなにを聞き取れないのか。それは音声の分節である。我々が音声を言葉として聞き取り、理解するというのは、それを記号として聞き取るということ、ある話者が発した音声を意味を担った記号として同定するということである。これは右に見てきた同一化を可能にする象徴機能のはたらきの問題である。音声に対する記号的同定の原理を研究した構造主義言語学の音韻論は、まさに音声の意味認知という我々にもっとも身近な現象に即して象徴機能の働きを具体的に示してくれる。

構造主義音韻論の創始者N・S・トゥルベツコイは音声学と音韻論を分けることから議論を始める。この区別は非常に重要である。音声学(Phonetik)が物理的現象としての音声そのものを考察の対象にしているとしたら、音韻論(Phonologie)は音声そのものではなく、また意味そのものでもなく、音声の意味機能を考察の対象にしている。R・ヤコブソンは音韻論の課題について次のように述べる。「周知のように、音の連鎖は意味の支えとして立ち現れるが、しかし問題は、どのようにして音がこの機能を果たすのかを知ることにある。[…]問題は、言語の量子を見出すこと、つまり表意的価値を担った最小の音要素を取り出すことである」[20]。もちろん量子とは比喩であるが、音韻論はいわば象徴的同一性を、つまりある感性的素材が象徴的受胎を通じてある意味の担い手となる事態を構成する要素の最小値を分析するのである。

音声学は「人間の言葉の素材的側面（音声）に関する科学」[21]である。これに対して言葉の物理的な特徴は音韻論にとって意味を持たない。「なぜなら、それらは単語の弁別の目印としては機能しないからである」（GP, S. 14, 13頁）。音韻論とはこのように、「機能に焦点を置く立場」（GP, S. 14, 13頁）である。したがって、その研究対象は音声の意味機能であり、言い換えれば、「弁別的音機能あるいは意味を区別する音機能」（GP, S. 30, 37頁）である。その意味で、「音韻論者は、言語構成体のある特定の機能を実現するものだけを音声において注目すべきなのである」（GP, S. 14, 13頁）。以上の点から音声学と音韻論の本質的な相違がはっきり現れる。音声の具体的な物理的な特徴を研究する音声学は、いわば「発話行為（パロール）の音論」（GP, S. 7, 5頁）である。これに対して弁別的音機能の特徴を研究する音韻論は個々の発話行為の音声に関わることはせず、音一般が持つ機能とその連関を研究の対象とするのである。音韻論は、いわば「言語構成体（ラング）の音論」（GP, S. 7, 5頁）なのである。したがって音韻論が研究の対象とするのは「音の言語的諸価値」であり、「これらの価値は、とりわけ諸関係、諸対立などから成り、したがって聴覚によってもまた触覚によっても、知覚され研究され得ない、まったく非素材的なものである」（GP, S. 16, 15頁）。

この意味では音韻論は二六二頁に示した図1で言えば主に左側の領域に関心を向けていると言える。しかし、音韻論は実際の具体音の機能を探ることを考察の対象にしているという点では、ソシュール的な記号論とは異なり、むしろ同一化の下での感性的なもののあり方をめぐる我々の関心に沿う議論を展開している。その限りで、トゥルベツコイの議論をここで参照することには意義がある。

トゥルベツコイによれば、音韻論の基礎をなすところの「弁別という概念は、対比、対立という概念を前提としている。ある物とある他の物とが弁別され得るのは、いわばそれらが互いに対照され対決されるとき、つまりそれらの間に対比関係あるいは対立関係があるときに限られる。したがって、ある音特徴に弁別的機能が認められるのは、この音特徴が別の音特徴と対立している場合、すなわち、それがある音対立の一つの項となっている場合のみである」(GP, S. 30, 37 頁)。ここでトゥルベツコイが述べていることをさらに敷衍すれば、弁別機能は、単に二つのものが異なっているだけではだめなのである。なぜなら、二つの異なる物も、ある言語体系内において両者の間に対立の関係がないのであれば、同じ一つの機能を果たすことができるからである。よく言われることであるが、日本人は発話においても聞き取りにおいても、英語の「r」と「l」の区別ができず、したがって「raw」と「law」の区別ができない。それは日本語においてはこの「r」と「l」という音声的な差異が音韻論的な意味で、したがって弁別的な意味で、対立をなしておらず、同じ一つの機能、つまり「ラ行」の発音として機能しているからである。日本語において「r」と「l」の差異は、非弁別的であり、それは「音韻論的に無意味な(phonologisch irrelevant)」(GP, S. 31, 37 頁)差異なのである。これに対して「当該言語において二つの単語の知的意味を区別し得る音対立を、我々は音韻論的対立(あるいは音韻論的に弁別的な対立あるいはまた弁別的対立)と呼ぶ」(GP, S. 30, 37 頁)。日本語とは異なり、英語においては「r」と「l」の差異は、唯一それによってのみ「raw」と「law」を区別することができるものである。その意味で両者の差異は「音韻論的に有意味な(phonologisch relevant)」(GP, S. 35, 42 頁)差異であり、そこでは音韻論的に弁別的な対立が成立しているのである。

トゥルベツコイはこのような音韻論的対立を成すもののうち最小のもの、つまりヤコブソンが言うところの「量子」を「音素(Phoneme)」(GP, S. 34, 41 頁)と呼ぶ。トゥルベツコイによれば、「音素を、例えば、個々の単語を組み立てる石材のようなものと考えてはならない(後の文脈から見て、この記述は音素を実体的に捉えることへの批判である――見附)。各々の単語はむしろ一つの音的全体、すなわち一つのゲシュタルトであって、ちょうど、例えば街頭で知人をその姿全体によって知人と認知するのと同じように、聞き手も一つの単語を一つのゲシュタルトとして認知するのである。しかし、ゲシュタルトの認知ということは個々のゲシュタルトが互いに区別されていることを前提としており、この区別は、個々のゲシュタルトがなんらかの標識によって区別されてはじめて可能となる。音素はまさに語ゲシュタルトの弁別の目印である。どの単語も、それを他のすべての単語から区別するに十分な数の音素を、しかも十分なだけの配列において、含んでいなければならないのである」(GP, S. 34, 41頁)。以上の意味で「音素とはある一つの音構成体の、音韻論的に有意味な諸特性の総体」(GP, S. 35, 42頁)と定義される。ただし、音素が「なによりもまず機能的概念」(GP, S. 38, 45頁)であることを忘れてはならない。それは弁別的な対立関係のなかではじめて成立する機能的なものであって、それとして単独に実体的に捉えられるものではない。

五　音素の具現

またトゥルベツコイはこのような音素の「具現(Realisation)」の問題についても語る。「ある一つの音が、その他の特徴のほかに、ある特定の音素の、音韻論的に有意味な諸特性をも含んでいる限り、その音をこの音素の〈具現〉とみなすことができる。音素は、各々の発話行為を構成する言語音(より正確には発話音、談話音)によって具現される。これらの言語音は決して音素そのものではない。なぜならある一つの音素は音韻論的に無意味な特徴を一つも含んでいてはならないのであるが、実際に発せられたある一つの言語音には必ず音韻論的に無意味な諸特徴が含まれてしまうからである。発話の際に響く具体的な音は、むしろ単に音素を表す素材的な象徴にすぎない。ある発話行為の連続的な音声の流れはある特定の音素連続を具現するあるいは象徴するのである」(GP,

S. 36, 42–43 頁)。このようなある一つの音素を具現する言語音は一つとは限らない。例えばトゥルベツコイは、例としてドイツ語の音素 g を具現する言語音として、有声の g、半有声の g、まったく無声の g、円唇軟口蓋の g 音、などなど様々な例を挙げている。あるいはさらに敷衍すれば、我々は一人ひとりそれぞれ指紋ならぬ声紋と呼ばれるほどに、声に独特の音声的特徴を持っているのであって、そうであれば、私の発声する g と他の者が発声する g は音声学的にはまったく異なるものであるだろう。にもかかわらず、それらの音声はやはり同じ一つの音素 g の具現とみなされる。トゥルベツコイはこのような同一の音素を具現する様々な言語音を「その音素の変種(Varianten)(あるいは音声的変種(phonetische Varianten))」(GP, S. 36, 44 頁)と呼ぶ。

以上の言語的な条件の下ではじめて我々は感性的対象である一定の音連続を一つの記号としてあるいは単語として再認知、あるいは同定することが可能になる。トゥルベツコイによれば、このような再認知、同定は音韻論的な区別あるいは対立関係の論理的な帰結であるという。「再認知の可能な、同定の可能な単語とは、特別な音的『弁別標識』によって他のすべての単語から区別されるような単語である。Leber(肝臓)という単語が同定されるのは、それがその l によって Weber(織工)、Geber(与える人)という単語から、その e によって lieber(より好ましい)という単語から、その b によって Leder(皮)という単語から、そしてその r によって Leben という単語から、それぞれ区別されるからである」(GP, S. 41, 49–50 頁)。このように一つの単語の同定は、つまりある音の連鎖が一定の記号として同定されるのは、その音連続のうちにたしかに具現されているはずの様々な音韻論的な対立関係の帰結としてはじめて成立するのである。

補論――構造音韻論の物理的実装

トゥルベツコイは、ここからさらに音素の特性について詳しく分析を加えるのであるが、我々としてはその議論に深入りすることは避け、最後に、この音連続の記号的な同定に関する問題、つまり弁別的価値を担う音素の対立関係の帰結として構成される一定の記号的構成態(シニフィアン)とその具現としての具体的な言語音の関係についての問いが、古典的な構造言語学の問題であるだけでなく、今日の音声工学においても重要な意義を持っていることを簡単に確認しておこう。

峯松信明は、この記号的な同定の問題を音声言語工学の立場から考察している。[22]「刺激の物理的多様性」に対していかにして「同一性認知」が果たされるかという問題である。峯松の議論は、機械的な音声認知機構の開発において従来支配的だった「多様な話者性に対処するために数千・万の話者を使って音響モデルを構築する」アプローチに対して、構造主義言語学の知見を踏まえて新しいアプローチを提起する点が非常に興味深い。

異なる人間の発声する記号、異なる音程でハミングされるメロディー、見る角度によって様々な網膜像をもたらす一匹の犬、朝日の中と夕焼け空の下で見る朝顔、我々はこれらの現象になんの苦もなく同一性を認める。我々は低い男性の声でハミングされるメロディーと高い女性の声でハミングされるメロディーを、音高はまったく違うにもかかわらず、同じメロディーと認知することができる。赤ん坊は親の言葉を模倣することで言葉を覚えるが、しかしそのとき、母親の声色や父親の声色を模倣する赤ん坊はいない。九官鳥が音声の特徴そのものを模倣するのに対して、赤ん坊はある言葉の音声的特徴そのものではなく、記号的同一性を構成するあるなんらかの契機を模倣するのである。

この同一性の契機とはいわば「語ゲシュタルト」である。この語ゲシュタルトは、「話者不変の全体的な音パターンである必要がある。色や音高に関する不変的認知は、各刺激の物理量の絶対的認知ではなく、刺激群間のコントラストに基づく全体的認知が基本となる」(三頁)のである。峯松はこのような観点から、「如何なる連続かつ可逆の変換に対しても不変となる」「音声の構造的表象」(四頁)として、f-divergence を用いた数式を提示する。残念ながら数学や情報学に通じていない私にはこの数式の意義をここで紹介することはできないのだが、ただ重要なのは、峯松がこのような「音声の構造的表象」の言語学的裏付けとして構造主義言語学の音韻論を参考にし、「音声の構造的表象」を「構造音韻論の物理的実装である」(六頁)と主張する点である。

我々は異なる音高のうちに同一のメロディーを、異なる声色のうちに同じ記号を認知するが、それは個々の具体音に依拠しながらも、その具体音そのものではなく、そこに「具現」されているシニフィアンを、あるいは不変の「構造的表象」をパターン認知という形で読み取ることで成り立っている。そして機械的な音声認知の機構あるいは音声の合成技術の機構は、峯松によれば、このような音韻論的な知見に依拠した機構をとることで、実際の人間の言語能力により近づくことができるのである。音声言語工学は人間の情報処理の実装を行う必要はないという従来の見解とは反対に、人間の言語能力を参考にして、「音声ストリームに埋め込まれた不変パターン・構造を抽出する技術の構築」(五頁)こそが重要だと峯松は主張する。

ここで峯松は従来の音声そのものの分析に重点をおいた手法と自身の「構造音韻論の物理的実装」を目指す手法を、自閉症患者と健常者の対置によって説明する。峯松によれば、健常者が具体的な刺激群を捨象してパターン認知を行うのに対し、自閉症患者はそのような情報の捨象ができないという。したがって峯松によれば、「重度自閉症者にとって音声言語は、通常、その利用が極めて困難なツールである。文字言語が第一言語となる場合もある。但し、フォントが変わると読めなくなることもある。当然、母親の声は理解可能だが、父親の声が認識困難となる例もある」(五頁)。このような自閉症において阻害されているのは、「情報群のなかに埋め込まれた抽象的なパターンの抽出」の能力であって、自閉症患者は記号的同一性を捉えることができず、母親の声と父親の声の純粋に音声的な差異という、いわば物理的な刺激情報の洪水に飲み込まれてしまうのである。峯松は数千・数万の音声データを用いて音響モデルを構築しようとする従来の手法は、このような自閉症患者の情報処理と同様の形態をとっていると考える。これに対置する意味で、峯松は構造音韻論の知見に基づき、人間の音声認知能力の物理的実装を目指すのである。

まとめ

同一化の下では感性的なものに何が起きているか。この点を、本節で展開された議論のまとめとしてここで検討しておこう。人間が一人ひとり異なるように、人間の声がそれぞれ異なるように、蟻一匹一匹が異なるように、感性的なものには何一つとして同じものはない。しかし我々は自閉症の患者が巻き込まれてしまうような無限の差異に満ちた情報の渦に対して、そこに分節化をもたらすことで同一性を実現し、世界と自己の恒常的な安定性を確立する。このような同一化は、感性的なものに象徴機能が与えられ、「表示」つまり現前がそこにないものを再現前化する段階にまで達することで可能になるのであった。というのもその段階においてこそ、無限に異なる感性的なものたちが、再現前化という形で、したがってその「意味」として、等しくある一つの同じ自己同一的なものを自身のうちに受胎し、ある同じ一つのものの示現、代表となることで同じものとみなされるからであり、さらに加えて、それによってはじめてその自己同一的なもの(これは関数的なもの、ゲシュタルト、あるいはパターンとして成立している)もその存立を確証され支えられるからである。したがってこの点を敷衍すれば、同一化の下で個々のものがあるカテゴリーの単なる範例にまで還元されるというのは、つまり同一化される感性的なものがそれ自体であると同時に、それ以外のもの、つまり自己がその具体的内容であるところの普遍者を意味する一つの記号になるということを意味する。

しかし、その際当然ながら、その普遍者はどのようなものでも見境なく感性的なものを自身の具体的内容として指示するわけではない。日向で寝転がっている猫は、「犬」という概念の具体的内容として指示することはできない。感性的なものがある概念に同一化されその範例となる、したがってその意味として普遍者を表すというのはどのような条件で成立するのか。この点に関するヒントを我々は音韻論の議論から得ることができる。

秩序（構造と言ってもよい）内的な観点から言えば、ある概念はそれ自体で存立しているのではなく、同じ秩序に属する他の項との差異によってその輪郭を画定されている――つまり何々ではなく、何々でもなく、何々でもない、という形で。したがってある概念はそれによって他の概念と区別され得る弁別特性をその構成契機として備えていなければならない。音韻論はそのような弁別機能を持った最小単位を音素に求めた。しかし、この弁別という特性は音声に限らずあらゆる概念構成に備わるものである。例えば、日本語には「猿」という概念しかないが、英語には同じ猿でも主に「monkey」と「ape」という二つの概念がある。この二つの概念を弁別するのは、簡単に言って尾があるかないかである。したがって「テナガザル」は日本語では「猿」だが、英語ではテナガザルには尾がないということから、しっかりと「monkey」ではなく「ape」に分類される。いわば尾があるかないかという差異は日本語の概念体系においては対立を形作っていないが、英語の概念体系においては対立を形作る弁別機能を有しているのである。

ある概念の下に同一化される感性的なものは、このようにその概念がそれによって他の概念から区別されるところの弁別特性をしっかりと「具現（Realisation）」していなければならない。しかし他方では、感性的なものは弁別特性を機能的に具現していさえすれば、ほかの特性はすべて「音韻論的に無意味な差異」というのと同じ意味で「弁別機能上無意味な差異」になってしまう(――「音韻論的に」というのは「語を弁別する機能の点で」ということであり、したがって「弁別機能上」というのと大差ない)。ある音声の記号的同一化に際してそれが大声で叫ばれるか小声で囁かれるかが音韻論的に無意味な差異であるように、しっぽを振る動物が概念「犬」の具体的内容とされるとき、それが大型犬であるか小型犬であるかは同一化の際に弁別機能上無意味な差異でしかない。したがって、感性的なものがある概念に同一化されるとき、その感性的なものの特性のうち、その概念の内容の構成にとって重要な特性のみが強調され、概念の内容に直接に関わらない特性、したがってその概念を他の概念と分ける弁別機能を果たさない特性は、すべて無意味な差異として背景へ退いてしまう。したがってテナガザルに尾があるかないかは日本語の概念体系においては弁別機能を持っていないので、我々日本人にとってテナガザルの尾は重要性を持たず、したがっておそらく多くの日本人はテナガザルの尾に注意を向けない。

ただしこの特定の差異に向けられる関心はその方向が固定されているわけではない。声を言語記号として聞くとき、したがってその伝達内容に関心が向けられるとき、語を同定する弁別特性に注意が向けられるが、しかし関心が言葉の伝達内容ではなく、その声の主が男であるか女であるかの判断にあった場合、記号の同定において伝達内容の方は、発話者が男か女かを弁別するための機能を果たさないから、背景に退いてしまう。このように無意味な差異として背景に退いていた声の音声的特質が男の声と女の声を弁別する機能を持つことになり、逆に差異を有意味か無意味かに分ける関心は、主観的な関心のときもあるし、音素のように構造的に規定されている場合もある。いずれにしても、ある感性的なものがある概念に同一化され、つまりその下に包摂され、範例としてその概念を意味する記号になる際、その感性的なものは、その特性を弁別機能上有意味な特性と弁別機能上無意味な特性へと区別され、そのうえで弁別機能上有意味な特性のみに関心を注がれることになる。

以上、我々は本節の議論から同一化の下における感性的なもののあり様について主に二つの知見を得た。一つは、同一化の下で感性的なものは、範例として、それ自身であると同時に自身がそこに包摂されるところのものを自身のうちに宿す「感性的象徴」になるということであり、もう一つは、その際、その感性的なものは、それ自身としてありながらも、同時に意味を担うものとしては、それが持つ諸特性のうち同一化にとって弁別機能上有意味な特性にのみ関心が注がれ、機能的に無意味な特性は関心の外に退けられるということである。以上が、我々が物象化の最小場面とみなした同一化の下で生じている具体的な事態である。そして、ここで明らかにされた同一化の下に生じたこの二つの事態は、まさにあるものに意味を持たせる象徴機能の二つの帰結なのである。その意味で私は象徴機能を物象化の最小機能単位と理解したい。しかし、これは最小機能単位であって、物象化そのものではない。ではこの最小機能単位としての象徴機能は、物象化といかなる関係にあるのだろうか。物象化の理念型の構築を目指す次節では、この点から議論を始めよう。

第三節　物象化の理念型

我々はこれまでの議論によって、象徴機能といういわば物象化の最小機能単位にまで行き着いた。ここでは最後にこの物象化の最小機能単位としての象徴機能からふたたび様々な物象化現象へ立ち戻ることで、物象化の理念型の構築を試みたい。

一　象徴機能の二つの使用

物象化の最小場面である同一化の下での感性的なものの象徴的受胎には、二つの契機があった。一つは、感性的なものはある自己同一的なものに同一化されることで、その自己同一的なものを意味として自らのうちに宿すが、ただしそのとき感性的なものは、その自己同一的なものを他のものから分ける弁別特性を具現するものでなければならないということ、もう一つは、したがって、そのように感性的なものが象徴的に受胎し、ある自己同一的な普遍者を意味として表すとき、その感性的なものの特性のうち、その普遍者の安定した自己同一性を構成する内容的特性、逆に言えば他者との安定した差異を構成する弁別特性を機能的に充たす（つまり「具現」する）内容的特性のみが意味を持ち、それ以外の特性は無意味な差異として背景に退くということである。

さて、同一化の下における感性的なものが人間である場合を考察すると、この物象化の最小場面としての同一化における象徴的受胎（前節の議論をきちんと踏まえたうえでならば単純に「象徴化」と呼んでもよい）が何を意味するかが具体的に見えてくると思われる。その際、同一化をやはりこれまでの議論に則って社会的同一化と記号的同一化の二つに分けて考察しよう。

比較的議論が容易な後者、つまり記号的同一化から検討しよう。医学的経験世界において患者がそうであったように、またカーリー中尉にとってソンミ村の人々がそうであったように、人間はあるカテゴリーへと同一化され単なる範例へと還元されるが、それはしばしば人間の物象化をもたらすのであった。患者の身体が単なる「疾患の場」となるのは、患者の身体がある医学的カテゴリーの内容を構成する弁別特性を「具現」するだけのもの、N・S・トゥルベツコイの言い回しを借用すれば、いわば単なる医学的な「ヴァリアント」になることを意味する。その医学的カテゴリーを具現するために必要な弁別特性以外の特性は医学的に無意味な差異として関心の外に置かれる。しかし、この医学的に無意味な差異として退けられるものはしばしばその人間の存在にとって本質的なものである。それはその人間の主体性であり、ライフ・ヒストリーであり、対話的精神活動である。

このような人間の人格性あるいは主人公性にとって構成的と思われる特性が無意味な差異として背景に退くときに、物象化が生じる。そのとき人間はあるカテゴリーを表示する単なる記号となり、その限りで同じく同一のカテゴリーを代表する他の人間と代替可能で機能的に等価なものになる。というのも、患者は、その固有の特性を背景に失ったうえで、疾患の要件をなす特定の弁別特性を具現していさえすればよいのであって、その際その弁別特性を具現する素材はA氏の身体であろうとB氏の身体であろうとかまわないからであり、つまり素材の差異は疾患を構成する要件として弁別機能上無意味だからである。そのようにして、あるカテゴリーに同一化された人間たちは、それぞれがそれぞれにおいてある同じものを意味する単なる記号として機能的に等価なものになる。

しかし、すでに述べたように、象徴化それ自体が直接に物象化を意味するわけではない。象徴化はモノローグ的象徴秩序、パラディグマティックな思考様式においては右に見たような物象化作用を持つが、ディアローグ、ナラティヴは物象化作用ではなく、かえって人間にとってその意味を構成し生成させていく働きを担っていた。我々はいまやこの二つの象徴秩序においてなにが象徴機能の効果をそのように分けているかを考察すべきだろう。

物象化作用と人間的意味の形成・生成作用という象徴機能の二つの効果を分けるのは、二つの象徴秩序における象徴機能の使用の差異である。つまり象徴機能が手段としてそこに結び付けられる目的の差異である。この目的の差異を我々は、W・ヴィンデルバント以来一般的となった「法則／秩序定立的（nomothetisch）（通常「法則定立的」と訳されるが、nomos は法に加えて掟、慣習という意味も持つのでここでは約定的な秩序という意味を含ませて、「法則／秩序定立的」と訳したい)」と「個性記述的(idiographisch)」という二つの対立概念によって表現することができるだろう。「法則／秩序定立的」とは、いわば個々の対象とその運動を法則あるいは規則の表現として捉える自然科学的記述の性格を言い、「個性記述的」とは、個々の対象とその運動の一回的な個別性を捉える歴史科学的記述の性格を言う。この二つの概念の対立を表現方向の逆として捉えることで、二つの象徴秩序における象徴機能の使用を、それぞれ法則／秩序定立的と個性記述的と性格付けることができる。

二　「nomothetisch」と「idiographisch」

表現方向の逆とはつまり「認識目的(Erkenntniszweck)」の逆のことである。ヴィンデルバントは、法則／秩序定立的な科学における認識目的は、まさしく「一般的法則」[23]であると述べる。「自然研究者にとって、その観察の個々の所与の客体は、それ自体としては学問的価値を持たない。自然研究者が、その客体をある類概念の類型として、特殊事例として考察し、そこからその類概念を展開することを正当と考える限りで、その客体は彼に役立つものとなる。自然研究者は、そこにおいて、法則的な一般性に適する価値特徴のみに注意を向ける」(P, S. 150, 205–206 頁)。「自然研究は色彩豊かな感覚の世界から、構成諸概念のシステムを作り出す。自然研究は、このような構成諸概念のなかで、諸現象の背後に潜む事物の本質を捉えようとするのである」(P, S. 151, 208 頁)。これに対して、ヴィンデルバントによれば個性記述的科学における認識目的は「一回的実在(einmalige Wirklichkeit)」(P, S. 144, 198 頁)である。法則／秩序定立的な科学が、「つねに自己同一的な形式」を扱うとしたら、個性記述的な科学は「実在的現象の一回的で、それ自身において規定された内容を考察する」(P, S. 145, 199 頁)。つまり、例えば「歴史家にとって課題は、過去の何らかの形象をまったく個別的に理念的現在性へと描き出すことで、それに新たに生命を吹き込むことにある」(P, S. 150, 206頁)。

両者の違いはとくに価値判断に現れる。というのもその価値は認識の目的によって決まるからである。法則／秩序定立な科学においては、「個別的なものは、もしそれが普遍的な構造における基礎石になることができなければ、無意味で珍奇な客体にとどまる」(P, S. 153, 211頁)。このとき、その対象が人間であった場合はどうだろう。「しかし、人間の理解が概念や法則に向かえば向かうほど、その理解は個別的なものを自身の背後に追いやり、忘却し(vergessen)、捨て去らねばならない」(P, S. 155, 213頁)。これに対してヴィンデルバントは、人間の価値判断は本来特殊性にこそあると考える。「その学説(プラトンのイデア論に代表されるギリシャの法則／秩序定立的な学説――見附)によれば、あらゆる事物の周期的な反復のうちに、人格もまた、その行為や苦悩にもかかわらず、反復するはずである。もしも生が何度となくそのようにすでにそこにあったとしたならば、そしてまた何度となく反復し続けるはずならば、生命の価値はずいぶん低められてしまう。[…]私が同じ役割を、同じ舞台で、繰り返し繰り返し演じきらねばならないという考えは、なんと恐ろしいものだろうか。そしてそのように個別的な人間の生について当てはまることは、なおいっそう歴史的過程の全体についても正しく当てはまる。歴史的過程はそれが一回的である限りで、価値を有するのである」(P, S. 156, 214-215頁)。

このように法則／秩序定立的な理解においては、普遍者が「表現される」ものであり、他方で個々の対象あるいは現象などの特殊者はその普遍者を「表現するもの」として捉えられる。反対に、個性記述的な理解においては、特殊者がその都度「表現されるもの」であり、普遍者はそのような個別的なものを「表現するもの」として捉えられる。

我々が論じてきたパラディグマティックな思考様式に代表されるモノローグ的な象徴秩序は、この意味でいわば法則／秩序定立的な性格を持った象徴秩序である。というのも、まさにそこにおいては個々の対象(事物、人間）は、それ自体が関心の対象なのではなく、それが変化せずに固定され、つねに同一的なものとして現れる完結した一定の秩序を体現しているか否かが関心の対象だったからである。他方で、対話やナラティヴはまさに個々の人間を普遍者の表現と捉えるのではなく、そのものとして、つまり唯一性と独自性を備えた価値的中心として、みずからの言葉で語る主人公として、決して完結しない運動のなかに生きる精神‐人格として表現することに関心を向けるものである。その限りで対話・ナラティヴは個性記述的である。

この点から我々は同一化の形態について、いわば法則／秩序定立的な同一化と個性記述的な同一化とを分けることができる。法則／秩序定立的な同一化においては、象徴機能は一義性を目指して用いられる。つまり、すでに見たように、そこにおいて特殊者はある普遍者を自身のうちに具現し表現していさえすればよいのであって、その普遍者の構成に関与しない差異は無意味な差異として背景に退く。この際重要なのは、この背景に退いた差異は、あるいはTh・W・アドルノの言葉を用いれば非同一的なものは、その法則／秩序にとっては永遠に意味を持たないということである。法則が法則として秩序が秩序として自己完結している限りは、そこに意味の生成変化は生じない。したがって、法則／秩序にとって無意味な差異は、永遠に無意味であり、決して関心の対象となることはない。この意味で、法則／秩序にとってその法則／秩序を表現する諸対象は一義的なのである。そのような法則／秩序定立的な同一化の下で象徴機能は、普遍者が諸対象のなかに自己を見出すことを助けると同時に、法則／秩序に関与しない差異を無意味な背景へと永遠に放逐する役割を担うのである。その対象が人間であった場合、ここに象徴的距離化が成立する。第二部第一章での議論につなげて言えば、法則／秩序定立的同一化の下で象徴機能は、それぞれの人間が同じ一つの普遍者を意味として自身のうちに宿すのを助けると同時に、それによって一個の人間存在としての彼らとの間にあったはずの原コミュニケーションが無意味な背景へと追いやられ忘却され続けるのを可能にするのである。

これに対して個性記述的同一化において象徴機能は、多義性を目指して用いられる。これは象徴機能の限界のゆえに多義性を目指すと言ってよい。個性記述的理解においても、それがある対象の述定という言語的・概念的認識形態に依拠する限りは、我々はその対象を同一化せざるを得ない。しかし、まさに同一化とは、すでに前節までに見てきたように、ある感性的な個物をそれ自体としてではなく、範例として、したがってある普遍的なものの象徴として捉えることを意味していた。そしてそのような象徴化は、感性的な対象のなかに意味のある差異と無意味な差異とを生み出すものだった。つまり、あるものがそれ以外のものを自身のうちに再現前化させることで成立する同一化は、必ずそのあるもののなかに再現前化されるものの構成に関与しない非同一的なものを生み出すのであった。というのも、両者は同一のものであると同時に異なるものでもあるからである。これが象徴機能の限界である。あるものはそれ以外のものを自身のうちに象徴的に受胎することではじめて、意味を有するのであって、なにものをも自身のうちに宿らせず、したがってあらゆる意味付与作用から逃れ、ただ自己のうちに自己のみを宿らせている即自的なものは、少なくとも意味を持つものとしては認識されないだろう。

しかし、この同一化がつねにある対象のなかに非同一的なものを生み出すのだとしたら、その対象の個別性の認識という観点から見て、それは直ちにある対象の規定の不足を、つまり認識の遺漏を意味する。表現されるべきものとしてのその都度のある個物の記述においては、象徴機能の限界のゆえに、同一化はつねに同一化の失敗を運命付けられているのである。それはちょうど三次元空間において一つの光が対象を照らすときに、その光は決して照らされる側面の反対側に影が生まれるのを避けることができないのと似ている。したがって、我々は一つの対象に影を生じさせないためには、複数の様々な角度の光源から光を当てる必要がある。それと同様に、我々はある同一化の下で生じた非同一的なものを別のパースペクティヴからの同一化によって補おうとする。この多元性が、個性記述的同一化の基本的特徴となる。象徴機能の限界に基づいた同一化の失敗を埋め合わすために他の同一化が必要とされるのである。この多元的同一化は多義性を生み出す。というのもある同一化の下で無意味な差異とされたものも、別の関心のパースペクティヴからの同一化においては有意味な差異とみなされるからである。つまりそのときそこには別の意味も生じる。これは、さきの音声の例を思い出すと分かりやすいだろう。ある音声の音高の差異は、それを記号として捉えるときには無意味な差異であるが、男女の判定のために声として聞くときには、有意味な差異となる。ある同一化においては意味を持たないとされた特性を、他の同一化の下で有意味なものとして捉え返す。多元的な同一化が対象の個性記述的な理解に役立つのは、そのためである。このとき象徴機能は、その多元的な使用のなかで対象の多義性を表現のうちに汲みつくそうとし、それによって自らの限界を、完全ではないにしても、しかし可能な限り超え出ようとするのである。ふたたびこの点を第二部第一章の議論とつなげるならば、この個性記述的な同一化の下で象徴機能は、自身の限界を自ら超える形で、ある対象の存在あるいは実存の意味をその表現のうちに汲みつくそうとし、それによって一元的な、モノローグ的な同一化の下で原コミュニケーションが背景に追いやられ忘却されるのを防ぐのである。その意味で個性記述的な同一化は、原コミュニケーション感受性のある同一化である。あるいはもっと言えば、法則／秩序定立的な視点、つまりは存在の出来事を超越した視点ではなく、そもそも対象への実存的関心と関与からなる原コミュニケーションによって導かれた同一化とみなすこともできる。

モノローグ的象徴秩序において象徴化が物象化として作用するのは、そこにおいて象徴機能が中心化を目指して法則／秩序定立的に用いられるからである。つまり人間を、表現の内容とするのではなく、逆に完結した普遍者の表現の手段とするからである。他方、ディアローグ的象徴秩序において象徴化が物象化作用ではなく、人間的意味の形成・生成作用を持つのは、そこにおいて象徴機能が個性記述的に、つまりまさに人間を表現する形で使用されるからである。この二つの象徴機能の使用の違いに、したがって象徴機能を使用する目的の違いに、記号的モデルにおける物象化と非物象化の分水嶺を見ることができる。ただしこの際、個性記述的な多元的同一化も、それが表現しようとしていた対象をはなれて目を自身の内部に向け、それらの多元的規定の間に体系性を確立してモノローグ的に完結させようとするならば、それは容易に法則／秩序定立的な性格を帯び始める。したがって個性記述的な同一化の下での多元的な規定は、それが個性記述的であろうとする限り、それら複数の規定を一元化し、唯一つの視点の下で首尾一貫性を持つ体系へと組み替える知性の誘惑には逆らわなければならない。あくまで多元的同一化は、多元的であり、多声的であり、しかも対象の対話的応答性を開くために未完結性を維持しなければならない。

三　社会的同一化

我々はアドルノの社会哲学を参照することで、社会においても同様に普遍者の下への特殊者の同一化が働いている点を確認した。とりわけそれは個人の役割への同一化という形で果たされるのであった。個人の社会への同一化、具体的には役割(あるいは役柄)への同一化においても、記号的・概念的同一化と同じプロセスが認められる。我々が記号的・概念的同一化に見た二つの契機、つまりある感性的なものが意味の担い手として普遍者を自らのうちに受胎させること、そしてその象徴的受胎において、意味のある差異と無意味な差異が生まれ無意味な差異が非同一的なものとして背景に退けられるということ、この二つの契機を我々は個人の社会への同一化のうちにも見ることができる。

まず、個人が社会へと同一化される際には、個人は社会的役割を自身のうちに宿す。その場合個人は意味の担い手というよりも、機能の担い手になる。次に、そのようにある個人が社会的機能を担う場合、しかしその個人のうちには機能的に有意味な差異と機能的に無意味な差異が生まれる。例えば、会社で受付の仕事をする場合、その人間が身長一六〇センチであるか一七〇センチであるかは機能的に無意味な差異であるが、しかしその人間が日本語を不自由なく話せるかどうかは機能的に有意味な差異である。この日本語を話すことができるという会社の受付の仕事の機能的な構成要件を充たさないものは、つまりその仕事の重要な機能の一つを具現し得ないものは、そこに同一化され得ない。このような意味から、社会的同一化においてもその感性的な対象したがって人間は、ある社会的機能を構成し具現していなければならない。とくに仕事が専門的になればなるほど、その専門性を構成する機能的な具現は重要な意味を持つようになり、それをしっかりと具現することができる限りでその人間はその機能のヴァリアントになることができる。

さて、このような社会的同一化にも、やはり物象化する同一化と物象化しない同一化という区別を設けるべきかもしれない。記号的同一化に関して我々は「法則／秩序定立的」と「個性記述的」という区別を導入したが、これは社会的同一化にも適用できる。というのも、この二つの性格は表現方向の逆という意味で対置的に理解されるが、社会的同一化においてもこの表現方向の逆を見出すことができるからである。つまり一定の社会的関係の秩序が「表現されるもの」であり、その社会的関係に参加する一人ひとりの人間がその機能連関を「表現するもの」の位置にある場合と、一人ひとりの人間は「表現されるもの」であり、社会的関係がそれを「表現するもの」の位置になる場合とである。我々は前者を物象化するもの、後者を物象化しないものとして規定することができるだろう。

社会の物象化の下で生じているのはちょうど前者の事態である。社会つまり機能連関が人間存在そのものの表現ではなく、かえって人間存在が機能連関の表現のための素材にされるということ、ここに例えば第一部第二章第一節で見たようなフェティシズムの本質がある。P・L・バーガー／T・ルックマンの議論に即して言えば、客観化された社会的相互作用には本来その相互行為を行う人間存在が表現されているはずだが、いつしか人間の相互行為の表現であった行為パターン＝役割とその機能連関（廣松の言葉で言うならば役割編制態）が表現されるべきものの位置につき、表現されるべきものであったはずの人間がその行為パターンと機能連関を表現するもの、つまりその機能を実現するものになる。商品フェティシズムも同様である。商品交換はいわば人間の相互行為の表現形態の一つであった。しかし、いつしか人間の相互行為の表現であった商品交換が表現されるべきものとなり、人間は価値を内在させた（かのような）商品たちの自己運動をその交換行為において表現するもの、その表現手段になった。どちらにおいても、人間存在の表現がいつしか表現内容となり、人間は表現手段になってしまっている。そのとき人々は、自身を主体としてではなく、かえって行為図式としての役割、機能連関あるいは物と物の関係としての商品交換というものを主体と捉え、自分たちをそれに従属する表現媒体として捉えるようになるのである。あるいはこう言ってもよい。社会が本質となり、人間が偶然的な現象となるのである。ここでは、表現するものと表現されるものが転倒したイデア論的な形而上学と同じ転倒が生じている。その意味で、社会の物象化を所与として捉える、したがって本来関係性の領域であるところに物的な法則性や構造性を見ることができると考える実証主義的な社会科学（例えば「金融工学」という奇妙な名称を想起されたい）は、つねに社会の形而上学に反転する危険を孕んでいる。

いずれにしろ、このような社会への法則／秩序定立的な同一化の下で、人間は社会的機能の担い手として、まさにある機能を自身のうちに宿し、それを具現する。もちろんそれが法則／秩序定立的同一化である限り、そこには非同一的なものが生み出される。人間の商品化（言い換えれば、人間の社会的道具化）の本質はここにある。労働者が賃金と引き換えに売却するのは、労働力である。労働力とは、言い方を換えれば、その労働者を構成する諸特性のうち、いわば必要な社会的機能を果たすことに関わる特性のことである。賃金と労働力が市場において交換されるというのは、つまり、機能の遂行に関係する特性として労働力のみが価値を有するのであり、それ以外の特性は社会機能上無価値だということである。機能連関として形成された社会が表現されるものであり、人間がそれらの諸機能を表現する、つまりその遂行において実現するものである場合、人間の価値は一義的であって、社会機能上無価値とされた特性は、その機能連関においては、とりわけ合理化され自動機械と化した機能連関においては永遠に無価値なままにとどまる。ここで人間は完全に機能的に代替可能な存在となっている。

　これに対して、表現されるものがまさに個々の人間であり、社会的関係がその人間の表現であるような個性記述的な同一化については、いわゆる私的な社会的関係という点からは容易に理解することができる。つまり、家族や友人関係や趣味の仲間などの社会的関係は、決してそこに参加する人間が、その社会的関係の表現であり、その機能的連関のなかの一つの役割を自身のうちに具現させているという関係ではない。それらの関係はある人間の表現であり、人はそういった社会的関係のなかで規定され、まさにそこに自身の意味あるいは価値を見出す。しかもふつうは様々な社会的関係のなかで様々な自己の側面を知ることで、その自己理解は深まっていくだろう。加えて、そのような社会的関係においては、そこに参加するすべての人間がいわばそれぞれ主人公である。それぞれがそれぞれの独自の視点を持ったパースペクティヴから互いに関わり、相互関係のネットワークを形作っている。したがってこのような社会的関係への同一化は、それぞれがそれぞれの個性を尊重し、その関係のうちにある人間たちが、互いに、その関係のなかに自身の意味を見出し見出されるような形での同一化、つまりは個性記述的な同一化を意味する。その同一化は、もはや同一化というよりも人格的関係性への参加という性格を持つだろう。

　もちろんそれは親密圏だけに限られるものではない。例えばＨ・アレントが「ポリス」に理想化した社会的関係をそのような社会形態の一つとして挙げることができるかもしれない。アレントによれば、「ポリスとは、正確に言えば、ある一定の物理的場所を占める都市‐国家ではない。それは人々がともに活動し(acting)ともに語る(speaking)ことから生まれる人々の組織である。そしてその真の空間はともに活動しともに語るというこの目的のためにともに生きる人々の間にある」[24]。そのような社会的関係においては、「言論と活動(speech and action)」を通じて、ある人間が、「何であるか(what)」ではなく、「何者であるか(who)」が問われ、その「開示(disclosure)」が生じるとされる。アレントによれば、まさにこのような「開示」をもたらす「言論と活動」は、「そこにおいて人間が互いに、物的な対象としてではなく、人間として現れるモード」(HC, p. 176, 287頁)である[25]。このようにある「言論と活動」を通じて、ある人間が「何者であるか(who)」を「開示」する社会的関係は、まさに法則／秩序定立的な同一化(what)ではなく、個性記述的な同一化(who)が遂行される社会的領域を意味していると理解できる。

ところが親密圏や、理想化された「ポリス」においては比較的想像が容易なこのような社会的関係性も、社会の再生産を担う実際の労働の領域のうちにその具体的な形態を探ろうと思えば我々はたちまち困難に突き当たる。社会の生産と再生産を担いながら、かつ法則／秩序定立的な同一化にではなく、個性記述的な同一化に依拠する関係、つまり人間を機能の担い手へと還元するのではなく、その人間の個性を労働を通じてその社会的連関のなかに表現する生産関係というのは、どのようなものだろうか。

それは一つには、おそらくアドルノが「普遍者と特殊者の宥和(Versöhnung)」と呼ぶものだろう。そこに必要とされるのは「差異の省察であって、差異の根絶ではない」[26]。アドルノの言う「宥和」とは、差異が根絶される「同一化」とはまったく正反対のものである。それは「統一国家などではなく、種々異なるものの間の宥和における普遍者の実現である」。そこにおいては、「何の不安もなしに他と異なったものでいられるような状態」[27]、つまり「異なるものたちの相互的結び付き(ein Miteinander des Verschiedenen)」(ND, S. 153, 183頁)が実現されている。宥和された世界とは、同一化原理（法則／秩序定立的な同一化の原理）が解除され、異なるものたちが相互に異なるままに相互に結び付いて共存する世界である。そのような世界をとりわけ労働の問題に即して捉えれば、それは個々人がその内面を抑圧することなく、そしてその個別性が捨象されることなく、それぞれが労働を通じて社会のなかに自己を実現できることと理解されよう。アドルノが「連帯(Solidarität)」(ND, S. 204, 249 頁)という言葉で示したのは、このような社会的連関ではなかったろうか。そのようなユートピアの下で個々人の労働が形作る機能連関は、同一化するシステムの下での単なる手段・道具たちの機能連関とは異なるもの、つまり体系的な同一化の強制を逃れたパラタクシス的な連関、それぞれが自身の人間的規定を実現する個性的な者たちのコンステラツィオンとして構成されるはずである。もちろん、同一化原理が貫徹された社会に生きる我々にとってそのような同一化原理の彼岸は、どこまでいっても非現実的なユートピア、つまりその原義である「どこにもない場所」としてしか描かれ得ない。しかし、本節での我々の課題はユートピアの描写ではなく、物象化の理念型の構築である。したがって、このユートピアの可能性についての論述は控えて、議論を先に進めることにしよう。

四　「みなし」と「扱い」

ところで以上の議論においては便宜上、記号的同一化における法則／秩序定立的同一化と社会的同一化における法則／秩序定立的同一化を分けたが、これらはしばしば一つの物象化現象のなかに相伴って現れる。しかしだからといって、両者がそれぞれ固有の領域を持っていることは見落とすべきではないということを確認しておこう。記号的同一化における法則／秩序定立的同一化の問題は、いわば意識の問題と捉えてよい。したがって、モノではないものをモノであるかのように「みなす」という意味での物象化に深く関わる。他方で、社会的同一化における法則／秩序定立的同一化は、実践の問題であり、モノではないものをモノであるかのように「扱う」という意味での物象化に深く関わる。

この「みなし」と「扱い」は、大抵の場合、互いを媒介している。我々はモノではないものをモノであるかのように「みなす」がゆえに、それをモノであるかのように「扱う」。また、我々は、慣習としてモノではないものをモノであるかのように「扱う」がゆえに、それをモノであるかのように「みなす」ことになることもあり得る。物象化における意識と実践はしばしばこのように互いを媒介しているが、しかし、これはつねにそうだというわけではない。つまり両者が分裂していることも十分あり得る。例えば症候的物象化に見られたように、意識においては他者を単なるモノとしてしか捉えていない(捉えられない)にもかかわらず、実践において、いわば「本当の自己」に代わって「にせ自己」が仮面とともに他者をあたかも人格であるかのように扱うことがあり得る。それはどこかぎこちないものかもしれないが、しかしそのように扱われた人間は自分がモノであるかのように扱われたという印象は持たないだろう。他方で、他者を人格として認めているにもかかわらず、他者をモノであるかのように扱うこともあり得る。例えば第二部第一章第三節で例として想定した駅の改札における父と子のように、主観的意識においては相手をモノとみなしてなどいないが、駅の改札における駅員と乗客という定められた役割行為図式を壊さないために、互いに互いの「人格の如何を問わない」ような関係を結ぶこともあり得る。しかしこのような「みなし」と「扱い」の分離はどちらかといえば特殊なケースに属するものであって、大抵は「みなし」と「扱い」は相互に媒介されていると考えてよい。

五　選択の圧力

以上の点から、我々は法則／秩序定立的同一化を、様々な物象化現象の偏差を測るための一つの重要な基準として提示することができると思われる。おそらく法則／秩序定立的同一化は、本来モノではないものをモノであるかのようにみなすあるいは扱うという物象化において、必ずそこに現れている一つの基本メカニズムと言うことができるであろう。ただしこの基本メカニズムを物象化判定のための一つの基準として提示するためには、さらにそれを条件付ける環境要因についても明らかにしておかなければならない。ここで条件付けるというのは、つまり法則／秩序定立的同一化と個性記述的同一化に対して、前者を選択するように圧力をかけることを言っている。これは原コミュニケーションを忘却させる圧力と言い換えてもよい。

そのような選択の圧力をかける環境要因としては、これまでに論じてきたように、法則／秩序定立的同一化を自身の成立のために必要とし、それゆえそれを要請する象徴秩序のモノローグ性と行為領域の合理化を考えることができる。モノローグ的象徴秩序や合理化の下での選択の圧力の度合いによって、法則／秩序定立的同一化の物象化作用の度合いは決定されると言ってよい。仮に法則／秩序定立的な同一化が成立していたとしても（――成立している限りはそこに物象化作用は働いている）、しかしそこから個性記述的同一化に移行することができるのであれば、そこにおける物象化はそれほど深刻だと考える必要はない。したがって物象化の深刻さの度合いは、そこにおいて成立している法則／秩序定立的同一化から個性記述的同一化に移行し得るか否か、その移行にどれほどの困難さがあるかにかかっている。これはつまり個性記述的な同一化に対して法則／秩序定立的同一化を選択させる圧力の度合いの問題である。条件付けの環境要因としてモノローグ的象徴秩序と行為領域における合理化とを考察する意味はここある。

このような物象化の深刻さをやわらげる移行には二種類あり得る。つまり記号的同一化の下での、法則／秩序定立的同一化から個性記述的同一化への移行であり、もう一つは社会的同一化の下でのそれである。このそれぞれの移行に対してモノローグ性と合理化は選択の圧力を加えるが、しかし「みなし」と「扱い」が相互に媒介されているときには、交差的な影響関係もあり得る。つまり象徴秩序のモノローグ性が実践における選択に圧力を加えることや、行為領域の合理化が意識における選択に圧力を加えることもあり得る。

モノローグ性が実践における法則／秩序定立的同一化への選択の圧力を加える例としては、例えば第一部第二章第二節で見たような全体主義言語による思考の機械化が挙げられるだろう。全体主義社会はまさに異論を排除するために言語の信号化によって思考を機械化した。しかしこれには、M・ホルクハイマー／アドルノが述べるように同時に経験の収奪という効果もあった。M・ゲッツレルの言い方で言えば、現実の「コード化」である。例えば、このような言語の信号化によるモノローグ的な象徴秩序のなかで現実の経験を失ったSSたちは、隣人であったはずのユダヤ人たちが「ユダヤ人」として、つまりその範例として強制収容所に送られ、自分たちの手によって無残な死に至るのを直接に目にしながら、なんの恐怖も抱かずに容易に虐殺に手を貸したと考えられる。

行為領域の合理化が意識における法則／秩序定立的同一化への選択の圧力を加える例としては、例えば第二部第三章第二節で見た医学的経験世界が挙げられるだろう。おそらく医療の現場において、患者を単なる疾患の場としてしまう「みなし」には、限られた時間のなかで多数の患者の相手をし、その治療を行わなければならないという「扱い」の問題が深く関与している。つまり治療行為の合理化である。治療行為は少なくとも都市部の総合病院であれば、受付、診察、病理検査、観察器具の装着、薬の処方（これは病院外の薬局も含めて）など様々な役割を担う部署からなる合理化された分業体制として成立している。このような分業体制のなかで医師もまた、診察というある一機能を担うものでしかない。その限りで、そのシステムのなかで次々と送られてくる患者たちを、つまりそのマスを相手にしなければならない。そこで患者の「無駄な話」に付き合うことは、いったい何分で話が終わるのか分からない「非合理的偶然性」を受け入れることになり、治療の分業システムの合理性を損なうことになってしまう。したがってこのような行為領域における合理化は医師に対して、「扱い」だけでなく「みなし」においても——患者の話を聞かないということの結果として——法則／秩序定立的同一化を採用するよう、その選択に圧力をかけることになるだろう。

以上のように、物象化の偏差を測るための基準として「法則／秩序定立的同一化」を提示する際には、同時にそれを条件付ける環境要因として選択の圧力をもたらすモノローグ性や合理化も同時に考え合わせなければならないのである。

六　物象化の偏差

最後に、以上の議論によって得られた物象化の理念型、つまり「法則／秩序定立的同一化」と、それへの選択の圧力を加えるモノローグ性と合理化という環境要因とからなる物象化の理念型を用いて、本論で検討した人間の物象化のいくつかの類型に対して、その物象化現象としての偏差をもとめてみよう。

我々は本論第一部第一章で人間の物象化としてフェミニズムの議論に即して女性の商品化の問題を論じた。例えば売春では、いわば一人の人間を単なる性的機能の担い手へと還元してしまう同一化、その意味で法則／秩序定立的な同一化が作用している。女性はそこにおいて決して主人公となることはないし、その相互的な関係性のなかに自己の表現を見出すこともないだろう。また、例えばポルノグラフィーにおいては唯一それを見るものだけが主体であり、そこに並べられた女性たちは、主体性を持たない客体としての「おいしい果物」にすぎないのであった。例えば我々はここに法則／秩序定立的同一化を見ることができる。またＭ・Ｃ・ヌスバウムは、『チャタレイ婦人の恋人』に見られるような性的物象化には、互いに対する尊敬と信頼があると述べていた。それは言い方を換えれば、その法則／秩序定立的な同一化は、すぐにでも信頼関係に基づいた個性記述的な同一化へと移行し得るということであろう。その限りで我々も、それを物象化としては深刻ではないものと理解できる。これに対してポルノグラフィーには、つねに一個の支配者であろうとする男性原理（machismo）と女性を下に見るジェンダー・ヒエラルヒーが、つまりつねに自分一人が主体であろうとするモノローグ的象徴秩序が選択に圧力をかけていると理解できる。その限りでは、その物象化には選択の圧力が加えられており、それによって個性記述的同一化への移行が阻まれていると理解することができる。

また代理母についても、そこで女性が単なる生殖機能に還元されていることから、やはり法則／秩序定立的な同一化を見ることができるだろう。ただし、代理母についてもすべてを物象化とみなす必要はない。つまり、Ｍ・Ｊ・レイディンが述べていたように、贈与としての、利他主義としての代理母もあり得るからである。この贈与しての代理母においては、いわば依頼者と代理母との間に贈与によって結ばれた人格的関係性が生まれ、代理母はそこに自身の表現を見ることができるだろうし、また生まれた子供もそのような貨幣ではなく人格的絆によって結ばれた関係においては、他の子供と代替可能なものとみなされることはないだろう。代理母において、このような個性記述的な同一化への移行を阻むような選択の圧力を加える環境要因はいろいろあり得ると思われるが、なかでもやはり合理化の圧力が大きいように思える。つまり代理業者の存在である。代理出産を仲介する業者にとって代理母の出産能力に関係しない特性は、とりわけ代理母の主体性はしばしば合理的な事業推進の障害となる。安全にそして確実に、そして収益をもたらす形で、つまり計算可能な形で子供を得るためには、健康や生活の面で（例えば摂取する薬などに関して）妊娠中の代理母を厳しく管理しなければならない。そのためには代理母は、主体性を持った存在であるよりも単なる生殖機能の担い手として管理される客体である必要があるのである。とりわけ子に対する代理母の愛情などは、あってはならないし、少なくともそれが表現されることは許すわけにはいかない。なぜならそれは子供の「譲渡」を阻むものとなり、その結果仲介の役割が損なわれるからである。また、代理母と依頼者との接触も認めるわけにはいかない。なぜならそれによって不測のトラブルが生じ円滑な赤ん坊の譲渡が阻まれる可能性があるからである。代理出産を可能な限り合理化しようと思えば、代理母は一人の人間ではなく、「ベイビー・メイカー」である方がはるかに望ましいのである。このような代理出産仲介事業における合理化は、代理母出産において個性記述的同一化ではなく、代理母を単なる機能の担い手とみなし、またそのように扱う法則／秩序定立的同一化を選択させる十分な圧力となるだろう。(28)

比較的偏差の判定が難しいと思われる症候的な物象化についても見ておこう。まず離人症状には象徴的距離化が見て取れる。自分で自分の映画を見ているようだとか、自分が浮き上がって上の方から眺めているようだといった離人症状に現れるのは、そのような象徴的距離化が、意識変容のうちで柴山が言うところの「表象幻視」として知覚化されたもののように思える。(29)離人症状における「接近拒否」が空間的になされるものではないのだとすれば、そこではやはり空間的距離化に代わる象徴的距離化が有効な手段となるはずである。少なくともそこでは「当事者視点」ではなく「観察者視点」が優位に働いている。こういった点からそこには法則／秩序定立的同一化が働いている可能性が高い。さて、もしそうだとして次に問題にすべきは、そこにどのような選択の圧力が働いているかである。

症候的物象化はきわめて主観的な物象化現象である。その意味では行為領域の合理化という圧力は考えづらい。それに対して象徴秩序のモノローグ性は十分に推測することが可能である。R・D・レインの議論から可能性として読み取れるのは、子を精神的に支配する母親のモノローグ性である。レインが挙げた患者たちはみな子供のころから「良い子」を演じる。なぜなら芋虫を手にした少年がそうだったように、彼らは母親が求める枠組みにピタリとはまらないと愛されず、その存在を認められなかったからである。その母親の設定した枠組みはきわめて一方的なものであった。つまり一切子供の自主性を認めない性格のものであった。母親は子が主体性を持たない限りでその子を愛したのである。そのとき子供は愛されるために、あらかじめ決められ固定された役割のなかに収まり「にせの」自己を演じることを覚え、他者との交流をすべてそのような「にせ自己」の枠組みを通じて行うのである。患者たちはそのようにモノローグ的な枠組みのなかへと自己をそして他者を取り込みながら、同時に距離化する象徴作用を逆手にとって「本当の」自己を現実から退避させるのであった。石化を最初に学んだのは母からだったと考えられるだろう。もしそうであるならば、離人症状において観察者パースペクティヴを抜け出し、法則／秩序定立的同一化から個性記述的同一化へと移行することを阻むのは、一方的に押し付けられ、いかなる異論も許さなかった、行為とその意味あるいは価値に関する母の支配的なモノローグであると言い得るだろう。そこでは真の意味で自己のアイデンティティーを確立することはできないのだが、しかし、そのアイデンティティーの確立の失敗がもたらす「根源的な存在論的不安」に対処するために、防衛機制として再び同じモノローグ的枠組みが用いられている。その限りで「根源的な存在論的不安」はつねに再生産され続ける。

しかし、最終的には症状は結局症状であって、その条件はまさに千差万別である。個人史を描かない症状の分析が十全な説得力を持つとは思えない。加えて症候的物象化と呼べるものはその諸症状のうちのごく一部でしかない。したがって物象化の理念型のみでその物象化症状を分析できるわけではない。そういった意味ではここで提示した理念型は本当にきわめて基本的な部分でのメカニズムを解明するものであって、現象の全体を説明するものではない、ということはここで述べておく必要があるだろう。これを個々の具合的現象に当てはめ偏差を測り、その物象化現象そのものを分析するためには、やはり個々の現象に関する個別研究を踏まえる必要があるのであって、ここで一般的な議論として展開することには限界がある。その意味で私は、この理念型によってすべてが説明できると主張するつもりはない。しかしそうではあっても、やはりこのような理念型は、まさに理念型として、つまり様々な現象の偏差を測る一つの基準点として、分析をそこから始める一つの出発点として固有の意義を持つと考えたい。

（1）C. Demmerling, *Sprache und Verdinglichung: Wittgenstein, Adorno, und das Projekt einer kritischen Theorie*, Suhrkamp, 1994. とりわけ第Ⅳ章を参照のこと。

（2）Th. W. Adorno, *Negative Dialektik*, in: ders., *Gesammelte Schriften*, Bd. 6, 4. Aufl., Suhrkamp, 1990, S. 24. Th・W・アドルノ、木田元・徳永恂・渡辺祐邦・三島憲一・須田朗・宮武昭訳、『否定弁証法』、作品社、一九九六年、一九頁。以下NDと略記し文中にページ数を示す。

（3）アドルノにおける「物象化」概念の意味についてはF・グレンツも参照のこと。グレンツは、残念ながらアドルノが用いる物象化概念の言語論的な含意については触れていないが、しかしアドルノの議論に物象化概念が現れる際の様々な文脈を紹介している。F. Grenz, *Adornos Philosophie in Grundbegriff: Auflösung einiger Deutungsprobleme*, Suhrkamp, 1974.

（4）M. Horkheimer u. Th. W. Adorno, *Dialektik der Aufklärung*, in: Th. W. Adorno, *Gesammelte Schriften*, Bd. 3, 2. Aufl., Suhrkamp, 1984, S. 188. M・ホルクハイマー／Th・W・アドルノ、徳永恂訳、『啓蒙の弁証法　哲学的断想』、岩波書店、一九九〇年、二五〇頁。以下DAと略記し文中に頁数を示す。

（5）Th. W. Adorno, *Vorlesung über Negative Dialektik*, in: ders., *Nachgelassene Schriften*, Abt. 4. Vorlesungen, Bd. 16, Suhrkamp, 2003, S. 152. Th・W・アドルノ、細見和之・河原理・高安啓介訳、『否定弁証法講義』、作品社、二〇〇七年、一九八頁。以下VNDと略記し文中に頁数を示す。

（6）Th. W. Adorno, »Zu Subjekt und Objekt«, in: ders., *Gesammelte Schriften*, Bd. 10-2, Suhrkamp, 1977, S. 748. Th・W・

アドルノ、大久保健治訳、『批判的モデル集II――見出し語』、法政大学出版局、一九七一年、二一〇頁。

（7） M・ジェイ、木田元・村岡晋一訳、『アドルノ』、岩波書店、一九八七年。また同様の議論を展開するものとしては以下も参照のこと。U. Schwarz, *Rettende Kritik und antizipierte Utopie*, Wilhelm Fink Verlag, 1981, Kap. 5.

（8） Th. W. Adorno, *Philosophische Terminologie: Zur Einleitung*, Bd. 2, Suhrkamp, 1974, S. 22.

（9） この点については以下を参照のこと。A. Allkemper, *Rettung und Utopie. Studien zu Adorno*, Ferdinand Schöningh, 1981, Kap. 1, Abschn. 5.

（10） M. Tichy, *Theodor W. Adorno: Das Verhältnis von Allgemeinem und Besonderem in seiner Philosophie*, Bouvier Verlag Herbert Grundmann, 1977.

（11） Th. W. Adorno, *Einleitung in die Soziologie*, in: ders., *Nachgelassene Schriften*, Abt. 4. Vorlesungen, Bd. 15, Suhrkamp, 1993, S. 77. Th・W・アドルノ、河原理・太寿堂真・高安啓介・細見和之訳、『社会学講義』、作品社、二〇〇一年、八一頁。

（12） Th. W. Adorno, »Gesellschaft«, in: ders., *Gesammelte Schriften*, Bd. 8, 2. Aufl., Suhrkamp, 1980, S. 13f. 以下Gと略記し、文中にページ数を示す。

（13） 例えば以下を参照のこと。S. Buck-morss, *The Origin of Negative Dialectics*, The Free Press, 1977; R. Tiedemann, »Begriff, Bild, Name: Über Adornos Utopie der Erkenntnis«, in: *Frankfurter Adorno Blätter 2*, edition text + kritik, 1993. また認識論と密接に関連するアドルノの歴史哲学的な思想についてはとりわけ以下を参照のこと。U. Müller, *Erkenntniskritik und Negative Metaphysik bei Adorno: eine Philosophie der dritten Reflektiertheit*, Athenäum Verlag, 1988.

（14） 『否定弁証法』には次のようにある。「思考がさしあたり自分と対峙しているものに沈潜し、概念に沈潜し、そして、その内在的にアンチノミー的な性格に気付くようになることで、思考は、矛盾の背後にあるであろうあるもの（etwas）についての考えにひたる。思考とそれとは異質なものとの対立は、思考自身のなかで思考の内在的矛盾となって再生産される。普遍者と特殊者との相互的な批判が、この特殊者と概念との非同一性を考えるためのメディウムである。すなわち、その相互的批判とは、一方では概念が、その下に包摂したものを正当に取り扱っているかどうか、他方でまた特殊者が、その概念を実現しているかどうかを判定する確認行為である」（ND, S. 149, 178頁）。

（15） Th. W. Adorno, *Drei Studien zu Hegel*, in: ders., *Gesammelte Schriften*, Bd. 5, Suhrkamp, 1970, S. 342. Th・W・アドルノ、渡辺祐邦訳、『三つのヘーゲル研究』、河出書房新社、一九八六年、一六一頁。

(16) Th. W. Adorno, »Parataxis«, in: ders., *Gesammelte Schriften*, Bd. 11, Suhrkamp, 1974, S. 472. Th・W・アドルノ、高木昌史訳、「パラタクシス」(『批評空間』、福武書店、一九九二年、No.5所収)、一八六頁。以下PARと略記し文中に頁数を示す。

(17) E. Cassirer, *Philosophie der symbolischen Formen*, Teil. 1., 9., unveränd. Aufl., Wissenschaftliche Buchgesellschaft, 1988. E・カッシーラー、生松敬三・木田元訳、『シンボル形式の哲学　〔一〕』、岩波書店(岩波文庫)、一九八九年。以下引用に際してはPSF1／第一巻と略記し文中に頁数を示す；*Philosophie der symbolischen Formen*, Teil. 2., 8., unveränd. Aufl., Wissenschaftliche Buchgesellschaft, 1987. E・カッシーラー、木田元訳、『シンボル形式の哲学　〔二〕』、岩波書店(岩波文庫)、一九九一年。以下引用に際してはPSF2／第二巻と略記し文中に頁数を示す；*Philosophie der symbolischen Formen*, Teil. 3., 9., unveränd. Aufl., Wissenschaftliche Buchgesellschaft, 1990. E・カッシーラー、木田元・村岡晋一訳、『シンボル形式の哲学　〔三〕』、岩波書店(岩波文庫)、一九九四年、およびE・カッシーラー、木田元訳、『シンボル形式の哲学　〔四〕』、岩波書店(岩波文庫)、一九九七年。以下引用に際しては、PSF3／第三巻あるいは第四巻と略記し文中に頁数を示す。

(18) 三つ目の「意味」の段階は、いわば現前の意味が可能な限り縮小され、再現前の一般性に最大の関心が寄せられる段階である。したがってそこでは、感性的個物の意味ではなく、数学的概念のような「純粋な〈意味記号〉」が検討される。しかし同一化の下での普遍による特殊の支配にもっぱら関心を寄せる我々としては、この「意味」の段階に関するカッシーラーの議論を追うことは控えたい。

(19) カッシーラーの議論と構造主義言語学の議論とを直接につなげることには、疑念が提示されるかもしれない。しかし、S. G. Lofts は構造主義言語学に対するカッシーラーの言及を紹介しながら、両者の議論の類似性について詳しく分析している。その議論に則る限りでは、我々のこの手続きも一定の妥当性を有すると思われる。S. G. Lofts, *Ernst Cassirer: A "Repetition" of Modernity*, State University of New York Press, 2000.

(20) R. Jakobson, *Six Leçons sur le Son et le Sens*, Les Édition de Minuit, 1976, p. 40. R・ヤコブソン、花輪光訳、『音と意味についての六章』、みすず書房、一九七七年、四九頁。

(21) N. S. Trubetzkoy, *Grundzüge der Phonologie*, 3., durchgesehene Auflage, Vandenhoeck und Ruprecht in Göttingen, 1958, S. 14. N・S・トゥルベツコイ、長嶋善郎訳、『音韻論の原理』、岩波書店、一九八〇年、一二頁。以下GPと略記し

文中に頁数を示す。

(22) 峯松信明、「音声言語運用が要求する認知的能力と音声言語工学が構築した計算論的能力」、電子情報通信学会音声研究会、SP2008-84, pp. 31-36 (2008-12)。また峯松信明のホームページでPDFファイルを公開している。以下引用は文中に頁数を示すが、この頁数はPDFファイルの頁数である。http://www.gavo.t.u-tokyo.ac.jp/~mine/japanese/index.html　アクセス日二〇〇九年一一月二六日。

(23) W. Windelband, *Präludien: Aufsätze und Reden zur Philosophie und ihrer Geschichte*, Bd. 2, J. C. B. Mohr, 1921, S. 144. W・ヴィンデルバンド、松原寛訳、『哲学の根本問題　下巻理論編』、同文館、一九二六年、一九八頁。以下Pと略記し文中に頁数を示す。

(24) H. Arendt, *The Human Condition*, The University of Chicago Press, 1958, p. 198. H・アレント、志水速雄訳、『人間の条件』、筑摩書房（ちくま学芸文庫）、一九九四年、三二〇頁。以下HCと略記し文中に頁数を示す。ところでアレントも「物象化（reification: Verdinglichung）」という言葉を使っているが、しかしこの言葉はアレントにおいては単なる「物質化」以上の意味は与えられていないようなので、本論ではアレントにおける「物象化」という言葉を考察の対象にはしない。それは例えば主に次のような形で使用される。「世界の物（worldly things）、つまり行為、事実、出来事、思考あるいは観念のパターンとなるためには、それら（活動、言論、思考——見附）は、まず何よりも見られ、聞かれ、思い出され、次いで物へと変形され、いわば物象化され（reified）なければならない」（HC, p. 95, 149頁）。もう一つ使用例を見ておこう。「あらゆる身体的感覚、喜びと苦悩、欲望と充足、これらは非常に『私的な』ものであり、したがってそれらはまさに適切に声にされ、十分に外部の世界のうちに表現され得ず、またそれゆえまったく物象化され（reified）得ないものである」（HC, p. 141, 230頁）。

(25) アレントは正しくも「物語」を、そのような人間の「開示」が生じる一つの重要な媒体とみなしている。「真の物語（the real story）は、そこにおいて、ユニークな形で他者とは異なるwhoのもともとはぼんやりしている現れが、事後的に活動と言論を通じてはっきりした形をとることができるようになるメディウムである。ある者が何者であるか、あるいは何者であったかを知ることは、彼自身を主人公とした物語を知ることによってはじめて可能になる」（HC, p. 186, 302頁）。

(26) Th. W. Adorno, *Negative Dialektik*, in: ders., *Gesammelte Schriften*, Bd. 6, 4. Aufl., Suhrkamp, 1990, S. 341. Th・W・アドルノ、木田元・徳永恂・渡辺祐邦・三島憲一・須田朗・宮武昭訳、『否定弁証法』、作品社、一九九六年、四二一頁。以下

NDと略記し文中に頁数を示す。

（27）Th. W. Adorno, *Minima Moralia*, in: ders., *Gesammelte Schriften*, Bd. 4, Suhrkamp, 1980, S. 114. Th・W・アドルノ、三光長治訳、『ミニマ・モラリア　傷ついた生活裡の省察』、法政大学出版局、一九七九年、一四五―一四六頁。

（28）大野和基は当事者たちのインタビューなども踏まえて、こういった事情の詳細を伝えている。『代理出産　生殖ビジネスと命の尊厳』、集英社（集英社新書）、二〇〇九年。

（29）柴山雅俊、『解離性障害――「うしろに誰かいる」の精神病理』、筑摩書房（ちくま新書）、二〇〇七年、七七頁以下。

結論　我々はなぜ物象化から逃れられないのか

最後に大きな問いが残されている。なぜ我々は物象化し、物象化されるのか。あるいはもっと直接的にこう言い換えてもよい。我々はなぜ物象化から逃れられないのか。物象化の問題を通じて時代診断を試みる本論の結論として、最後にこれを論じたい。我々がこれまで展開してきた議論に即すならば、この問いに答えるためには、M・ホルクハイマーとTh・W・アドルノの『啓蒙の弁証法』を対話の相手として選ぶのが有益である。別の言い方をすれば、管見の及ぶ限り、『啓蒙の弁証法』の著者たち以外にこの根本的な問題に答えようとした哲学者を私は知らない。

一　支配の記号

ホルクハイマー／アドルノもまた象徴機能に関心を示すが、それは象徴機能が啓蒙の発展において決して無視することのできない重要な役割を担っているからである。ここではまずは『啓蒙の弁証法』において、この啓蒙と象徴機能の関係がどのようなものとして描かれているかを検討することにしよう。

ホルクハイマー／アドルノによれば、呪術および呪術に近い初期の神話を理解するためには、なによりも象徴が重要な意義を持つ。呪術および初期神話においては、圧倒的な脅威として、免れがたい運命的な循環・反復として脆弱な人間の前に立ちはだかる自然がマナとして、したがって経験の範囲を超えた超自然的なものとして表象される。しかし、呪術・初期神話においては、このマナは特定の場所あるいは物への神宿りという形で象徴として定着され、表現される。そのときすでに、この象徴形式において自然の二重化、つまり見かけと本質への二重化が生じている。ホルクハイマー／アドルノは、ここに主客分離の原型を見出すことができると考える。「樹木が単なる樹木ではなく、ある別のものの証として、マナの宿り場所として語られる場合、言語はある矛盾を表現している。すなわち、なにかがそれ自身でありながら同時にそれ自身とは別のものであり、同一のものでありながら同一のものではない、という矛盾が語られている。神的なものを通じて言語は同語反復から言語になる。概念というものは、とかくその下に把握されたものの徴表の統一として規定されがちであるが、むしろ当初から弁証法的思考の産物であった。つまり弁証法的思考においては、どんなものもいつもただ、それではないところのものになることによって、それであるところのものになるのである。これが、そこにおいて概念と事態とが互いに乖離していく客観化的規定の原形態、つまりホメーロスの叙事詩の内にすでに広くひろまり、近代の実証科学の内で転化をとげる客観化的規定の原形態であった」[1]。以上の記述で注意すべきは、この象徴の機能、つまり脅威の全体としての自然とそれが宿った個物（樹木や場所）という二重化の機能の内に概念の原形態があると述べられている点である。一般概念は「象徴の後継者」（DA, S. 39, 29頁）であると言われる。ここでは、マナは概念的カテゴリーへと、マナの宿る樹木は、概念的カテゴリーに包摂される範例へとその立場を変える。そして啓蒙は、不安から生まれた自然の二重化、その象徴形式を逆手にとり、概念により支配を企図するのである。

さらにホルクハイマー／アドルノは、象徴機能の重要な働きとして反復と同一性についても強調する。「神話は、呪術的儀礼と同じように、反復する自然を念頭においている。この反復する自然が、象徴的なものの核心である。つまりそれは、それが象徴の実践においてつねに繰り返し生起するとされているがゆえに、永遠と思いなされるような一つの存在あるいは出来事である。尽きることがないこと、無限に新しく生まれ変わること、意味されているものの不変性などは単にすべての象徴の属性であるばかりでなく、象徴の本来的な内容である」(DA, S. 33, 21頁)。しかし、このように自然における循環・反復を表現しかつ実現するものとして成立した象徴は、まさに様々な個物を自身の象徴的な意味の下に包摂し、それをもって「同一のもの」の反復として表現する機能を、したがって同一化の機能を持っている。自然における循環・反復を象徴のなかに表すこと自体がすでに一つの同一化する認識だったと言える。その都度現れる個物は単なる見かけであり、それらはすべて本質において「同一のもの」の現れ、形に多少の違いはあるとしても同一の精霊が宿るものとされたのである。しかし、人々は体系化された神話においてそのような象徴の機能を自立化させ、認識の道具にし始める。いわば、象徴にすでに孕まれていた「客観化的規定の原形態」が、神話の言語的な体系化のなかでいよいよその姿を見せ始めるのである。

この象徴はしかし、単に表象あるいは認識の道具としてあるだけではなく、同時に、呪術・初期神話の段階においてもすでに人間に対する支配の道具として機能していた。すでに述べたように、象徴は、神宿りとして自然の脅威を、デーモンや精霊の圧迫と強制を、避けがたい自然の循環を表すものだった。しかし、最初の支配者としての呪術師や司祭は、まさにこの自然の強制力を表す象徴にみずから同一化し、それを物神化させることで、自然や神、精霊、デーモンの名の下に、人々を自身に服従させたのである。遊牧段階における集団の秩序において、「すでに自然の成り行きは、マナの発露として、隷従を要求する規範へと高められて」いた。しかし、遊牧の段階にあっては、種族のメンバーはまだ自ら呪術に参加していたのに対して、「後代においては、精霊たちとの交流と隷従することとは、人類の別々の階層に振り分けられるようになる。つまり権力は一方に、服従は別の側に振り分けられる。[…]諸々の象徴は呪物の表現という性格を帯びる。かつてもろもろの象徴が意味していた自然の反復は、進展していくにつれて、つねに象徴によって表現された社会的強制の永続であることが判明する。確固とした像へと対象化された戦慄は、特権層の固定化された支配の記号となる」(DA, S. 37f, 26-27頁)。

さて、以上の議論は象徴機能の働きについて論じたものであるが、同一性の確立をもたらす象徴機能の客観化作用そのものに関する議論としては、基本的な部分ではE・カッシーラーの議論を超えるものではない(2)。しかし、『啓蒙の弁証法』の議論に我々が着目するのは、この象徴機能の客観化作用に対してさらに、啓蒙との関わり、また自然支配との関わりから、いわば自然‐歴史哲学的(W・ベンヤミンから受け継いだアドルノの術語を用いて「自然史」哲学的、と言い換えてもよい)解釈が加えられているからである。我々はその議論のうちに解釈の基礎をなす支配のモチーフを見出すことができる。この象徴機能と支配のモチーフの関わりを以下で検討しようと思うが、その際主題を、『啓蒙の弁証法』の議論に即して認識と社会の二つに分けようと思う(――これは同時に我々のこれまでの議論とのつながりという点からも望ましい立論である)。

二　認識と支配をめぐる解釈

ホルクハイマー／アドルノによれば、神話は、いわば象徴機能の客観化作用を用いて自然支配を目指し始める。これは神話が啓蒙へと変化し始めることをも意味する。そのときそこでは、もはや様々な現存在は象徴的に同一のものとして神話的な階層秩序に包摂されるべきものでしかなくなる。「それ以後存在は、哲学の進歩につれてモナドつまり単なる基準点へと収縮していくロゴスと、外部に積み上げられていく事物や被造物の集積へと分裂する。自分の現存在と客観的現実とを分けるその一つの区別が、他のすべての区別を呑み込んでしまう。様々の区別におかまいなしに、世界は人間に仕えるようになる」(DA, S. 24, 10頁)。別の言い方をすれば、「存在者の間に成り立っていた多様な親和関係は、意味を付与する主体と意味を持たない対象、合理的意味と偶然的な意味の担い手、この間に成り立つ一つの関係によって押しやられてしまう」(DA, S. 27, 12頁)のである。この構成は科学においても、あるいは科学においてこそより合理化された完成した形で、諸存在を包摂する種や類のヒエラルヒーとしてやはり維持されている。本質的なのは概念によって包摂され把握される諸対象の同一性(「同一のもの」の反復)であって、そこに含まれる差異は無意味なものとなる。そしてこのような認識はなによりもさきに述べた、同一化と反復という象徴の機能によって実現されるのである。

また他方で、ホルクハイマー／アドルノもまた、この象徴機能と同一化に、「距離化(Distanzierung)」(DA, S. 57, 51頁)の作用を見出す。そして、この「距離化」によって「客体に対する思考の自立化」(DA. S. 27, 13頁)が実現されると考えられている。さらに言えば、これこそが認識におけるひいては労働における自然支配を可能にするものとされる。まさに「人間が思考によって自然から距離を取るのは、自然を支配することができるように、自然を自分の前に引き据えるためである」(DA, S. 56, 51頁)。

そして同時にまた、ここに主体の覚醒が準備されている。というのも、そのような距離化つまり自然の無数の差異に対して抽象的で統一的な関係性が保持されることにより、安定的・恒常的で自己同一的な意識が可能となるからである。「精神の同一性」と「豊かな質を代償にした自然の統一」(DA, S. 26, 11頁)は相関するものであるが、この同一性と統一は、ともに象徴の機能の産物なのである。人々はこの同一化の機能により、自然のなかでそして内的な知覚や表象のなかで、あるいは内的自然の無規定的な衝動のなかで無限に現れ得る差異のカオスのなかをさまようのではなく、そのようなカオスを対象化し、整序し、それに安定的な秩序を与えることができるようになる。

以上のホルクハイマー／アドルノの解釈のうちには、一つの支配のモチーフが現れている。それはまさに自然を秩序の下に、つまりphysisをnomosの軍門に降らせるというモチーフである。認識における自然支配は、自然を秩序のうちに捉えることによって成立する。神話はすでにその役目を果たしていた。ホルクハイマー／アドルノは次のように述べる。「神話とは、報告し、名付け、起源を言おうとするものであった。しかし神話は、それによって、叙述し、確認し、説明を与えようとしたのだった。これは、神話の記録と収集によって強化された。早くから神話は報告から教説になった」(DA, S. 24, 9頁)。この自然を秩序のうちに置きいれる認識の自然支配は、認識がより抽象化し、体系化されるプロセスを経て、最終的には科学的・数学的な認識において完成を見るが、しかしその結果、認識は、対象を秩序付けるのではなく、秩序から対象を導くという方向へ転換する。まさに「啓蒙の理想とは、そこからすべての個々のものが導出される体系である」(DA, S. 23, 8頁)。そのとき同時に、「啓蒙は通約しきれないものを切り捨てる」(DA, S. 29, 15頁)。その体系性は、さきに述べたような象徴的な同一化とそのように同一化され「同一のもの」にまで象徴化されたものの反復によって実現されるものである。そして、このような認識形式のゆえに、神話においてもそしてまた科学においても同様に、世界は同一のものが永遠に反復する不易の秩序となる。

しかし実際のところは、その体系からすべての個々のものが導き出されるのではなく、すべての個々のものがその体系に合致するように象徴化されるのである。つまりそれぞれの対象に潜む体系に合致しない要素は、無意味なものとして切り捨てられ、それによってその諸対象がある概念カテゴリーに包摂されることになり、その結果、あたかもあらゆる個々の対象がその体系から導き出され得るかのような体裁が取られているのである。「伝説上の前史の下へであれ、数学的形式主義へであれ、事実的なものを包摂すること、つまり、現在的なものが、儀式における神話的な出来事へ、あるいは科学における抽象的なカテゴリーへと象徴的な関係を持つことが、新しいものをあらかじめ規定されたもの、それゆえに実際のところ古いものとして現象させる。希望がないのは現存在ではなく、具象的なあるいは数学的なシンボルにおいて現存在を図式として我がものとし、永続させる知識である」(DA, S. 44, 35頁)。ここに、つまり「過程があらかじめ決定されているということの内に、啓蒙の非真理がある」(DA, S. 41, 31頁)。そこではただ体系の要請に従ってあらかじめ見込まれていたものだけが認識されるのである。

以上の議論に見たような認識における支配のモチーフを、そのまま「法則／秩序定立的同一化」のうちに、あるいはそれによって成立するモノローグ的な、パラディグマティックな象徴秩序のうちに見出すことにはなんの困難も生じないように思える。我々はホルクハイマー／アドルノの解釈をもとに、これらの認識の形態を、まさに支配を企図したものと理解することができるのである。ちょうどスキゾイドの人間が状況を支配するために、状況から身を引き、(精神的に、あるいは象徴的に)距離を置いたように、自然の支配を目指す認識は、ますます自然から、具体的な対象から距離を置き、ということはつまりそれらをカテゴリーの単なる範例(数学的認識の場合は単なる数量)にまで還元し、nomosの内へと引き下がるのである。そのとき「質を喪失した自然は、分類されるべき単なる混沌とした素材になり、全能の自己は、単なる所有(Haben)に、抽象的同一性になる」(DA, S. 26, 11頁)。認識による自然支配の本質は、あるいは支配を企図した象徴秩序の本質は、距離のなかで対象化されたものを知的に、抽象的に所有することにあると言えるだろう。

ただし同時にここにはさらなる背景があることも見落としてはいけない。なぜ認識はそのような支配の形態を目指すのか。つまり、なぜ自身の体系から対象を導出し、既知の図式に——反復とは既知である——還元してしまうような認識形態をとるのか。ホルクハイマー／アドルノはそこに恐怖を見る。「人間が恐怖から免れていると信じ込めるのは、もはやいかなる未知のものも存在しないときである。これが非神話化ないし啓蒙の進む道を規定している。こうして神話が生命なきものを生命あるものと同一視したように、啓蒙は生命あるものを生命なきものと同一視する。啓蒙はラディカルになった神話的不安である」(DA, S. 32, 19頁)。すべての存在が自身の図式に還元され、すべての存在が自身の図式から生じるならば、そのとき未知なるものの恐怖から逃れられるというわけである。このような意味で、我々は支配のモチーフの背後に恐怖を見ることができる。つまり、やはりまた離人症患者や統合失調症患者がそうであったように、モノローグ的な、パラディグマティックな象徴秩序の背景には、他者、つまり己のうちに組み込むことのできない、あるいはかえって自己を侵略しかねない未知なるものに対する恐怖を見ることができるのである。

三　社会と支配をめぐる解釈

象徴機能の働きによって認識による自然支配が可能になるという解釈をホルクハイマー／アドルノは展開したが、しかし同時に両者は、すでに述べたように、象徴機能と社会的支配の問題についても論じていた。ただしそれは認識に関する議論と比べるとわずかにしか展開されておらず、その意味で、その議論の意図を正確に理解するにはやや困難な面があるのはたしかである。しかしながら、その議論には我々にとって重要な意味を持つ議論も含まれているので、可能な限りその意図を汲んでみたい。

ホルクハイマー／アドルノは、社会的支配の問題を、実践と認識の複雑な絡み合いのなかで論じている。両者はさきの引用で、自然の反復を表現した象徴(これは認識に関わる)は、いつしか社会的強制の永続(これは実践に関わる)を表現するものになった、と述べていた。象徴に対するこの解釈の真意を読み解くことで、社会に関する象徴と支配のモチーフとの関係が明らかになるだろう。

ここで重要な意味を持つのは、「犠牲の内向(Introversion des Opfers)」と呼ばれるものである。この犠牲の内向には、同時に「詭計(List)」の問題が関連する。ホルクハイマー／アドルノは、この「詭計」という言葉を、いわゆるベーコンが言う意味での自然支配の形態を指すために用いている。[(3)] つまり「自身を勝ち取るために自身を放棄する」(DA, S. 66, 72 頁)という形、あるいは「[…]競い合う当の自然に対して身を委ねる」(DA, S. 66, 72 頁)という形の自然支配である。そしてこの詭計としての自然支配の形態は、自然に対する社会的支配においても遂行される。生産力の低い原始的な段階にあっては実際、支配者の支配と強制は、同時に、自然の強制、つまりそのような支配の下での集団的な活動によらなければ人々は生きていけないという事実をも表現するものであった。そのような関係をホルクハイマー／アドルノは、例えば労働のリズムに見ている。「反復する永遠に同一な自然の諸過程は、異種族のものであれ同族のものであれ、征服されたものにとっては、笞と棍棒の拍子に従う労働のリズムとして叩き込まれ、そのリズムは野蛮な太鼓や、単調な儀式の一つひとつに反響する」(DA, S. 37f, 26–27 頁)。自然を支配するために自然に服従するという詭計が、この自然に対する社会的支配においても現れている。ただし社会とは実体ではなく、人々が協働して自然の強制から開放されるために組織するものである。したがって社会が自然に服従する、つまり自身を勝ち取るために自身を放棄するという犠牲の図式は、犠牲の内向によって、つまりそこに従事する一人ひとりの人間を否定すること、その内的自然を否定するということによって成立する。そのような犠牲の内向として、「社会は、差し迫る恐るべき自然を、持続的で組織された強制として継続する」(DA, S. 205f, 284 頁)のである。それは外的には、まさに棍棒の暴力によって実現され、個人の精神においては、まさに内化された社会的抑圧としての超自我を媒体にして実現される。「文明化を推し進めるあらゆる合理性の核心」は「外なる自然と他の人間とを支配するために、人間の内なる自然を否定する」(DA, S. 72, 79 頁)ことにある。

その限りで、「文明の歴史は犠牲の内向の歴史である」(DA, S. 73, 80頁)と言われる。

さて、これまでの引用に見たようにホルクハイマー／アドルノは、このような「犠牲の内向」としての社会における人間の支配を、棍棒の暴力のうちに見ると同時に、他方で象徴のうちにも見ていた。自然の脅威とその反復を表す物神的象徴へと同一化した司祭や呪術師とそのようなものたちに従属する人間たちの図式を、ホルクハイマー／アドルノは、象徴を通じた人間の支配の最初の形態として捉えている。そこでは自然への従属が儀式という形で象徴的にそして呪術的に実現されている。つまり象徴は、暴力に並んで、犠牲の内向の手段として用いられている。しかし、ここにはやはり象徴に特有の性格が現れてくる。呪術的儀式には、すでに自然支配へと向けられた象徴機能のはたらき、つまり差異を捨て個物を単なる範例とするはたらきが現れており、しかもそれは自然に向けられるのではなく、自然支配のために同様に支配される人間たちへと向けられている。「娘の身代わりには牝鹿が、最初の男の子の身代わりには子羊が奉納されねばならなかったが、この場合そういった供物は、まだ固有の性質を持っていたに違いないとしても、しかしすでに類を表していた。それらはそれ自身のうちに範例の任意性を担っていたのである」(DA, S. 26, 12頁)。このような文明の初期に属する自然への従属の呪術的象徴的儀式においてさえ、すでにそこに服する人間たちは取替えが利くものとされているのである。ホルクハイマー／アドルノは、この呪術における「代理可能性(Vertretbarkeit)」を科学における「普遍的な代替可能性(universale Fungibilität)」の原型として捉えている。いわば認識による支配において自然が単なる素材、単なる反復する客体になったとしたら、象徴機能によって媒介されることで、それと同じことが社会における人間たちにも生じるのである。

ここにも我々は支配のモチーフ、つまり自然を秩序の下へと組み入れるモチーフを見ることができる。ただし認識による支配が外的な自然を支配の対象にしたとしたら、社会的支配においては、犠牲の内向としてその支配の矛先は内部の人間たちに、あるいはその内的な自然へと向けられたのである。結局そこには、認識による支配を導いた理性、つまり「秩序付ける理性(die ordnende Vernunft)」(DA, S. 61, 67頁)、「支配する理性(die herrschende Vernunft)」(DA, S. 70, 77頁)が同様に働いているのである。社会の合理化はまさにこのような秩序付ける=支配する理性の下で遂行されると理解できる。その意味で、「支配は個別者の前に普遍者として、現実における理性として立ち現れる。社会のすべての成員の力は、[…]彼らに課せられた分業を通じて積み重ねられ、まさに全体の実現へと至る。それによってその全体の合理性は、ますます倍増することになる」(DA, S. 38, 27頁)。象徴機能を用いる秩序付ける理性が、認識による支配を科学として完成するとしたら、実践における犠牲の内向はそのような科学(および科学技術)と生産とが結び付いた産業社会においてその一つの完成を見る。そのストーリーをホルクハイマー／アドルノは次のように描く。「質を消去しそれを機能へと換算することは、合理化された労働様式によって科学から一般大衆の経験世界へと伝染し、その世界を傾向的にふたたび両生類の世界に似せてしまう」(DA, S. 53, 47頁)。「精神の物件化によって、人間の諸関係そのものが、そしてまた個々人の自己への関係が、魔法をかけられてしまう。個々人は、物件的に彼に期待されるところの慣習的な反応と機能様式の結節点にまで収縮する。かつてアニミズムが物件に心を吹き込んだとすれば、産業主義は心を物件化するのである。[…]規格化された行動様式が、大量生産とその文化の数限りない代理機関によって、唯一の自然で礼儀正しい理性的なものとして個々人に刻印される。個々人はもはや物件として、統計学的要素として、成功か失敗かとしてだけ自己を規定する。彼の尺度は自己保存(Selbsterhaltung)であり、つまり彼の機能の客観性やその機能に設定された型へとうまく適応できるかできないかである。それ以外のすべては、理念であれ犯罪行為であれ、学級から労働組織に至るまで監視の目を光らせる集団の圧力に遭遇することになる」(DA, S. 45, 36頁)。

以上に検討した社会と支配に関する自然 - 歴史哲学的解釈に基づいて、我々が論じたところの合理化 - 物件化にやはり支配のモチーフとの連関を見出すことが可能である。我々が物件化に見た二つの原理、つまり「人格の如何にかかわらず」と「怒りも偏愛もなく」はまさに、一方は象徴機能に由来する秩序付ける理性の支配に、もう一方はまさに犠牲の内向としての内的自然の否定に結び付けて考えることができる。そしてこの二つによって合理化が実現されるのだとしたら、我々は合理化をまさにこの支配のモチーフによって解釈することを許されるだろう。合理化の根源には自然への服従がある。合理化とは、社会の成員を支配し、その内的自然を否定し、彼らをますます事物へと近づけていくことで、つまり人間の生命をますます死物へと近づけることで、かえって彼らがその生命をそこにあずける社会の自然に対する支配を強めるという詭計として成立する。実践に関しては、象徴機能はそのような合理化としての犠牲の内向の下で、まさに人間の支配の媒体、つまり家畜のように鞭打ってはたらかせる暴力の精神的な媒体として、権力(＝暴力：Gewalt)の媒体として、そのような暴力と同じ効果を支配にもたらすのである。そしてまた認識との関連から言えば、自然の反復の表現として成立した象徴は、その同一化の機能によって、したがって秩序付ける＝支配する理性の媒体としての機能によって、社会的支配のうちにも、認識による支配と同じ事態をもたらす。つまり自然の対象と同様に、そこにおいて人間はますますその質を失い、反復する同一の客体へと、代替可能な機能へと還元されるのである。他方でその人間たちもまた精神の物件化のなかで経験を失い、ますます互いに互いを、そして自己を、支配の図式の単なる客体へと還元していくことになる。

ただしここにもう一つの背景、つまり人間の自己保存という要因があることも見落としてはならない。人間がこういった社会の支配に服従するのは、単に暴力によるだけでなく、同時に自己保存のためでもあるのだ。この自己保存を、ホルクハイマー／アドルノは支配の原理の根本的な動因と捉えている。人間が自然を支配し、そのために他方で人間自身を、そしてその内的自然を支配するのは、まさに自己保存という根本的な目的を目指すがゆえなのである。またこれは支配を企図する認識においても同様である。だとすれば、物象化と支配のモチーフとの関連は、そして我々のこの結論部における問いは、まさにこの自己保存という問題に収斂することになる。

四　我々はなぜ物象化から逃れられないのか

答え自体はもうすでにある程度提示されている。なぜ我々は物象化から逃れられないのか。それは、我々の生がまさに物象化によって維持されているからである。ホルクハイマー／アドルノはさきの引用で自己保存を適応(Angleichung)と言い換えた。我々は、いわば物象化に適応＝同化しなければ生きていけない。しかし、これがまさに我々が物象化から逃れられない理由である。我々は自己保存のために物象化に適応し、そしてそのときまさに我々自身の手で物象化を再生産しているのである。では我々自身が物象化を拒否すれば、そのとき物象化から逃れられるのだろうか。しかし、では我々はそのとき自己保存をどこに基づかせるのか。

自己保存を軽視したり無視したりすべきではない。我々の時代における脱物象化的言説の陳腐さは、それが生を目指しながらかえって生を見ていないところにある。つまりそれは物象化に依拠し、また依拠する限りで自己をながらえさせている我々の生に対して、無責任なのである。それはちょうど革命のために人間の命を軽視したインテリと同じ本性である。M・J・レイディンの言葉を借りるならば、我々はつねにあるいはすでにダブル・バインドのうちにある。もはや脱物象化は物象化よりも我々を傷つけるだろう。それは今日の地球の人口を数えてみればすぐに分かる。世界の機械(生きた機械と死んだ機械)が止まれば半年を待たずに大量の餓死者が生まれるだろう。我々はもはや物象化を止められないところにまで来ているのである。これは、なぜ我々は物象化から逃れられないか、という問いに対するプラグマティックな視点からの答えである。しかし、もっと理念的なところからも答えを探してみよう。

我々は nomothetisch な同一化に物象化の最小場面を見たが、同時にホルクハイマー／アドルノはそこに支配を見た。物象化するとは支配するということであり、支配するとは物象化するということである。この支配は、自然の脅威とそれへの恐怖によって裏付けられていることを忘れてはならない。我々は支配から逃れられない。それは我々が自然の脅威から逃れられないからである。精神構造においても社会構造においても、風雨に耐える堅牢な壁と屋根が必要なのである。法則／秩序定立的同一化は、まさに自然の脅威から我々を守る外壁の役割を果たしている。そして結局これらのものを要請したのは自己保存の欲求にほかならない。自己保存は混乱よりも秩序を求めると言ってよいだろう。昨日と同じことが今日起これば、我々は昨日のように今日も生きられるのだから。合理化はこの反復のもっとも効率的な固定である。

物象化と自己保存の最初のつながりは肉食ではないだろうか。他の生命を犠牲にして自己の生命の保持を図る。ほかなるものの苦しみが直接に自己の喜びにつながる。そのときの前提は、そのほかなるものの苦しみと自己の苦しみがつながっていないということである。肉食は原コミュニケーションの断絶を前提にする。あらゆる物象化はこれを目指す。我々は肉食の対象に決して愛着を抱いてはいけない。なぜならそのときそのものの苦しみと自己の苦しみがつながるからである。我々は肉食において、これから食おうと思っているものを恐れる。一刻も早く命を肉に、肉をモノに変えなければならない。解体の手際のよさは、恐れの表れである。その恐れは殺し損ねたときに本当の顔を見せるだろう。悲鳴は否応なくその苦しみと我々の苦しみを結ぼうとする。それゆえまず喉を切るのが常套である。しかし我々は実際に手をかけなくとも同じ効果が得られることに気づく。物象化である。物象化は、主観的に言えば、他者の苦しみを封じ込める効果がある。相互主観的に、あるいは社会的に言えば、それは、互いの苦しみを互いのなかに封じ込める効果がある。我々が他者を物象化するのは、他者の苦しみを自己に伝わらせないためである。モノローグの根源はここにある。もし我々が物象化の魔法を解いて他者の苦しみに通じたならば、この今の我々の社会は途端に立ち行かなくなる。

物象化によって互いを傷つけながら、物象化によって互いの苦痛を互いのなかに封じ込める。自己保存には当初から、生命の本質として、有機体の限界として、物象化、すなわち苦痛の忘却が備わっている。生命は犠牲を必要としており、それは生命の定義のうちに書き込まれている。我々は物象化に守られている限りで他者に苦痛を与えることができる。人間とその社会にはあまりにも苦しみが蓄積しすぎている。それは苦痛の忘却によってはじめて可能になった蓄積であり、そしてそれは我々がもはや物象化を解けないところにまで達しているように思える。人間と社会に苦しみが蓄積していけばいくほど我々が心を開くことのできる領域は縮小していく。しかし苦しみは共感を要請する。したがって、今日ほど共感欲求が高まっている時代はほかにない。物象化が限界に来ているのだ。自己保存が物象化を招来したとしたら、自己保存が物象化の棄却を求めている。

確実な生のために死物へと近づく支配＝物象化の詭計をとるか、それとも物象化を逃れて放縦と墜落の危険に遊ぶか。世を捨てた人間一個人にならばこの選択肢もあり得るかもしれないが、社会においては、この選択肢は無意味である。A・ホネットの議論がそのような乱暴な対置を回避させてくれる。物象化とは承認の忘却、我々の言い方で言えば、原コミュニケーションの忘却である。したがって論ずべきは、服するか逃避するかの二者択一ではなく、支配と原コミュニケーションとの関係である。それは直ちに第二の問いへ我々を導く。自己保存と原コミュニケーションの関係である。

自己保存と原コミュニケーションの最初のつながりは母と子の関係ではないだろうか。我々は他者たる母とのつながりのなかで生を与えられ、そのなかで生を維持する。そこでは他者の視線はもはやJ・-P・サルトルが言うような疎外ではなく、むしろ一つの承認である。自己の喜びが喜びとして、自己の苦しみが苦しみとして受け取られることで、我々は自己になる。我々は共感によって自己を知るのである。社会的協働を形作るのは、支配、つまり自然の脅威という外からの圧力に裏付けられた直接の暴力と象徴の権力であると同時に、あるいはそれ以上に、本当ならば原コミュニケーションという内的な共感のつながりなのではないか。支配そして物象化が自己保存の手段であり、それを可能にする条件であるのは、間違いないが、自己保存はそれによってのみ成立するのではない。自己保存は物象化と共感という相反するものをその条件としているのである。物象化が手段であり、共感は本体である。今日我々はまさに、物象化の冷徹さによってその本領を発揮する支配と、物象化の外ではじめて共感を結ぶことのできる原コミュニケーションとの分裂のなかに自己を置きいれている。この二つが分裂している限り、我々は支配のなかに原コミュニケーションの忘却、つまり物象化を見出すだろう。

我々は決して自己保存を諦められないし、今日の我々の自己保存は、支配なしには成り立たない。したがって、支配が原コミュニケーションと分裂している限り、我々は物象化を逃れられないと感じるし、論理的にもそうなる。その限りで、なぜ我々が物象化を逃れられないのか、という問いに答えることは容易である。自己保存がその手段において自己を忘却しているからである。しかしではなぜ我々は自己保存において、自己を、つまり支配において原コミュニケーションを忘却するのか。ホルクハイマーとアドルノは、その理由を詭計と犠牲の内向という支配の形態に求めた。つまり自然に対する人間のあまりの弱さに求めた。それは正しい。しかし、私は別のことを考えようと思う。我々が支配において原コミュニケーションを忘却するのは、我々がまさに原コミュニケーションを通じて共感する生き物だからである。支配が物象化を必要とするのは、それがなければ、我々は支配の対象に共感してしまうからである。我々は、我々が支配を超えてしまうのを恐れて、自身に物象化の魔法を施すのである。浮浪者を横目で見るときに、フロウシャという呪文が唱えられる。今この時代に生きる人間たちは、本当は苦しみのなかでみなすでに一つになっているのに、なおいっそう互いを苦しめることで苦しみから逃れようとしている。それこそが苦しみの源である。物象化が恐れる本当の脅威は自己なのである。

（1）M. Horkheimer u. Th. W. Adorno, *Dialektik der Aufklärung*, in: Th. W. Adorno, *Gesammelte Schriften*, Bd. 3, Suhrkamp, 1981, S. 31f. M・ホルクハイマー、Th・W・アドルノ、徳永恂訳、『啓蒙の弁証法　哲学的断想』、岩波書店、一九九〇年、一八－一九頁。以下DAと略記し文中に頁数を示す。

（2）『啓蒙の弁証法』に対するカッシーラーの『象徴形式の哲学』の影響については、以下を参照のこと。G. Raulet (trans. L. Löb), 'Secularisation, Myth, Anti-semitism: Adorno and Horkheimer's *Dialectic of Enlightenment* and Cassirer's *Philosophy of Symbolic Forms*,' in *The Frankfurt School and Religion*, ed. M. Kohlenbach and R. Guess, Palgrave Macmillan, 2005. Raulet はとくに『象徴形式の哲学』第二巻における神話論の影響を強調している。

（3）「人間の知識と力とは一つに合一する、原因を知らなくては結果を生じせしめないから。というのは自然とは、これに従うことによらなくては征服されないからである」。ベーコン、桂寿一訳、『ノヴム・オルガヌム』、岩波書店（岩波文庫）、一九七八年、七〇頁。

あとがき

今でもよく覚えている。あのとき私は居間で飼い犬に食事を与えていた。老齢で体調も崩していた家の飼い犬はもう固形のものを食べることができず、しょうがないので獣医に言われたとおり水でふやかしてすりつぶしたドッグフードを小さな団子にして抱きかかえた犬の口に無理やり押し込み食べさせていた。夜の一〇時ごろだ。そのとき居間のテレビに映っていたのは、サングラスをかけた五〇歳ぐらいのコメディアンが料理をする番組だった。突然にその番組が中断し、二つの背の高いビルの間を無数の紙がひらひらと舞っている映像が映し出された。火も出ているようだ。空は晴れている。通常放送にもどることはなく、それから何時間もそのニュースが流れ続けた。二〇〇一年九月一一日のアメリカ同時多発テロだった。私は大学三年生だった。飼い犬はそれからちょうど三ヶ月後に死んだ。

本書は、二〇〇九年に北海道大学に提出された学位論文「象徴機能と物象化――人間と社会の時代診断に向けて」に若干の修正と補足的な議論を加えたものである。当初から出版を念頭において執筆していたが、平成二三年度北海道大学「学術成果刊行助成」に採択されたことでここに現実のものとなった。感謝の意を記したい。学問の本義として本書は世界の謎を、具体的に言えば9・11を生み出した世界の、そして9・11が生み出した世界の謎を解明し、一つの答えを提出しようと試みたものである。その謎とは、一般化して言うならば、なぜ人間の社会で人間は人間としての地位を奪われるのか、というものである。

本書を構成するモチベーションの話をもう少しだけ続けたい。アメリカは報復としてアフガニスタンに攻撃し、その流れでイラクにも侵攻した。これらの戦争で、繰り返し誤爆という出来事が生じた。女性や子供も含めた罪もない非戦闘員の人間が予告もなく空から降ってくるミサイルによって殺された。しかし、この取り返しのつかない過ちに本当に悩んでいる軍人あるいは一般のアメリカ合衆国の人間はどれぐらいいるのだろうか。自国の軍による誤爆や突然の侵攻によって殺された命は、はっきり言って、彼らにとってはどうでもいい命なのではないか。そこに誰かが生き、そして殺されたという出来事は、彼らにとってはなんの意味も持たないのではないか。殺された人々は、彼らの認識において、人間としての地位を得ていないのではないか。私は、私が物心ついてはじめて身近に体験した「戦争の雰囲気」のなかでこのような疑念を覚えた。そして9・11の翌年に北海道大学に提出した学部卒業論文において、人間が人間としての地位を奪われる極限事例であるホロコーストを主題に選び、この疑念に対する答えを探した。未熟すぎる議論ではあったが、答えの一端がイデオロギーよる共感の操作、そしてその結果としての「共感のブロックアウト」にあるとした結論はおそらく間違っていなかった。許されるならば、少しだけ引用しよう。

外部との境界がない人間は幽霊である。個としての存在は決して混じりあうことのない境界を持つ。皮膚は雨粒をはじくと同時に、自己の雨粒への混入をも防ぐ。ただ集団としての自己はその存在があやふやであるだけに、その皮膚は自由に伸縮でき、様々な境界規定に応じて簡単に変化する。[…]集団における自己同一性は必ず自身の境界を規定するイデオロギーを必要とする。逆を言えば、そのイデオロギーのために、集団が自己を確定し得る。

このように共感の範囲はその主体から離れながら種々の形態をとることができる。家族、恋人、友人、同僚、御近所、同じ街、同じ自治体、セクショナリズム、ナショナリズム、人種主義、共産主義圏、自由主義圏、宗教。これは自然的傾向から決められることもあれば人工的に決められることもある。ナチスは人種というある程度自然的傾向であるものをイデオロギーの根拠としたために、それ以前からの反ユダヤ主義をなぞる形で、強い共感の拘束を生み出した。その人種主義による共感の拘束の外部におかれたユダヤ人達は非人間的なモノとなる。いや、モノとさえ受け取られないかもしれない。共感がおよばないなら、その前段階の対象の認知などあってないに等しい。ユダヤ人は既に認識の段階で、絶滅されていたのである。

以上のように私は、ユダヤ人絶滅政策を可能にしたもの、つまりユダヤ人を「非人間的なモノ」へと還元してしまう原理を、「共感のブロックアウト」というものに求めた。もちろんここで言う「ユダヤ人」とは、人間としての地位を奪われたすべての人間の名である。「共感のブロックアウト」という考えは、イデオロギーのメカニズムを記号論的に分析した修士論文を経て「物象化」という理論的な支えを見出し、本書における議論へと至った。モチベーションは一貫して、私が学部生のころに疑念を持った人間をモノへと変えてしまう原理の解明に向けられている。学位論文ともなれば自然と職業的な態度が身に付くものだが、私はこの学位論文では、文面はそれらしくても、アプローチの仕方は実際なんだか学生のままだった。本書は、世界の謎に対して一学生が提出した解答だが、その答えを提出するのに、しかし一〇年もかかってしまった。

本書の結論部において論じたように、物象化とはいわば理性の影である。その光が強くなればなるほど、投げかけられるその影もまた輪郭を増していく。六六年前の夏に広島と長崎の上空に輝いた光は理性の光と同じスペクトルを有していた。それが生み出した一瞬の影は有史の過去といつまで続くか分からない未来にまで伸びている。諸都市への大空襲が生み出した区別のつかない丸焦げの死体もまた、理性の黒い受肉であったことを我々は知らなければならない。命は記号ではないのだから取り返しがつかないのに、記号の擬似的な現実性のうえに水平器を置いて世界が測られる。その嘘は記号として殺された当事者たちの命に刻まれており、その口がもう動かないとしても、しかしその声を聞くぐらいの想像力はまだ私たちに残されているはずだ。

主人公よろしく個人的な思いを語りすぎたかもしれない。学術的な話もしておこう。本書に学術的な意義があるとしたら、それは物象化の理念型を提示した点にある。序章で述べたように、物象化は今日の我々の社会の至るところに見出される現象である。またそれら様々な現象の形態に即してこれまでに種々の議論が展開されてきた。本書において私は、これらの諸現象のなかに共通の原理を見つけ出し、一つの理念型として一般的な作動モデルを構築しようと試みた。そのようなモデルによって多種多様な物象化現象に対して一定の理論的基準を設定することが可能になるだろう。すべてのことを物象化として片付けようというのではない。様々な事象に含まれる物象化成分を洗い出すことができるようになるのではないかと期待している。

私は北海道生まれの北海道育ちであり、ほとんど北海道の外に出ることなく北海道大学という小さな環境のなかだけで研究を行ってきた。そのような研究から生まれる理論的な成果が普遍性を持つかどうか、絶対の自信があるわけではもちろんない。本来哲学は土地に拘束されるものではないが、やはり本書には北海道の地の利と不利が反映されているだろう。しかし、内地(――祖父が使っていた言葉だ)でなければ哲学はできないとは思わない。今回この学術成果刊行助成の採択において、本研究に少なくともその成果をひろく世に問うてみるぐらいの価値はあると認められたのだとしたら、素直にうれしい。

本研究は多くの人に支えられた。指導教官の高幣秀知先生には学部生のころより御指導いただき、学問の基礎を叩き込んでいただいた。副査として学位論文の審査にあたられた中戸川孝治先生からは、独特な中戸川先生の流儀で強い励ましをいただき、また藏田伸雄先生には、学位論文の進捗状況を気にかけ折々にお声を掛けていただいた。またやはり副査として審査にあたられた北海道大学スラブ研究センターの望月哲男先生には学位論文を書き上げるまで五年にわたって、先生の研究室で毎週ロシア語テキスト読解の授業をつけていただいた。望月先生の御指導がなければ本書のバフチンを中心としたロシア語関連の研究はなし得なかった。もちろん、その他多くの先生にも様々な折に貴重な御意見をいただいた。また大阪府立大学の細見和之先生からは、学位論文の出版の道を探るようアドヴァイスをいただき、実際今回の刊行助成申請の際には推薦書を書いていただいた。諸先生方の御恩に本書をもって幾分かでも報いることができるのだとしたらなによりの幸せである。

最後に、不況のあおりを直に受け経済的に厳しかったにもかかわらず、働きもせず本ばかり読んでいる息子に自由に研究する機会を与え続けてくれた父信夫と母眞知子に感謝し、本書を捧げたい。

藻岩の陰を置いて
世界の中に確かにある小さな街
泥炭層の上に碁盤目を敷いた計画都市
冬には雪におおわれ夏にはポプラが空にふれる札幌にて

見附陽介

見附　陽介（みつけ ようすけ）

1979年　北海道広島町（現北広島市）に生まれる
2010年　北海道大学大学院文学研究科博士後期課程修了　博士（文学）
現　在　北海道大学大学院文学研究科専門研究員・札幌大谷大学非常勤講師

主論文「M.M. バフチンと S. キルケゴール――対話と実存について」『ロシア語ロシア文学研究』(2010)，42：41-48.「疎外論の現在――「我有化（Aneignung）」モデルの可能性について」『理想』(2010)，685：133-142.「M.M. バフチンの対話理論における人格とモノの概念――C.Л. フランクとの比較の観点から」『スラヴ研究』(2009)，56：63-89.「アドルノにおける認識批判と社会批判――同一性批判の社会哲学的展開について」『倫理学年報』(2009)，58：217-230.「A. ホネットの物象化論――その可能性と限界について」『社会思想史研究』(2008)，32：140-157. など

象徴機能と物象化
人間と社会の時代診断に向けて

2011年9月30日　第1刷発行

著　者　見 附 陽 介
発行者　吉 田 克 己

発行所　北海道大学出版会
札幌市北区北9条西8丁目 北海道大学構内（〒060-0809）
Tel. 011(747)2308・Fax. 011(736)8605・http://www.hup.gr.jp

アイワード／石田製本

ISBN978-4-8329-6756-4

事項索引

あ　行

か　行

さ　行

た　行

な　行

は　行

ま　行

や　行

ら 行

D

参考文献一覧

外国語文献

Adorno, Th. W., (und Horkheimer, M.), *Dialektik der Aufklärung*, in: ders., *Gesammelte Schriften*, Bd. 3, 2. Aufl., Suhrkamp, 1984.（M. ホルクハイマー／Th. W. アドルノ，徳永恂訳，『啓蒙の弁証法　哲学的断想』，岩波書店，1990 年）

——，*Minima Moralia*, in: ders., *Gesammelte Schriften*, Bd. 4, Suhrkamp, 1980.（Th. W. アドルノ，三光長治訳，『ミニマ・モラリア　傷ついた生活裡の省察』，法政大学出版局，1979 年）

——，*Drei Studien zu Hegel*, in: ders., *Gesammelte Schriften*, Bd. 5, 3. Aufl., Suhrkamp, 1990.（Th. W. アドルノ，渡辺祐邦訳，『三つのヘーゲル研究』，河出書房新社，1986 年）

——，*Negative Dialektik*, in: ders., *Gesammelte Schriften*, Bd. 6, 4. Aufl., Suhrkamp, 1990.（Th. W. アドルノ，木田元・徳永恂・渡辺祐邦・三島憲一・須田朗・宮武昭訳，『否定弁証法』，作品社，1996 年）

——，»Gesellschaft«, in: ders., *Gesammelte Schriften*, Bd. 8, 2. Aufl., Suhrkamp, 1980.

——，»Zu Subjekt und Objekt«, in: ders., *Gesammelte Schriften*, Bd. 10-2, Suhrkamp, 1977.（Th. W. アドルノ，大久保健治訳，『批判的モデル集 II——見出し語』，法政大学出版局，1971 年）

——，»Parataxis«, in: ders., *Gesammelte Schriften*, Bd. 11, Suhrkamp, 1974.（Th. W. アドルノ，高木昌史訳，「パラタクシス」（『批評空間』，福武書店，1992，No.5 所収））

——，*Einleitung in die Soziologie*, in: ders., *Nachgelassene Schriften*, Abt. 4. Vorlesungen, Bd. 15, Suhrkamp, 1993.（Th. W. アドルノ，河原理・太寿堂真・高安啓介・細見和之訳，『社会学講義』，作品社，2001 年）

——，*Vorlesung über Negative Dialektik*, in: ders., *Nachgelassene Schriften*, Abt. 4. Vorlesungen, Bd. 16, Suhrkamp, 2003.（Th. W. アドルノ，細見和之・河原理・高安啓介訳，『否定弁証法講義』，作品社，2007 年）

——，*Philosophische Terminologie: Zur Einleitung*, Bd. 2, Suhrkamp, 1974.

Allkemper, A., *Rettung und Utopie. Studien zu Adorno*, Ferdinand Schöningh, 1981.

Anderson, E., *Value in Ethics and Economics*, Harvard University Press, 1993.

Arendt, H., *The Human Condition*, The University of Chicago Press, 1958.（H. アレント，志水速雄訳，『人間の条件』，筑摩書房（ちくま学芸文庫），1994 年）

Benhabib, S., *Situating the Self: Gender, Community and Postmodernism in Contempo-*

rary Ethics, Routledge, 1992.
Berger, P. L., and Luckmann, T., *The Social Construction of Reality: A treatise in the sociology of knowledge*, Doubleday, 1966.(P. L. バーガー／T. ルックマン，山口節郎訳，『現実の社会的構成　知識社会学論考』(新版)，新曜社，2003 年)
Bruner, J., *Actual minds, Possible worlds*, Harvard University Press, 1986.(J. ブルーナー，田中一彦訳，『可能世界の心理』，みすず書房，1998 年)
Buber, M., *Werke*, Bd. 1., Kösel-Verlag / Verlag Lambert Schneider, 1962.
»Elemente des Zwischenmenschlichen«.(M. ブーバー，佐藤吉昭・佐藤令子訳，『対話的原理 II：ブーバー著作集 2』，みすず書房，1968 年)
Ich und Du.(M. ブーバー，田口義弘訳，『我と汝』，みすず書房，1978 年)
Buck-Morss, S., *The Origin of Negative Dialectics*, The Free Press, 1977.
Cassirer, E., *Philosophie der symbolischen Formen*, Teil. 1., 9., unveränd. Aufl., Wissenschaftliche Buchgesellschaft, 1988.(E. カッシーラー，生松敬三・木田元訳，『シンボル形式の哲学　[一]』，岩波書店(岩波文庫)，1989 年)
——, *Philosophie der symbolischen Formen*, Teil. 2., 8., unveränd. Aufl., Wissenschaftliche Buchgesellschaft, 1987.(E. カッシーラー，木田元訳，『シンボル形式の哲学　[二]』，岩波書店(岩波文庫)，1991 年)
——, *Philosophie der symbolischen Formen*, Teil. 3., 9., unveränd. Aufl., Wissenschaftliche Buchgesellschaft, 1990.(E. カッシーラー，木田元・村岡晋一訳，『シンボル形式の哲学　[三]』，岩波書店(岩波文庫)，1994 年／E. カッシーラー，木田元訳，『シンボル形式の哲学　[四]』，岩波書店(岩波文庫)，1997 年)
Clark, K., and Holquist, M., *Mikhail BAKHTIN*, The Belknap Press of Harvard University Press, 1984.(K. クラーク，M.ホルクイスト，川端香男里・鈴木晶訳，『ミハイール・バフチーンの世界』，せりか書房，1990 年)
Dannemann, R., *Das Prinzip Verdinglichung*, Sendler, 1987.
Demmerling, C., *Sprache und Verdinglichung: Wittgenstein, Adorno, und das Projekt einer kritischen Theorie*, Suhrkamp, 1994.
Dewey, J., "Qualitative Thought," in *The later works, 1925-1953*, vol. 5, Southern Illinois University Press, 1981.
Dreyfus, H. L., and Dreyfus, S. E., "Towards a phenomenology of ethical expertise," in *Human Studies*, 14, Kluwer Academic Publishers, 1991.
Foucault, M., *Surveiller et Punir, Naissance de la Prison*, Gallimard, 1975.(M. フーコー，田村俶訳，『監獄の誕生——監視と処罰』，新潮社，1977 年)
Good, B. J., *Medicine, Rationality, and Experience: An anthropological perspective*, Cambridge University Press, 1994.(B. J. グッド，江口重幸・五木田紳・下地明友・大月康義・三脇康生訳，『医療・合理性・経験　バイロン・グッドの医療人類学講義』，誠信書房，2001 年)

Grenz, F., *Adornos Philosophie in Grundbegriff: Auflösung einiger Deutungsprobleme*, Suhrkamp, 1974.

Habermas, J., *Moralbewußtsein und kommunikatives Handeln*, Suhrkamp, 1983.（J. ハーバーマス，三島憲一・中野敏男・木前利秋訳，『道徳意識とコミュニケーション行為』，岩波書店，1991 年）

――, *Theorie des kommunikativen Handelns*, Bd. 2, Suhrkamp, 1981.（J. ハーバーマス，丸山高司・丸山徳次・厚東洋輔・森田数実・馬場孚瑳江・脇圭平訳，『コミュニケイション的行為の理論[下]』，未来社，1987 年）

Hankivsky, O., *Social Policy and the Ethic of Care*, UBC Press, 2004.

Hochschild, A. R., *The Managed Heart: Commercialization of Human Feeling*, University of California Press, 1983.（A. R. ホックシールド，石川准・室伏亜希訳，『管理される心――感情が商品になるとき』，世界思想社，2000 年）

Honneth, A., »Erkennen und Anerkennen: Zur Sartres Theorie der Intersubjektivität«, in: ders., *Unsichtbarkeit*, Suhrkamp, 2003.

――, *Kampf um Anerkennung: Zur moralischen Grammatik sozialer Konflikte*, Suhrkamp, 1992.（A. ホネット，山本啓・直江清隆訳，『承認をめぐる闘争』，法政大学出版局，2003 年）

――, *Verdinglichung: Eine anerkennungstheoretische Studie*, Suhrkamp, 2005.

――, *Reification: A New Look at an Old Idea*, (ed. Jay, M.), Oxford University Press, 2008.

Jakobson, R., *Six Leçons sur le Son et le Sens*, Les Édition de Minuit, 1976.（R. ヤコブソン，花輪光訳，『音と意味についての六章』，みすず書房，1977 年）

Kant, I., *Schriften von 1783-1788: Immanuel Kants Werke*, Bd. IV, hrsg. von A. Buchenau und E. Cassirer, Verlag DR. H. A. Gerstenberg, 1973.（I. カント，篠田英雄訳，『道徳形而上学原論』，岩波書店（岩波文庫），1960 年）

Klemperer, V., *LTI: Notizbuch eines Philologen*, Reclam Verlag Leibzig, 1975.（V. クレムペラー，羽田洋・藤平浩之・赤井慧爾・中村元保訳，『第三帝国の言語〈LTI〉　ある言語学者のノート』，法政大学出版局，1974 年）

Kuhse, H., *Caring: Nurse, Women and Ethics*, Blackwell, 1997.（H. クーゼ，竹内徹・村上弥生監訳，『ケアリング：看護婦・女性・倫理』，メディカ出版，2000 年）

Laing, R. D., *The Divided Self: An existential study in sanity and madness*, Tavistock Publications, 1960.（R. D. レイン，阪本健二・志貴春彦・笠原嘉訳，『ひき裂かれた自己　分裂病と分裂病質の実存的研究』，みすず書房，1971 年）

――, *Self and Others*, Penguin Books, 1971.（R. D. レイン，志貴春彦・笠原嘉訳，『自己と他者』，みすず書房，1975 年）

Lévinas, E., *Noms Propres*, Fata Morgana, 1976.（E. レヴィナス，合田正人訳，『固有名』，みすず書房，1994 年）

Lofts, S. G., *Ernst Cassirer: A "Repetition" of Modernity*, State University of New York Press, 2000.

Lukâcs, G., *Geschichte und Klassenbewußtsein*, in: ders., *GEORG LUKÂCS WERKE*, Bd. 2, Luchterhand, 1968.(G. ルカーチ，城塚登・古田光訳，『ルカーチ著作集 9　歴史と階級意識』，白水社，1968 年)

Marx, K., *Das Kapital*, in: *MARX-ENGELS WERKE*, Bd. 23, Diez Verlag, 1962.(K. マルクス，マルクス＝エンゲルス全集刊行委員会訳，『資本論』(第一巻第一分冊)，大月書店，1968 年)

Merleau-Ponty, M., *Phênomênologie de la perception*, Gallimard, 1945.(M. メルロ＝ポンティ，竹内芳郎・小木貞孝訳，『知覚の現象学 1』，みすず書房，1967 年／M. メルロ＝ポンティ，竹内芳郎・木田元・宮本忠雄訳，『知覚の現象学 2』，みすず書房，1974 年)

——, *La structure du comportement*, Quadrige/Presses Universitaires de France, 1942.(M. メルロ＝ポンティ，滝浦静雄・木田元訳，『行動の構造』，みすず書房，1964 年)

Müller, U., *Erkenntniskritik und Negative Metaphysik bei Adorno: eine Philosophie der dritten Reflektiertheit*, Athenäum Verlag, 1988.

Nussbaum, M. C., "Nature, Function, and Capability: Aristotle on political distribution," in *Oxford Studies in Ancient Philosophy*, suppl. vol. 1, Oxford University Press, 1988.

——, *Sex & Social Justice*, Oxford University Press, 1999.

Radin, M. J., *Contested Commodities*, Harvard University Press, 1996.

Raulet, G., (trans. Löb, L.), "Secularisation, Myth, Anti-semitism: Adorno and Horkheimer's *Dialectic of Enlightenment* and Cassirer's *Philosophy of Symbolic Forms*," in *The Frankfurt School and Religion*, (ed. Kohlenbach, M. and Guess, R.), Palgrave Macmillan, 2005.

Schwarz, U., *Rettende Kritik und antizipierte Utopie*, Wilhelm Fink Verlag, 1981.

Simmel, G., *Philosophie des Geldes*, in: ders., *Gesamtausgabe*, Bd. 6., Suhrkamp, 1989.(G. ジンメル，居安正訳，『貨幣の哲学(綜合篇)　ジンメル著作集 3』，白水社，1978 年)

Solomon, R. C., *In Defense of Sentimentality*, Oxford University Press, 2004.

Taylor, C., (et al.), *Multiculturalism: Examining the Politics of Recognition*, Princeton University Press, 1994.(C. テイラーほか，佐々木毅・辻康夫・向山恭一訳，『マルチカルチュラリズム』，岩波書店，1996 年)

Tichy, M., *Theodor W. Adorno: Das Verhältnis von Allgemeinem und Besonderem in seiner Philosophie*, Bouvier Verlag Herbert Grundmann, 1977.

Tiedemann, R., »Begriff, Bild, Name: Über Adornos Utopie der Erkenntnis«, in: *Frankfurter Adorno Blätter 2*, edition text + kritik, 1993.

Tihanov, G., *The Master and the Slave: Lukâcs, Bakhtin, and the ideas of their time,*

Clarendon Press, 2000.

Trubetzkoy, N. S., *Grundzüge der Phonologie*, 3., durchgesehene Auflage, Vandenhoeck und Ruprecht in Göttingen, 1958.(N. S. トゥルベツコイ，長嶋善郎訳，『音韻論の原理』，岩波書店，1980 年)

Weber, M., *Gesammelte Aufsätze zur Soziologie und Sozialpolitik*, J. C. B. Mohr, 1924.

――，*Gesammelte Politische Schriften*, J. C. B. Mohr, 1958.(M. ウェーバー，中村貞二・山田高生訳，「新秩序ドイツの議会と政府」(『政治・社会論集』，河出書房新社，1988 年，所収)

――，»Die „Objektivität“ sozialwissenschaftlicher und sozialpolitischer Erkenntnis«, in: ders, *Gesammelte Aufsätze zur Wissenschaftlehre*, 4. Aufl, J. C. B. Mohr, 1973.(M. ウェーバー，富永祐治・立野保男訳，折原浩補訳，『社会科学と社会政策にかかわる認識の「客観性」』，岩波書店(岩波文庫)，1998 年)

――，*Wirtschaft und Gesellschaft*, 5., rev. Aufl., Halbb. 1., J. C. B. Mohr 1976.(M. ウェーバー，世良晃志郎訳，『支配の諸類型』，創文社，1970 年)

――，*Wirtschaft und Gesellschaft*, 5., rev. Aufl., Halbb. 2., J. C. B. Mohr, 1976.(M. ウェーバー，世良晃志郎訳，『支配の社会学Ⅰ』，創文社，1960 年／M. ウェーバー，世良晃志郎訳，『支配の社会学Ⅱ』，創文社，1962 年)

Windelband, W., *Präludien: Aufsätze und Reden zur Philosophie und ihrer Geschichte*, Bd. 2., J. C. B. Mohr, 1921.(W. ヴィンデルバンド，松原寛訳，『哲学の根本問題　下巻理論編』，同文館，1926 年)

Yablonsky, L., *Robopaths*, The Bobbs-Merrill Company, Inc., 1972.(L. ヤブロンスキー，北川隆吉・樋口祐子訳，『ロボット症人間』，法政大学出版局，1984 年)

Бахтин, М. М., Собрание сочинений. Т. 1. М., 2003.

К философии поступка.(M. M. バフチン，佐々木寛訳，「行為の哲学によせて」，『ミハイル・バフチン全著作　第一巻』，水声社，1999 年)

Автор и герой в эстетической деятельности.(M. M. バフチン，佐々木寛訳，「美的活動における作者と主人公」(『ミハイル・バフチン全著作　第一巻』)

――，Собрание сочинений. Т. 5. М., 1997.

1961 год. Заметки.(M. M. バフチン，伊東一郎訳，「ドストエフスキー論の改稿によせて」(『ことば　対話　テキスト　ミハイル・バフチン著作集 8』，新時代社，1988 年))

――，Собрание сочинений. Т. 6. М., 2002.

Проблемы поэтики Достоевского.(M. M. バフチン，望月哲男・鈴木淳一訳，『ドストエフスキーの詩学』，筑摩書房，1995 年)

Рабочие записи 60-х—начала 70-х годов.(M. M. バフチン，新谷敬三郎訳，「人文科学方法論ノート」(『ことば　対話　テキスト』))

Дополнения и изменения к «Достоевскому».

――，Беседы В. Д. Дувакина с М. М. Бахтиным. М., 1996.
――，Проблема речевых жанров // Эстетика Словесного Творчества. М, 1979.(М. М.バフチン，新谷敬三郎・伊東一郎・佐々木寛訳，『ミハイル・バフチン著作集8 ことば　対話　テキスト』，新時代社，1988年)
――，Слово в романе // Вопросы Литературы и Эстетики. М., 1975.(М. М.バフチン，伊東一郎訳，『小説の言葉』，平凡社(平凡社ライブラリー)，1996年)
――，Творчество Франсуа Рабле и народная культура средневековья и Ренессанса.(2-е изд.), М., 1990.(М. М.バフチン，川端香男里訳，『フランソワ・ラブレーの作品と中世・ルネッサンスの民衆文化』，せりか書房，1973年)
――，Фрейдизм. Формальный метод в литературоведении. Марксизм и философия языка. Статьи. М., 2000.
Марксизм и философия языка.(М. М.バフチン，桑野隆訳，『マルクス主義と言語哲学(改訳版)』，未来社，1989年)
Формальный метод в литературоведении.(М. М.バフチン，磯谷孝・佐々木寛訳，『ミハイル・バフチン全著作2 「フロイト主義」「文芸学の形式的方法」他』，水声社，2004年)
――，(*Bakhtin, M. M.*), (trans. *Liapunov, V.*), Toward a Philosophy of the Act, University of Texas Press, 1993.
Геллер, М., Машина и винтики: история формирования советского человека, Overseas Publications Interchange LTD., 1985.(ミシェル・エレル，辻由美訳，『ホモ・ソビエティクス――機械と歯車』，白水社，1988年)
Гоготишвили, Л. А., Преамбула к 〈К Философии Поступка〉 // *Бахтин, М. М.*, Собрание сочинений. Т. 1.
Франк, С. Л., Личность и вещь (философское обоснование витализма) // Русская мысль. Книга XI, М., 1908.
Щитцова, Т. В., К истокам экзистенциальной онтологии: Паскаль, Киркегор, Бахтин. Минск, 1999.

邦訳文献

ベーコン，桂寿一訳，『ノヴム・オルガヌム』，岩波書店(岩波文庫)，1978年
P.ベナー，J.ルーベル，難波卓志訳，『現象学的人間論と看護』，医学書院，1999年
A.ビショップ，J.スカダー，田中美恵子監訳，『全人的ケアのための看護倫理』，丸善株式会社，2005年
H. L.ドレイファス，門脇俊介監訳，榊原哲也・貫成人・森一郎・轟孝夫訳，『世界内存在――『存在と時間』における日常性の解釈学』，産業図書，2000年
C.ギリガン，岩男寿美子監訳，生田久美子・並木美智子共訳，『もうひとつの声』，川島

書店，1986 年
L. ゴルドマン，川俣晃自訳，『人間科学の弁証法』，イザラ書房，1971 年
――，川俣晃自訳，『ルカーチとハイデガー　新しい哲学のために』，法政大学出版局，1976 年
M. ジェイ，木田元・村岡晋一訳，『アドルノ』，岩波書店，1987 年
J. ヨンパルト・秋葉悦子，『人間の尊厳と生命倫理・生命法』，成文堂，2006 年
N. ノディングズ，立山善康・林泰成・清水重樹・宮崎宏志・新茂之訳，『ケアリング　倫理と道徳の教育――女性の観点から』，晃洋書房，1997 年
M. セシュエー，村上仁・平野恵訳，『分裂病の少女の手記　心理療法による分裂病の回復過程』(改訂版)，みすず書房，1971 年
P. シンガー，山内友三郎・長岡成夫・塩出彰・樫則章・村上弥生・塚崎智訳，『実践の倫理(新版)』，昭和堂，1999 年
生命環境倫理ドイツ情報センター編，松田純・小椋宗一郎訳，『エンハンスメント　バイオテクノロジーによる人間改造と倫理』，知泉書館，2007 年

邦語文献

廣松渉，『役割存在論』(廣松渉著作集　第五巻)，岩波書店，1996 年
――，『存在と意味　第一巻』(『廣松渉著作集　第十五巻』)，岩波書店，1997 年
――，『存在と意味　第二巻』(『廣松渉著作集　第十六巻』)，岩波書店，1997 年
木村敏，『木村敏著作集 1　初期自己論・分裂病論』，弘文堂，2001 年
峯松信明，「音声言語運用が要求する認知的能力と音声言語工学が構築した計算論的能力」，電子情報通信学会音声研究会，SP 2008-84，pp. 31-36(2008-12)．(PDF ファイル)http://www.gavo.t.u-tokyo.ac.jp/~mine/japanese/index.html
見附陽介，「M. M. バフチンと S. キルケゴール――対話と実存について」，『ロシア語ロシア文学研究』，第 42 号，日本ロシア文学会，2010 年
永井彰・日暮雅夫編，『批判的社会理論の現在』，晃洋書房，2003 年
中川誠士，『テイラー主義生成史論』，森山書店，1992 年
中野麻美，『労働ダンピング――雇用の多様化のはてに』，岩波書店(岩波新書)，2006 年
中野敏男，「社会のシステム化と〈人間〉からの問い」(『システムと共同性――新しい倫理の問題圏』，昭和堂，1994 年，所収)
野口裕二，『物語としてのケア　ナラティヴ・アプローチの世界へ』，医学書院，2002 年
大野和基，『代理出産　生殖ビジネスと命の尊厳』，集英社(集英社新書)，2009 年
岡田暁生，『ピアニストになりたい！　19 世紀　もうひとつの音楽史』，春秋社，2008 年
岡野憲一郎，『外傷性精神障害　心の傷の病理と治療』，岩崎学術出版，1995 年
――，『解離性障害――多重人格の理解と治療』，岩崎学術出版，2007 年
佐藤靖，『NASA を築いた人と技術　巨大システム開発の技術文化』，東京大学出版会，

2007年
柴山雅俊,『解離性障害――「うしろに誰かいる」の精神病理』, 筑摩書房(ちくま新書), 2007年
品川哲彦,『正義と境を接するもの：責任という原理とケアの原理』, ナカニシヤ出版 2007年
田中克彦,『言語の思想　国家と民族のことば』, 岩波書店(岩波現代文庫), 2003年
山本武,『一兵士の従軍記録――つづりおく, わたしの鯖江三十六聯隊』, しんふくい出版, 1985年
日本戦没学生記念会編,『新版きけわだつみのこえ　日本戦没学生の手記』, 岩波書店(岩波文庫), 1995年
『理想』, 理想社, 2002年, 668号(「特集　生命倫理と人間の尊厳」)
山本達,「ヒトゲノム解析・遺伝子医療での人間の尊厳という問題」
蔵田伸雄,「尊厳という価値について――人間と胚と胎児の価値」
尾崎恭一,「ヒト胚研究と人間の尊厳――ヒト胚の尊厳性について」
奈良雅俊,「人間の尊厳とフランス生命倫理法」
アンジェロ・セラ(秋葉悦子訳),「ヒト胚・処分可能な『細胞の塊』かヒトか？」